叢書主編：蕭新煌教授

叢書策劃：臺灣第三部門學會

本書由臺灣第三部門學會、政治大學第三部門研究中心及巨流圖書公司共同策劃出版

# 社會企業的社會影響

TAIWAN 臺灣與

HONG KONG 香港的案例

官有垣　王仕圖
陳錦棠　杜承嶸
主編

**社會企業的社會影響**
**臺灣與香港的案例**

國家圖書館出版品預行編目（CIP）資料

社會企業的社會影響：臺灣與香港的案例 / 官有垣等
主編. -- 初版. -- 高雄市：巨流，2019.05
　　面；　公分

ISBN 978-957-732-577-8（平裝）

1.社會企業 2.個案研究 3.臺灣 4.香港特別行政區

547.9　　　　　　　　　　　　　　　108004940

| 主　　　　編 | 官有垣、王仕圖、陳錦棠、杜承嶸 |
| 責 任 編 輯 | 邱仕弘 |
| 封 面 設 計 | Lucas |

| 發 　行 　人 | 楊曉華 |
| 總 　編 　輯 | 蔡國彬 |

出　　　　版　巨流圖書股份有限公司
　　　　　　　80252 高雄市苓雅區五福一路 57 號 2 樓之 2
　　　　　　　電話：07-2265267
　　　　　　　傳眞：07-2264697
　　　　　　　e-mail：chuliu@liwen.com.tw
　　　　　　　網址：http://www.liwen.com.tw

編 　輯 　部　23445 新北市永和區秀朗路一段 41 號
　　　　　　　電話：02-29222396
　　　　　　　傳眞：02-29220464

劃 撥 帳 號　01002323 巨流圖書股份有限公司
購 書 專 線　07-2265267 轉 236

法 律 顧 問　林廷隆律師
　　　　　　　電話：02-29658212

出 版 登 記 證　局版臺業字第 1045 號

ISBN 978-957-732-577-8（平裝）
初版一刷・2019 年 5 月

定價：500元

# 作者簡介

（按姓氏筆畫順序）

王仕圖｜國立中正大學社會福利博士
　　　　國立屏東科技大學社會工作學系教授

杜承嶸｜國立中正大學社會福利博士
　　　　長榮大學社會工作學系助理教授

官有垣｜美國密蘇里大學（University of Missouri-St. Louis）政治學博士
　　　　國立中正大學社會福利學系教授

陳錦棠｜英國布魯內爾大學（Brunel University）行政哲學博士
　　　　北京師範大學—香港浸會大學聯合國際學院
　　　　社會工作與社會行政系副教授兼系主任

黃健庭｜國立中正大學社會福利學系碩士
　　　　喜憨兒社會福利基金會社工員

# 目　錄

## 第一篇
## 社會企業的社會影響：相關概念

## 第二篇
## 國際比較社會企業模式的研究——臺灣的調查分析

**第三篇**
# 社會企業的社會影響——個案分析

# 社會企業的效益知多少——代序

## 蕭新煌
### 總統府資政／臺灣亞洲交流基金會董事長

　　首先我要恭喜官有垣教授與他的臺港研究團隊再接再厲地將臺港社企比較研究計畫成果寫了第三本專書。其次要謝謝他們願意又在本叢書出版。

　　這本書是繼第一本的臺港社企通盤比較、第二本的臺港社企治理比較之後，將書寫焦點放在另一個非常重要而核心的比較課題，亦即社企的社會影響，或者更具體地說，它的社會效應與效益。

　　作者們在第一篇，用三章來陳述和解釋什麼是社企的社會效益。我讀完之後得到的印象是：

1. 社企可解決和紓解失業的社會問題；
2. 社企提高弱勢個人和團體的社會地位，讓他們重返及納入就業市場；亦即產生賦權弱勢的作用；
3. 社企創造了當代社會組織中的另一種「創新組織」，將社會目標認真而成功地帶入看似追求利潤的經營模式，進而形塑了「另類」的社會經濟體（強調社員的互助互惠標的）；
4. 社企也幫助政府公部門運用上述的「另類」途徑，提供更充分而

多樣的公共福利，卻又可減少政府公部門的支出和人力。

以上這四個效益和效應，綜合起來就是社會企業的社會影響。在接下來的第三篇，本書作者更具體地訴說四個臺灣社企個案和三個香港社企個案這七個跨域的社企組織，如何發揮上述的四個社會影響。臺灣挑選的是喜憨兒、家扶、大誌和茲摩達司這四個社企，香港選擇的則是豐盛髮廊、中文大學女工同心合作社和銀杏館。我對臺灣的前三個社企知之甚詳，也認同它們在臺灣社企界的代表性。

由於這七個社企組織都屬於所謂「工作整合類型」，也就是透過訓練與就業途徑協助弱勢群體，所以當然完全首先符合前述第1、第2個社企效益的標準。就社企組織與國家關係來說，我覺得它們也多少實現了第3、第4個社會效應的功能。進一步說，第1、第2個社會效益是針對受益當事人而言，第3、第4個社會影響則是就其組織特色和功能的光譜來說。

作者們在總論也綜述了社企所謂4E的多元影響，我也表示贊同。但是，我讀後所提出的第3、第4個效應，相當程度是從比較組織（comparative organizations）的視野來看，實有互補之功。

最後，我一如以往，在此向關心社企現象讀者推薦本書。

# 逐漸清晰的「社會企業」圖像

## 徐世榮

政治大學地政學系教授兼第三部門研究中心主任

　　本書是官有垣教授所領導研究團隊在繼《社會企業：臺灣與香港的比較》及《社會企業的治理：臺灣與香港的比較》二書之後的第三本有關於社會企業的學術著作，官教授及其研究團隊長期致力於社會企業領域的研究至今已經超過十年光陰，不僅與國際最重要的社會企業學術圈進行連結，也非常踏實地以個案研究方式，深入本土的經驗探討，由此累積臺灣與香港相關個案的研究成果，這讓國人對於社會企業的瞭解有著很大的幫助。而本書也是臺灣第三部門（TATSR）研究叢書的第10本，這對於臺灣第三部門學術領域的建構也有其不可言喻的重要性。

　　在臺灣的歷史發展軌跡中，由於過往實施戒嚴威權統治，政府（第一部門）乃是社會發展的唯一中心，當時社會力相當的薄弱；但是，隨著經濟的快速成長及民主政治的施行，企業與資本（第二部門）也展現了其重要性，政府雖然仍擁有其不可取代的地位，卻再也不是唯一的重心。與此同時，臺灣卻也在許多的面向逐漸呈現出公民社會（第三部門），並在眾多重要領域展現其力量，如保障基本人權、維護環境生態、促進社會公平正義、及爭取社會弱勢權

益等。解嚴之後，臺灣社會出現了許多非政府組織或非營利組織，他們並不似第二部門追求利潤極大化，或是完全以自利為目的，反而是戮力於公共價值與公共利益的促進與提升，這股力量對於臺灣民主政治的水平及公共政策的制定與執行，皆產生了正面的重大影響。

　　然而，第三部門雖然重要，但是對臺灣而言，卻仍然是個新興的領域，其定義、邊界、分類、與實質的運作內涵都仍然在雕琢當中，有待我們發揮想像力及實踐力來探索及建構這個領域。由於非政府及非營利組織的營運必定要有經費的挹助，這些錢到底要從何而來？眾所皆知，許多組織的經費是來自於政府的補助，經過不斷承接政府所委託的相關計畫來維持組織的存活與運作，另有一些組織則必須仰賴各界的捐款才得以繼續生存。前者讓人擔憂的是，組織會否因為接受政府的直接補助，而喪失其獨立自主性？至於後者，除了少數宗教性組織似不必煩惱外，很多倚靠捐款而存活的組織總是非常辛苦，其組織雖然有遠大及宏觀的理想，但是日常基本的柴米油鹽醬醋茶卻往往把他們壓得喘不過氣來。

　　因此，非政府及非營利組織有沒有可能在政府補助及外界捐款之外，也能學習第二部門的賺錢手法來補貼自己財務上的需要？而更為重要的乃是，組織有沒有可能透過這些賺錢的方法，也能夠實踐其原先的理想與價值，如此相輔相成，豈不是各方皆贏的一椿美事？而這是筆者對於社會企業最初誕生的淺薄理解。也就是說，社會企業乃是非政府及非營利組織欲經由企業營利的方法來實踐或協助其原先所欲追求的公共價值與目的，即賺錢乃是手段，社會價值的追尋與實踐才是真正的目的，而這可能也是瞭解與檢驗社會企業

最為核心的關鍵之處。

　　也就是說，社會企業其實不單純只是著眼於賺錢而已，而是必須特別著重於本書作者所強調的「社會影響」（social impact）面向。社會企業必須是「針對其所服務的弱勢群體在就業促進、貧窮舒緩、生活質素的提升、賦權等面向」扮演著重要的角色。本書首先藉由「工作整合型社會企業」（WISE）的闡述，認為社會企業可以「積極影響在於協助弱勢團體獲得更多就業機會、增加所得，且透過就業與職訓，使得這些所謂被『社會排除』（social exclusion）的團體或個人逐漸獲得社會認可，進而提升自我依賴的能力。」即社會企業最終目標之一乃是著眼於促進社會融合（social inclusion）。

　　除了WISE外，本書也從「社會經濟」的觀點來倡導社會企業，因為它可以產生重要的社會影響，這一點特別讓人驚艷。本書作者指出「社會經濟概念一再強調合作社等互助、互惠性質的組織在社會企業範疇裡的重要性」。主張以社會經濟為基礎的社會企業，並不要求某種程度的市場所得或是政府經費補助；「反之，更為重視的是賺取利潤之後如何分配的問題，因而強調『有限度的利潤分配』律則；以及組織的會員（社員）參與決策制定過程並表達意見的重要性。」這樣的互助互惠及積極賦權的社會企業理念，應可以促進前述的社會融合，非常值得我們重視與參考。此外，本書的另一亮點則是它進行了國際社會企業研究的連結，研究團隊加入了「全球社會企業國際比較研究計畫」，從2013-2018年，共進行了二階段的研究，由此也累積了豐碩的研究成果；另一方面，研究團隊也透過科技部的補助，從事「臺灣與香港工作整合型社會企業

的社會影響」專題研究，深入探討了七家個案，每個個案都不一樣，卻都有精彩的敘事內容。

惟，如同本書研究團隊所稱，雖然「社會企業的定義至今並沒有一個定論，不論是在歐洲或美洲以及亞洲、拉丁美洲與非洲，社會企業以許多不同的組織形式存在著。如何精確描述社會企業的概念，以及如何給予社會企業一個放諸四海皆準的定義，卻不是一件簡單的事情，因為這牽涉到不同國家、不同社會有不同的歷史發展脈絡。」但是，研究團隊並不因此而放棄，反而是很努力地以「全觀式」的視角來進行「社會企業的社會影響」研究，經由全球社會企業的國際比較研究、及臺港兩地的個案深入研究，由此得出了三個層面與四個構面的「社會企業的社會影響」理論架構，這是非常不簡單的學術貢獻，值得為研究團隊恭喜與慶賀。

筆者的研究興趣較偏向於公共政策，這個領域的相關研究者很早就指出「定義」及「分類」對於公共政策制定的重要性，例如，Stone（2002）就說，「政策制定是對於下列事項的恆常競爭，這包括了：分類的標準、項目的界線、及那些引導人們行動的觀念的定義」（註1）；另外，Kingdon（2003）也說，「分析任何事情的第一步就是要把它放置在適當的分類項目之中，倘若我們將其放置在不一樣的項目中，人們看待一件事情將會因此有很大的差異。因此，許多對於問題定義的爭辯都是在於將會使用何種的分類以及使用的方法。你可能無法經由分類項目來評斷一個問題，但是這個分類將會結構了人們對於這個問題許多重要面向的觀點。」（註2）「定義」及「分類」並非是原本就實存於我們的社會，而是有待研究者及實踐者努力捕捉及建構，並形塑出研究主題的理論架構。

　　筆者深以為官有垣教授所領導的研究團隊在出版《社會企業：臺灣與香港的比較》及《社會企業的治理：臺灣與香港的比較》二本書之後，如今再出版《社會企業的社會影響：臺灣與香港的案例》書籍，這使得臺灣社會企業的圖像將因此而更為清晰，對於政府及臺灣社會都將有很大的啟發。在臺灣，地方創生將成為政府未來施政的重點，這三本書所倡導的社會企業非常值得政府主政者參考，有否可能以社會企業的方式來倡導臺灣的地方創生？再者，近年來社會企業是一個很夯的名詞，對於許多欲投入社會企業進行創新的年輕人而言，這三本書也應該非常具有參考價值。筆者以為，這都將開拓我們對於社會企業的視野與熱情，並引導臺灣社會企業往社會影響的重要路徑大步邁進。

## 附註：

1. 原文為：“Policy making, in turn, is a constant struggle over the criteria for classification, the boundaries of categories, and the definition of ideals that guide the way people behave.” 請見Deborah A. Stone, *Policy Paradox: The Art of Political Decision Making*, 2002. revised edition, (New York: W. W. Norton & Company, Inc., 2002), 11.

2. 原文為：“The first cut at analyzing anything is to place it in its proper category. People will see a problem quite differently if it is put into one category rather than another. Thus much of the struggle over problem definition centers on the categories that will be used and the ways they will be used. You may not be able to judge a problem by its category, but its category structures people's perceptions of the problem in many important respects.” 請見John W. Kingdon, *Agendas, Alternatives, and Public Policies*, second edition, (New York: Addison-Wesley Educational Publishers Inc., 2003), 111.

# 導論──
# 社會影響是社會企業發展的核心目的

官有垣、王仕圖、杜承嶸

## 壹、前言

　　首先，要感謝臺灣第三部門研究叢書主編蕭新煌教授的支持與鼓勵，使得我們研究團隊有機會在近幾年內，將臺灣與香港的社會企業比較研究之成果，轉化為一系列專書由巨流圖書公司出版，分享給更多有志於研究該議題的學術界同好或有興趣一窺臺港兩地社會企業運作的人士。之前在2012年與2016年已分別出版了《社會企業：臺灣與香港的比較》以及《社會企業的治理：臺灣與香港的比較》。本書《社會企業的社會影響：臺灣與香港的案例》則是該議題研究的第三本著作，其各章的撰寫資料主要是根據：（一）研究團隊的科技部專題研究計畫成果報告──《臺灣與香港工作整合型社會企業的社會影響研究》（2016/11）；（二）本章的三位作者（官有垣、王仕圖、杜承嶸）以「臺灣」的名義在2013年加入由比利時兩位學者Defourny與Nyssens主持的「全球社會企業國際比較研究計畫」（The International Comparative Social Enterprise Models，簡稱為ICSEM）所蒐集的臺灣各類型社會企業的資料以及臺灣社會企業的各類模式之數據資料。

在2012年出版的《社會企業：臺灣與香港的比較》，全書的內容在於探索臺灣與香港的社會企業的組織特質與運作的異同，強調香港和臺灣雖然同為華人社會的兩地，但各自身處的政經結構、文化脈絡和社會環境卻有差異，二地所發展的社會企業的特徵和功能，以及兩地在運作、管理、法規等許多方面應有所異同。探索並瞭解這些問題，對釐清和豐富社會企業的概念，發展社會企業的理論與實踐模式大有裨益。該書具體的成果在於比較臺港社會企業的發展歷史和背景、組織的運作、管理與治理的機制、以及該類組織與政府及企業部門的互動關係。

至於2016年出版的《社會企業的治理：臺灣與香港的比較》，則強調若要對臺灣與香港兩地的社會企業之發展有更進一步的瞭解，進一步探討社會企業的治理相關議題乃有其重要性。所謂「治理」（governance）一詞，指涉的是統理一個組織的過程。社會企業的治理是要達成組織設定的目標、確保管理與策略的指引朝向對的方向邁進，以增強組織的生存發展能力，進而實踐組織的宗旨與使命。因此，全書的撰述目的在於使讀者瞭解臺灣與香港社會企業的治理情形，論述的重點包括社會企業治理的結構與功能、董事會的組成以及執行長的角色、董事會與執行長角色與功能的制度性調整、社會企業的事業體之人力資源聘用如何影響與治理功能及表現，以及其他相關的動態議題。

儘管歷年來本研究團隊的研究成果對臺港兩地社會企業的組織特質、運作與管理模式，以及與政府及企業的互動有所探索與觀察，其中已包含社會與經濟效益的問項，以及據之所做兩地社會企業的「社會影響」（social impact）初步分析。然而，本書的編著者認為需更具體、深入地瞭解社會企業針對其所服務的弱勢群體在

就業促進、貧窮舒緩、生活質素的提升、賦權等面向上究竟扮演了什麼樣的角色與實質發揮了哪些功能，此即是本書撰寫的主要關懷，即社會影響是社會企業組織創設與經營的核心目的。本書包含導論章在內共有十四章，依據其內容性質歸納為三篇，分別是第一篇「社會企業的社會影響：相關概念」（第一至第三章）、第二篇「國際比較社會企業模式的研究──臺灣的調查分析」（第四至第六章），以及第三篇「社會企業的社會影響──個案分析」（第七至第十三章）。

## 貳、第一篇：社會企業的社會影響──相關概念

本篇共有三章，聚焦於討論社會企業的社會影響的相關概念。第一章〈社會企業的社會影響研究與相關概念〉，作者官有垣、王仕圖、陳錦棠、杜承嶸強調，社會企業，尤其是工作整合型社會企業（Work Integration Social Enterprise，簡稱為WISE）所追求實踐的組織目標聚焦於協助解決失業問題，進而舒緩失業的衝擊，例如就業創造、職業訓練、服務對象或員工增加所得，以及增強標的團體的社會適應力。換言之，WISE對於社會或社區的正向、積極影響在於協助弱勢團體獲得更多就業機會、增加所得，且透過就業與職訓，使得這些所謂被「社會排除」（social exclusion）的團體或個人逐漸獲得社會認可，進而提升自我依賴的能力。在這方面，歐洲學界著力於對WISE的研究，並檢視歐陸著名的積極性勞動力市場政策針對弱勢團體中，WISE在其中扮演的角色及其位置。

第一章的前兩節著重與論述歐美與臺灣的工作整合型社會企業

之發展以及社會企業的社會影響研究現況；最後一節，則剖析社會企業的社會影響之衡量途徑，作者以三個衡量社會企業的社會影響途徑或模式（Approach/Model）為量度的核心工具，分別為「投資的社會效益」（Social Return on Investment，簡稱為SROI）、「平衡計分卡」（Balanced Scorecard，簡稱為BS），以及「邏輯模式」（Logic Model，簡稱為LM），指出其可作為臺港WISE的社會影響研究的重要參考研究途徑。特別在SROI部分，以本章作者之一的陳錦棠教授撰述的「香港政府民政事務局委託有關量度香港社企的投資社會效益之研究」為案例說明SROI的操作過程及其意涵。陳錦棠提醒說，雖然「投資的社會效益回報率」是近年盛行的量度社會企業之社會效益的方法之一，不過，進行SROI量度有其困難，尤其是實證數據收集方面並不容易，而社會價值及社會效益亦不易量化。

接著，第二章作者官有垣從社會經濟的觀點論述社會企業的意涵。本章首先闡述社會經濟的概念，分別從「歷史演變與規範的觀點」以及「法律與制度發展觀點」討論社會經濟界定的內涵。接著指出社會經濟的概念與社會企業的界定，作者強調，社會經濟核心概念如何形塑目前幾個主要的社會企業之論述的內涵是本章的分析重點。本章依序討論：（一）「EMES國際研究網絡」（簡稱為EMES）的社會企業論述觀點；（二）英國政府及學者強調的社會企業運作之利潤分配的法律規範概念；（三）美國的學界及實務界所發展出來的「賺取所得」（Earned Income）與「社會創新」（Social Innovation）兩類社會企業的思想學派。在「意涵與結論」部分，作者特別指出，從制度結構觀點而言，社會經濟概念一再強調合作社等互助、互惠性質的組織在社會企業範疇裡的重要性。此

值得我們政府與民間社會審思，該如何來倡議並積極推展社會企業中的合作社組織的業務功能與社會目的之實踐。

　　歸納而言，社會經濟的概念深刻影響了EMES的社會企業的論述觀點，在社會企業的組織範疇方面，社會經濟強調的合作社、互助會社、協會三種類型的組織，其基礎概念大部分是來自合作社的組成與運作概念，強調組織成員的互助互惠，以及重視組織的基本結構與運作的規範，而非如何賺取所得與產生利潤；再者，受社會經濟概念的影響，EMES的社會企業模式並不強調組織的經費所得來源為何，亦即，並不要求必須要有某種程度的市場所得、政府的經費補助或是其他的經費來源；反之，更為重視的是賺取利潤之後如何分配的問題，因而強調「有限度的利潤分配」律則；以及組織的會員（社員）參與決策制定過程並表達意見的重要性。此外，作者也一再提起社會經濟概念中合作社的重要性，畢竟合作社最根本的目的是在於服務並吸引更多的社員（會員），藉由設立與管理一個事業體來達成社員的互助互惠利益，並提供社員更佳品質的財貨或服務，且以較優惠的價格或較好的條件販售。

　　本篇的最後一章，第三章〈全球社會企業的模式分類──具有公部門特質的社會企業〉，作者官有垣一開始就說明，社會企業的定義至今並沒有一個定論，不論是在歐洲或美洲以及亞洲、拉丁美洲與非洲，社會企業以許多不同的組織形式存在著。如何精確描述社會企業的概念，以及如何給予社會企業組織一個放諸四海皆準的定義，卻不是一件簡單的事情，因為這牽涉到不同國家、不同社會有不同的歷史發展脈絡。因此，比利時兩位學者Defourny與Nyssens於2013年開始發起的大型全球社會企業模式研究，試圖找出解決之道。由這兩位比利時教授主持的「全球社會企業國際比較

研究計畫」（The International Comparative Social Enterprise Models，簡稱為ICSEM）啟動迄今已有五年，研究成果之一即是研究成員共識性地提出四個普遍存在於地球村的社會企業模式（SE Models）：（一）具有企業形式與精神之非營利組織模式（Entrepreneurial NPO，簡稱為ENP）；（二）社會合作社模式（Social Cooperative，簡稱為SC）；（三）以社會使命實踐為主的商業組織模式（Social Business，簡稱為SB）；以及（四）具有公部門運作特質的社會企業模式（Public-Sector Social Enterprise，簡稱為PSE）（Defourny & Nyssens, 2016a, 2016b; Defourny, 2017）。

　　第三章僅聚焦於論述何謂「具有公部門特質的社會企業」（Public-Sector Social Enterprise，簡稱為PSE）。Defourny與Nyssens（2016a）認為，PSE作為社會企業的一種類型模式，和社區型、社會公司型，合作社型以及NPO商業化型的社會企業等都有自行賺取收入的銷售行為（官有垣，2012；Defourny & Nyssens, 2016a）。只不過，就PSE而言，十分強調是由政府主導推動的社會企業組織。以歐洲為例，政府為何要推動PSE？Defourny與Nyssens（2016a, 2016b）強調，這是為了公共服務提供的「外部化」（externalization），或是以「準市場」（quasi-market）的框架提供社會服務。換句話說，PSE近似於新公共管理或民營化的當代版本，基本上有福利國家緊縮、削減政府支出的意涵。

　　歸納而言，在諸多討論PSE的歐洲文獻中，強調PSE所代表的是一種準市場公共服務供給方式，但是財務上仍維持公部門一定責任，非由民間完全自負盈虧。Defourny與Nyssens（2016a）指出PSE的內涵包括：組織治理受到政府較多與較嚴的規範、是一種公

部門向外衍生的組織，以及公共服務的外部化等。PSE不但要有服務公眾，且要有引入準市場力量的雙重目標，因而其資源來源是混合性的。Defourny與Nyssens（2015, 2016a）也提醒，雖然PSE相對於其他類型的社會企業，更強調且也較容易達成組織的社會宗旨（social mission）；然而，由於該類型組織的運作無法完全依靠「以市場為基礎的資源」，因此其經濟可持續性目標的達成較為困難。

## 參、第二篇：國際比較社會企業模式的研究 ——臺灣的調查分析

　　第二篇包含三章，由三位作者（官有垣、王仕圖、杜承嶸）以「臺灣」（Taiwan）名義在2013年加入社會企業國際比較研究計畫，此一國際比較計畫由比利時列日大學J. Defourny教授與比利時天主教魯汶大學M. Nyssens教授在2013年共同研擬並推動一項全球性的研究計畫「全球社會企業國際比較研究計畫」（The International Comparative Social Enterprise Models，簡稱為ICSEM）。ICSEM於2013年7月在比利時的列日大學舉行之第四屆EMES國際社會企業研究研討會中啟動，前後分為兩個階段，ICSEM實施之第一階段為2013年至2015年，強調以國家為基礎的社會企業研究，目的是欲理解（一）社會企業的概念與環境脈絡、（二）各種社會企業模式之類型、（三）各種社會企業模式之制度發展軌跡。

　　ICSEM實施之第二階段為2016年至2018年，主要是以一份共同

的問卷進行調查，以便建立一個涵蓋43個國家以及超過700家社會企業的國際資料庫，再依據此資料庫的數據針對社會企業的各種模式以及制度發展軌跡做出比較分析。這份各參與該計畫共同使用的問卷，設計的目的是要根據社會企業的活動領域、社會宗旨與目的、組織運作的方式、利益關係人，以及法律架構等問項，以便指認並描繪出在不同國家或區域裡有哪些主要的社會企業模式。該調查問卷包括了五組變項，分別是（一）組織身分（組織緣起／法律形式）、（二）工作人力的組成、（三）社會使命與生產（產品與服務）類型、（四）治理與所有權結構，以及（五）財務資源與結構（以上描述ICSEM的緣起與過程，詳見Defourny, 2017）。

本篇各章分析內容即以該社會企業國際比較計畫所設計之問卷為藍本，作者在2014-2015年期間將英文的問卷"Questionnaire for the ICSEM international survey on social enterprise models"翻譯成中文，接著在2015-2016年期間，以此問卷，針對臺灣20家不同類型的社會企業之經營管理者進行面對面的親身訪談。這20家社會企業的組成，包括8家「工作整合型社會企業」（WISE）、4家「社區型社會企業」（CBSE）、4家「社會合作社」（Social Cooperative），以及4家「社會公司」（Social Business）。

本篇將調查結果的分析以三章呈現，分別為第四章的〈臺灣社會企業的一般特質與治理結構〉，主要在探討受訪社會企業的基本特質和具有決策權力的治理結構特性；第五章為〈臺灣社會企業的組織宗旨與生產類型〉，著重在討論社會企業的宗旨、實踐宗旨所針對的目標群體、社會企業的服務或產品類型價格，以及社會企業的創新議題。第六章為〈臺灣社會企業的財務結構與資源獲取〉，主要區分為社會企業的財務組合以及變化趨勢、社會企業資源分配

的實際措施，以及社會企業財務與資源獲得的實務與技術資源管理分析。以下針對各章的重要發現進行概述。

## 一、臺灣社會企業的一般特質與治理結構

臺灣研究團隊參與ICSEM計畫，完成問卷研究訪談的20家不同類型的社會企業，包括「工作整合型社會企業」（8家，40%）、「社區型社會企業」（4家，20%）、「社會合作社」（4家，20%）以及「社會公司」（4家，20%）。這20家組織，若以社會企業模式觀之，在數量上應該是以「具有企業形式與精神的非營利組織模式」（ENP）為最多，其餘則平均分配在另兩類社會企業模式，即「社會使命實踐為主的商業組織模式」（SB）以及「社會合作社模式」（SC）。至於「具有公部門組織運作特質的社會企業模式」（PSE），本研究團隊並沒有訪談該類型的社會企業，是較為可惜之處。例如，近幾年，在我國政府教育部門強力推動與資源補助下，由民間公益財團法人或社團法人成立的非營利（NPO）幼兒園即是一種臺灣特有的PSE [1]。

---

1　官有垣與王兆慶（托育政策催生聯盟發言人／中正大學社福系博士候選人）自2018年5月開始啟動一個小型為期四個月的研究計畫「臺灣非營利幼兒園的社會影響——市場化或公共化？」，我們兩人將初步的研究成果以英文發表於2018年9月21-23日在大阪舉行的國際學術研討會——5th International Conference on Social Enterprise in Asia（ICSEA），論文題目是"'Marketization' or 'De-Marketization'? NPO Preschools as the Taiwanese Model of Public-Sector Social Enterprises"（Wang & Kuan, 2018）。該文強調，若將臺灣非營利幼兒園與Defourny與Nyssens（2016a）等歐洲學者所提出來的「具有公部門運作特質的社會企業模式」（PSE）的內涵相比較，有頗多相似的特徵，但也有其差異性。無論是在理論或實踐上，臺灣似乎出現了一個所謂歐陸的PSE之另一特定「模式」——「臺灣模式的PSE」。

## 二、臺灣社會企業的組織宗旨與生產類型

本章分析的內容主要是針對問卷第二部分的生產類型及宗旨等內容進行探討。第一，在社會企業的組織宗旨方面，受訪的社會企業在「利他」、「互助」、「社區」等價值取向上有較高的聚焦程度，社會公益屬性相當明顯。在這樣的基礎下，反映在所欲達成的目的上，在第一重要的目的與宗旨的促進上，以「創造就業機會」為最重要，當然也有可能受訪的組織本身就是屬於「工作整合型社會企業」居多，導致在社會宗旨目的會出現較多以「創造就業機會」填答。另外，「社區發展」、「平等與賦權」亦是重要的價值選擇取向，而「食品安全」一方面因受訪社會企業中不乏本身就是生產食品的型態，以及近年來食品安全是大眾所關心的議題，故在此次調查中凸顯其符合社會趨勢的重要性。此外，經過將選項加權計算後，「賺取所得以達成經濟／財務的動能」此一宗旨佔有一定的比例，顯示出受訪組織除了透過社會企業的經營實踐其公益宗旨外，亦想透過商業模式的運作為組織帶來更多收益的期待。

第二，在社會企業的服務群體屬性上，很明顯是以其既有的服務對象為主體，比如身心障礙者、街友等邊緣人口族群，而這些群體也同時是該社會企業的員工，這也呼應受訪社會企業的成立宗旨——創造就業機會；另外，在服務群體的社會經濟與年齡特徵，原則上是以低所得者的成年人為主。此外，因為受訪的社會企業類型含括了多種類別，除了工作整合型為大宗外，尚有社會合作社、社區型社會企業等型態，其所針對的目標群體也就觸及了消費者、原物料供應商等不同對象。第三，在產品或服務的類型上，整體觀之，以販售食物及製造產品居多，實際產品的類別，包括了作物的

種植、保藏與加工，以及烘烤食品的製造等。而在商品的定價策略上，仍是採用一般市場的行情予以標定，而所生產的產品或服務也都符合組織的社會宗旨。由此可知，社會企業作為一個生產商品或提供服務的經營實體，仍是需有產業經營的思維，在商品類別、定價標準甚至是行銷策略，也都必須考量消費者的偏好，同時顧及市場的接納度。

　　第四，於產品或服務的創新方面，超過九成的受訪組織表示經營社會企業的過程中，涉及了產品本身、行銷、組織型態、生產或運輸等層面的創新與改良。以行銷學所提及的「4P」架構來看，從產品的研發製造（Product）開始，歷經價格的訂定（Price）與通路的開發與經營（Place），到最後的產品推廣與促銷（Promotion），每個環節都是企業經營實體必須進行不斷的創新與自我改良的歷程。畢竟市場運作是現實的，組織若無法為消費者所青睞，終究還是會被淘汰。此外，值得注意的是，一般企業創新或許直接來自於對經濟利益的渴望與期待，但對受訪的社會企業來說，引導其創新發展的驅力，則來自於實踐社會宗旨、擴增服務範圍、藉以提升財務永續能力的取向，也正映照出社會企業與傳統企業思維與操作的差異所在。

## 三、臺灣社會企業的財務結構與資源獲取

　　社會企業主要以社會宗旨的實踐為目的，除了社會關懷之責任，更需配合經濟性目的來促成組織的永續經營，透過穩定的財務分配和資源管理基礎，使其具備自立自主之能力，進而延續服務來解決環境問題。本章欲瞭解社會企業在財務面與資源取得面之情

況，聚焦於探討組織的財務結構特性和相關資源取得之管道。以組
織財務結構層面來看，目前受訪的這20家社會企業的總資產，約有
七成五的比例為新臺幣5,000萬元以下，顯現臺灣社會企業之型態
以中小企業為多。儘管臺灣社會企業規模較小，但在淨資產部分呈
現負債比例不高的現象。其年度收入來源包含「公／私部門的銷售
收入」、「政府補助款」、「投資所得」、「善款」、「會費」以
及「其他收入」等管道；其中「公／私部門的銷售收入」為一項重
要途徑，在受訪組織中，有90%的社會企業年度銷售收入超過100
萬來自「公／私部門的銷售收入」，「政府補助款（不含銷售
款）」對社會企業的發展也有一定影響性；「投資所得」、「善
款」非首要收入來源，比例較低；「善款」則由當地公民、非政府
組織或民營企業所捐贈。

在社會企業之總收益方面，受訪組織的年度總收益大約落在
「501萬-5000萬」區間，可見臺灣社會企業具有一定的收益能力。
在近五年總收入的變動趨勢中，有八成的組織趨於成長，其續航力
與前瞻性對於社會企業的未來發展相當重要。另，就研究結果顯
示，臺灣社會企業之財源補助多來自政府部門，其中有一半以上為
「中央政府機構」，其次為「地方政府機構」，顯現中央政府機構
仍擁有較多的資源，同時在社會企業中有著較大的影響力。在公部
門的財稅豁免或減免上，因臺灣社會企業多以非公司型態成立，故
同母機構一樣享有非營利組織之免稅。再者，從淨所得的數據能夠
瞭解組織於經濟資源支配的能力仍有進步空間。在受訪組織近三年
之淨所得及淨虧損方面，大部分組織情況良好，有七成近三年沒有
淨虧損。至於財務組合面上，維持機構的最佳組合財務所得比例以
「銷售給私部門」為大宗，已達到何種適切程度可持續發展水平？

多數組織則選擇「適切」與「非常適切」，由此可知，臺灣社會企業注重市場機制以及其所創造之營收。淨收入分配措施和分配規定層面，有七成組織認為「再投資於社會企業的運作」是較佳的措施，同時在分配規定中，以「淨收入均分給社會企業會員」為主要規定內容。當組織欲結束運作，其大多將淨資產歸於母機構，少部分則將淨資產歸於政府機關。

整體而言，臺灣社會企業組織規模小，財務基礎還算穩定，因尚處在發展中之階段，故與政府機構的互動頻率較高，同時也會考量將盈餘再投入社會企業，以再度投資的概念，持續營運，為社會貢獻。

## 肆、第三篇：社會企業的社會影響——個案分析

本研究團隊於2014年至2016年期間，獲得科技部二年期研究經費，從事「臺灣與香港工作整合型社會企業的社會影響」的專題研究。探究臺港兩地WISE用哪些整合的方法或途徑，透過訓練與就業的手段來協助這些弱勢群體？以及透過WISE的方案對於這些所服務弱勢群體及其家庭與社區帶來了哪些社會性與經濟性的影響？本篇的七章個案分析即是根據該項研究計畫的研究結果撰寫而成，分析的個案中，臺灣的個案有4家，分別是喜憨兒社福基金會、臺灣家扶基金會、大誌雜誌，以及茲摩達司等；香港則有3家，分別為豐盛髮廊、香港中文大學女工同心合作社，以及銀杏館等。這些個案的探討，有延續本研究團隊過去至今持續關切的社會企業如喜憨兒社福基金會、臺灣家扶基金會、豐盛髮廊、女工同心合作社；

也有因應本次社會影響研究而新開發的個案如臺灣大誌雜誌與茲摩達司社會企業公司，以及香港的銀杏館。再者，本研究所針對的社會企業服務對象，堪稱十分多元，有智能障礙者、受經濟扶助者、女性中年再就業者、更生人、高齡就業者、街友等，其所開展的社會企業方案，也都各具特色，以下簡要說明這些個案的社會影響。

## 一、臺灣的個案分析

本書第七章為〈臺灣喜憨兒社會福利基金會的個案分析〉，喜憨兒社會福利基金會係由一群心智障礙者的家長於1995年所成立。以「為心智障礙者開創生命的尊嚴與生存的喜悅」為使命，期望透過愛與關懷來化解障礙，激發憨兒的潛能並回歸於社會之中。喜憨兒基金會成立迄今已邁入第二十三個年頭（1995-2018），對於憨兒所提供的服務也越來越多元且日趨全面。目前基金會建立了一套轉銜系統，從發掘憨兒到提供憨兒就業乃至於老年照顧，都具有相當妥適的規劃。此次研究依據就業、生活品質改善、賦權與社會融合的層面，分析WISE對服務對象（憨兒）產生的社會影響。首先，基金會依憨兒的特質分配工作，並在職場上建立一套標準工作流程，亦針對憨兒提供個人化服務計畫，讓憨兒能更順利投入於工作場域。在工作訓練過程中，除工作技能指導外，也相當重視就業態度的養成。其次，由於憨兒所賺取的薪資，多用於個人的日常生活開銷與儲蓄，並非家庭主要的經濟來源。第三，因為工作使得憨兒在家中的地位有所提升，且開始擁有自主權，安排自己的時間參與社會互動的活動。最後，因為工作場域在餐廳與麵包坊，使憨兒能有與社會大眾接觸的機會，經由互動的過程讓社會大眾瞭解憨兒

是具有工作能力，打破過往對憨兒的刻板印象。

　　整體而言，喜憨兒基金會在社會影響的各層面上皆有其一定的效果。對憨兒而言，不僅在於提供一份就業機會，更提升他們多項能力，且大幅增加其與社會互動的機會。然而，在社會大眾與政府等各方監督下，喜憨兒基金會需要更加重視服務與產品的品質，並且為了能夠在競爭性市場環境中生存，勢必要建立品牌形象，穩固事業體的發展，以提供憨兒一個更為穩定的就業環境。

　　本書第八章為〈臺灣家扶基金會的幸福小舖個案分析〉，主要以苗栗家扶的全家便利商店以及花蓮家扶的幸福小舖為例，說明透過社會企業方案實施所創造的社會影響。「幸福小舖」是家扶基金會服務貧困家庭的經濟扶助方案，藉由引進社會企業方案提供工作機會，讓服務對象能夠積極脫離貧窮。家扶的幸福小舖方案是地方家扶中心以社會企業概念的運作方式，連結企業、政府和家扶基金會自身的資源來為服務對象積極脫離貧窮的新型態方案。

　　歸納服務對象的社會經濟背景與加入方案之前的就業經驗，兩處地方家扶中心的服務對象的共同樣貌皆為單親家庭、經濟弱勢，家長的學歷以國、高中為多，過往的工作經驗較屬於臨時性、勞力性、短期聘僱工作。可以想見，服務對象的家庭生活經濟經常入不敷出，時常深陷於貧窮之中。服務對象在進入幸福小舖、全家便利商店之前，家庭經濟收入較為不穩定，因此參與家扶的方案後，這份薪水明顯地帶來家庭經濟的改變，不但可以補貼房租與家庭伙食、照顧家庭生活，亦有工作時間與地點選擇的彈性。此外，因提供工作機會，社工員藉著陪伴與關懷過程充權於服務對象，肯定其自我價值，也提升服務對象的就業技能，更大的幫助在於穩定經濟收入、預防再次落入貧窮。

　　苗栗家扶是結合企業的資源，並實質與大型企業組進行組織的異業合作，透過企業的訓練與物流提供，協助服務對象能習得一技之長，此有助於未來面對職場的挑戰。這種合作模式不是企業給予金錢、物資而已，而是雙方的工作人員互相合作，共同為便利商店一起努力奮鬥；再者，便利商店除了帶來就業機會之外，也讓社工員重新反思服務方案內容，翻轉社會救濟的思維。另一方面，花蓮家扶幸福小舖的經營，主要是提升服務對象基本手工藝作技術，同時以具有彈性工時與工作處所的選擇自主性，培力他們製造產品，甚至學習規劃時間，培養自身的勞動市場競爭力，這種以增強權能的工作方式，加上社工員的陪伴，適度翻轉了服務對象的困境，使其可從陰暗的角落走向社會的參與及融合。

　　第九章的〈臺灣大誌雜誌的社會影響──街友就業模式的個案分析〉中，呈現了不同於前兩章之以NPO來經營社會企業的發展途徑。2010年臺灣大誌雜誌（*The Big Issue Taiwan*）以「營利事業組織」（FPO）之姿成立，截至目前為止已提供超過100個就業機會，並以提供街友就業機會做為號召，期望藉由社會媒體的影響力翻轉社會大眾對於街友的刻板印象，使街友能夠重拾生活的自我控制權，以此觀之，大誌雜誌充分具備工作整合型社會企業的特性。本章透過就業促進、貧窮舒緩、生活素質提升以及賦權等四個層面分析大誌雜誌的社會影響。藉由大誌雜誌街友就業模式的運作與其所產生的社會影響，具體描繪臺灣工作整合型社會企業的其中一種樣態，不僅說明了社會企業所帶來的社會影響，同時清楚地看到社會企業在經濟與社會目的之間的操作過程。大誌雜誌以「促進弱勢群體就業」為組織宗旨，提供了弱勢族群重新進入勞動市場的機會，相當程度舒緩了街友長期以來的就業困境，並結合社會福利組

織的專業能力來協助社會服務的提供，使街友服務系統更完善。

　　第十章的〈臺灣茲摩達司社會企業公司的個案分析〉是本書臺灣案例分析的最後一個。茲摩達司（Cemedas）社會企業有限公司成立於2014年，是依據公司法立案的有限公司，採取獨資的方式經營。其主要宗旨在於「環保、公平交易、關懷偏鄉原住民」，推動以「購買取代替捐款」的概念，不仰賴政府補助與民間捐款，而是透過消費行為作為公益行善的方式之一。茲摩達司公司設在新北市，而在臺東設置生產據點，並設立一間門市，專門負責農產品加工，再進行包裝與出售。在過程中，發現當地的文化內涵相當豐富，所以創辦人開始規劃如何協助當地部落居民自力更生，因而將慈善轉為企業的經營模式。茲摩達司開始收購部落的農產品，是由於當地農民時常有農產品滯銷與被中盤商剝削的問題而讓農民血本無歸，不願意耕作與採收。因此，創辦人提出保障價格收購作為誘因，促使農民繼續耕作，並為農產品找尋市場。但是，收購農產品僅為一個起始點，未來期望能培養在地居民發展，自給自足，並鼓勵部落青年返鄉，振興傳統文化與改善生活。值得一提的是，茲摩達司在經營事業層面上有許多創新的策略，包括：交易方式採用「保障基線及應時機動」；收購方式經由部落頭目向農民收購農產品；行銷方式是在寺廟體系內部進行行銷。

## 二、香港的個案分析

　　第十一章的〈香港豐盛髮廊的個案分析〉則是描述香港豐盛髮廊如何透過社會企業運作，提供訓練及就業機會給邊緣青年（邊青）。豐盛髮廊的組織創立，乃因創辦人至監獄訪視受刑人時，發

現除帶領他們重新做人外，培養一技之長亦是重要的課題，因為出獄後他們若無一技之長，在就業市場上難以生存。因此，豐盛創辦人於1987年設立「基督教豐盛職業訓練中心」，營運汽車修護廠以提供更生青年職業訓練。2001年，該中心在香港旺角創辦豐盛髮廊，2008年正式成立基督教豐盛社企有限公司，現今已申請香港社會企業之認證（SEE Mark）。

在經營與運作上，豐盛髮廊從生活紀律、職業技能培訓、基督教信仰和人生價值觀，以及人際關係的建立等層面，制定一套學徒計畫，使邊青能在豐盛髮廊擔任學徒一職，學習髮型設計等相關技能。豐盛髮廊不僅指導邊青工作所需技能，亦重視生活紀律和工作態度的養成，使邊青除能培養一技之長外，更能從過程中學習人生價值觀，在未來至一般市場就業時，也能持續良好的生活與工作習慣。豐盛髮廊營運至今，無論在營業額分配或人才招募上，決策皆以能否保障或協助邊青作為出發點。接受豐盛所輔導的邊青，透過其學徒計畫篩選進入髮廊後，在培訓期間即具有受僱者身分，可獲得學徒的薪資，這是一份具體可見的工作酬勞，也是象徵邊青具有勞工身分的開始。透過穩定的就業生活型態，不但可讓邊青重新定位生涯發展的規劃，也可促成其發展專業技能的可能性。雖然豐盛礙於目前營運規模與訓練制度，尚無法將所有邊青都培訓成為髮型師，但基本技能與工作態度，是一種可以帶得走的資產，讓他們可以到社會上相關的產業領域，持續發展個人的職涯。豐盛主要的服務對象為本該為社會所期待的慘綠少年，卻因一時失足而受法律保護管束者，這群人可能因具有「古惑仔」身分，而不被社會所接納，而變成社會陰暗角落的被排除者。要讓被社會排除者重新融入社會，具有一定的難度，除了傳統矯治系統的觀護或是更生人保護

體系外，豐盛的案例提供了另外一個協助更生人融入社會的社區處遇可能性。

　　第十二章為〈香港中文大學女工同心合作社的個案分析〉，「女工同心合作社」於2001年3月由「香港婦女勞工協會」協助一群失業婦女組織成立。女工同心合作社能夠成為首間開拓大學資源的合作社，是因為2000年香港中文大學學生會基層關注組，成功抗衡大財團壟斷，爭取小賣店由基層團體承辦，將校園資源回饋社會，為校園生活帶入社會關懷，並於2004年正式向香港政府註冊成為一家職工合作社。在合作社工作的女工，人人都是老闆，所有合作社的大小事務都是由這一群女工以民主協商共同決定而成，此外女工合作社亦關注社會議題，積極參與社會運動並幫助其他婦女勞工。女工合作社的成員以中年居多，她們其實都有就業上的需求，但因為同時要兼顧家庭照顧角色，無法在勞動市場上覓得較佳的工作機會。女工合作社透過社員自主討論排班輪值的機制，讓參與的社員有機會配合自己的時間安排工作班表，不但讓她們保有工作與家庭照顧間的移動彈性，也透過勞動歷程取得穩定的薪水。

　　合作社的女工因學經歷及成長背景之故，在思考上往往存有既定的框架，束縛著她們的眼界與行動，因而會有較多的自卑感。但進到合作社工作及學習，她們彼此學會了民主參與的精神，以及對公共議題的關心，也能夠參與社會運動與外界其他團體進行婦女及勞動者權益爭取的倡導，甚而有機會進到立法會與議員代表進行意見交流討論與協商。這樣的賦權歷程，不但讓參與的女工有內在的成長，也促使女工發展出更多的社會關懷行動力，將其自身的經驗推廣且鼓勵他人投入，這或許就是最實際也是最具體的社會影響。在這樣的參與過程中，她們從原先屬於被標定為中年失業婦女的邊

緣族群，轉換身分成為積極參與社會的行動者。

第十三章〈香港銀杏館長者就業模式的個案分析〉，突顯出高齡者就業的問題。香港樂天集團創立於1998年，秉持「以人為本，全人發展」作為服務使命，另其「營商創福利」之理念較偏向企業社會責任的實踐，期望轉變香港福利單位依賴政府資助的局面，成為回應社會需要的主動者。2002年，樂天將企業盈餘投入成立樂天關懷行動，同時註冊為慈善團體，邁出回饋社會的起步。2003年，首創長者抑鬱症支援熱線服務，關心受到情緒困擾的長者，並在自籌成立的「溫情軒社會服務中心」（位於黃大仙竹園村社區中心內部）中設置「銀杏館」。銀杏館是由長者經營，提供長者合適的工作環境與就業機會，舒緩經濟壓力，並重拾長者的自信與自尊。

營運至今，銀杏館已擁有四家餐館，分別為中環店、饒館店、彩頤店與華麗耆素。在經營特色上，「銀杏到會」服務可稱之為香港首創，透過專業的長者團隊，提供一站式美食到會服務，承辦各類型活動，如婚宴酒會、公司或私人派對、燒烤聚會等活動，而「樂活有機農場」的長者農夫則負責提供有機蔬菜，此外，還創設「香港廚房」製作月餅等精美食品。在工作職位上，銀杏館提供各種類項就業機會，如服務生、廚務、餐廳管理人、農務員、售貨員、美味學院講師等多元化人力。藉此發揮長者各自的專業長才，並從各單位所需的職位來連結長者專業長才，進而活絡整個運作體系。顯然，這些作法除可增加長者晚年經濟安全外，亦能使長者從中獲得自信心，賦予其權能，真正實踐老有所用的意涵。對於長者而言，這份工作可以讓他們再度投身於職場，學習新的事物或延續發揮自己的專業才能，更重要的是能增加長者與社會互動的機會。

# 伍、結語：社會影響是臺、港社會企業發展的核心目的

　　近十數年來，社會企業在臺灣本質上仍然不是以一個法律實體的地位存在，但「社會企業」這個詞彙卻已在社會公共領域中引發廣泛討論，此乃是不爭的事實。在主流論述中，社會企業的目的主要包括創造就業及創造與就業相關的培訓機會，尤其對於處於近貧、弱勢、身障等所謂「邊緣性群體」（marginalized people）這方面的協助扮演了重要的角色。本書大部分章節所呈現的重點即在試圖具體、深入探討社會企業，尤其是工作整合型社會企業（WISE），針對其所服務的弱勢群體在就業促進、貧窮舒緩、生活質素的提升、賦權等面向上扮演了什麼樣的角色，以及實質發揮了哪些功能。

　　針對臺灣與香港社會企業的社會影響研究議題，本研究團隊在過去十二年期間（2006-2018）曾經執行三次臺港兩地社會企業的問卷調查與組織的實地訪談與觀察（2006、2010、2013年），結果顯示不論是臺灣或香港，社會企業在設立產銷營業單位首要著重在社會目的，即重視「為弱勢團體創造就業機會」、「增進弱勢團體的社會適應能力」以及「提供職業訓練」（官有垣、王仕圖，2013；陳錦棠、黎家偉，2013；官有垣、陳錦棠、王仕圖，2016）。比較而言，臺灣社會企業設置的目的在於「創造弱勢團體就業機會」、「提升弱勢團體就業者的收入」、「增進弱勢團體的社會適應能力」與「提供職業訓練」等皆是以服務對象為主要目的；其次才是「充實機構自給自足的能力」和「增加機構的經費收入」等經濟性目的。亦即臺灣社會企業單位的成立，非常重要的目

的就在於提供或促進弱勢團體就業，透過提供庇護性職場、運用職業訓練或陶冶的方法，期許這群社會中不利於就業競爭者，能夠透過社會企業，協助他們有更佳的就業機會空間與所得保障。

至於香港，社會企業的社會效應面，香港社會企業設立之目的主要是為創造弱勢團體就業機會、增進弱勢團體的社會適應能力、提供職業訓練、提升弱勢團體就業者的收入及藉此倡導、維護所珍視的社會價值與理念。然而，倡導社會價值及生態環境保護等目的在最近一次的調查中開始佔有一定之比率，可見近年之社會企業成立目的已漸變多元化，而不只為弱勢團體提供就業機會。這與近年較多社會人士成立社會企業，解決社會問題及提倡社會價值相關，而非只有社會服務機構營運社會企業有關。香港社會企業之社會影響由剛發展時主要為弱勢團體提供就業機會，漸漸變得多元，也同時對改善生活質量、為服務對象賦權及促進社會融合做出影響，社會企業在其中扮演著重要角色。

本專書的一個最主要特色是，研究團隊為了要較為全觀地進行「社會企業的社會影響」研究，提出一個研究架構來分析臺灣社會企業的社會影響。此研究架構概念化為三個層次與四個構面（3 levels and 4 dimensions）。三個層次分別是個人、人際互動與家庭，以及社區與社會。個人經由社會企業的聘僱所獲得的利益，譬如職業技能的增進、就業的保障、薪資與脫貧，所產生的效益勢必影響家庭的功能與人際互動網絡，進而再像漣漪般影響了社區與大社會，最終有助於社會融合。除了影響層次外，另強調四個構面，即「4E架構」（4E Framework），此4E分別是（一）「提供就業」（Employment）、（二）「改善生活質量」（Enhancement of quality of life）、（三）「賦權」（Empowerment），以及（四）

「社會融合」（Exclusion prevention）。

　　本書的社會影響之七個個案分析，即是根據以上的分析架構為之。研究結果顯示，不論是臺灣或香港的社會企業，其最為顯著的社會影響即是個人層次以及「提供就業」構面，譬如職業技能訓練、就業能力的提升、自行開業能力的增強等；其次是人際互動與家庭層次與改善生活質量，例如家庭生活條件的改善、人際網絡的擴大，以及逐漸脫離社會救助系統的援助等；至於社區與社會層次以及賦權與社會融合兩構面，其影響雖在七個個案中浮現，但顯著性不如前面兩個構面。然而，香港中文大學女工同心合作社的個案顯示，女工進到合作社工作及學習，她們彼此學會了民主參與的精神，以及對公共議題的關心，也能夠參與社會運動與外界其他團體進行婦女及勞動者權益爭取的倡導。這樣的賦權歷程，不但讓參與的女工有內在的成長，也促使女工發展出更多的社會關懷行動力，將其自身的經驗推廣且鼓勵他人投入。再者，臺灣喜憨兒基金會的個案，因為工作使得憨兒在家中的地位有所提升，且開始擁有自主權，也逐漸學習安排自己的時間參與社會互動的活動。更有甚者，因為工作場域在餐廳與麵包坊，使憨兒與社會大眾能有接觸的機會，經由互動的過程讓社會大眾瞭解憨兒是具有工作能力，打破過往對憨兒的刻板印象。以上說明皆是臺、港社會企業的賦權與社會融合兩構面的社會影響之顯例。

# 參考書目

官有垣（2012），〈社會企業在臺灣的發展──概念、特質與類型〉，收錄於官有垣、陳錦棠、王仕圖、陸宛蘋（主編），《社會企業：臺灣與香港的比較》。高雄市：巨流圖書。第二章，頁61-94。

官有垣、陳錦棠、陸宛蘋、王仕圖（主編）（2012），《社會企業：臺灣與香港的比較》。高雄市：巨流圖書。

官有垣、陳錦棠、王仕圖（主編）（2016），《社會企業的治理：臺灣與香港的比較》。高雄市：巨流圖書。

官有垣、王仕圖（2013），〈臺灣社會企業的能力建構與社會影響初探〉，《社區發展季刊》，143期，頁51-67。

陳錦棠、黎家偉（2013），〈香港社會企業的社會影響初探〉，《社區發展季刊》，143期，頁151-160。

Defourny, J., & Nyssens M. (2015), "From schools of thought to a tentative typology of social enterprise models", Paper presented at *the General ICSEM Project's Meeting*, Helsinki, June 30, 2015.

Defourny, J., & Nyssens M. (2016a), "Fundamentals for an international typology of social enterprise models", *ICSEM Working Papers*, No. 33, The International Comparative Social Enterprise Models (ICSEM) Project.

Defourny, J., & Nyssens M. (2016b), "How to bring the centres of gravity of the non-profit sector and the social economy closer to each other?" *Voluntas*, 27: 1547-1552.

Defourny, J. (2017), "An overview of social enterprise models across the world with hints at Asian specific features", Keynote speech at the *2017 International Conference on the Innovation and Development of Social Entrepreneurship and Employment for the Disabled in Asia*, Taipei: Children Are Us Foundation, 2017/09/7-8.

Wang, C. C., & Kuan, Y. Y. (2018/09), "'Marketization' or 'de-marketization'? NPO preschools as the Taiwanese model of public-sector social enterprises", Paper presented at *the 5th International Conference on Social Enterprise in Asia*, September 21-23, 2018, Osaka, Japan.

# 第一篇
## 社會企業的社會影響：相關概念

# 第一章

# 社會企業的社會
# 影響研究與相關概念

官有垣、王仕圖、陳錦棠、杜承嶸

# 壹、前言

社會企業（social enterprise）在臺灣與香港的發展迄今已有十餘年的光景，儘管社會企業現時在本質上仍然不是以一個法律實體的地位存在，但「社會企業」這個詞彙卻已在臺港兩地的公共領域中引發廣泛討論。社會主流論述中，社會企業的目的主要包括創造就業及創造與就業相關的培訓機會，尤其對於處於近貧、弱勢、身障等所謂「邊緣性群體」（marginalized people）這方面的協助扮演了重要的角色。從1990年代以來，歐陸的福利國家在社會照顧的政策推動轉向為「去機構化」（de-institutionalization），強調社區照顧以及在政策設計上驅使社會接納更多弱勢群體進入勞動力市場，以有薪給的訓練及各式的短期或長期就業來克服社會排除的現象。這種福利參與模式發揮的功能，不僅是對於這些邊緣性群體的所得與物資獲得有所提升，更增強了其社會經驗與自信心、工作技術的培養，被主流社會認同與接納等。

再者，不管是歐美國家、臺灣或香港，近十幾年來的失業問題一直是各方所關切的議題。根據致貧因素的研究可以得知，失業是民眾落入貧窮困境的重要因素，當家庭中的主要經濟負擔者失業，其家庭即面臨生活開銷短缺的問題，成為落入貧窮的高風險家庭。而且，以當代社會的觀察可以瞭解，個人的失業問題並非是其個人原因所造成，許多結構性因素，如經濟景氣低落、全球化造成的產業的外移等，是導致非自願性失業的重要因素（賴兩陽，2004）。故即使個人有強烈的工作動機，工作機會卻是遠離了失業者所居住的區域。對此一現象，創造就業機會、訓練失業者獲得新的工作技能，便成為政府與其他部門關切的議題。雖然政府有常態性就業服

務與技能訓練的運作系統，然而，若市場就業人力的需求不足時，縱然有新的技能，仍無法獲得良好的工作職缺，基於這樣的限制，政府釋出資源，鼓勵非營利組織僱用此類瀕臨貧窮邊緣的人口，形成了公私合作的新模式。

在「去機構化」的福利政策的驅動下，有關身心障礙的就業技能養成訓練與就業服務必然回歸到社區，除了能夠進入競爭性就業市場的身心障礙者，尚有一些競爭能力不足，必須利用保護政策措施保障其就業機會的庇護性就業政策，以避免部分身心障礙者受到就業上的排除。對於保護性的就業政策部分，政策的責任是相當重大的，身心障礙者就業也是他們參與社會生活，創造生命意義的基本權利，身心障礙者的「工作權」若能以「就業」形式，促使他們在勞動下獲得經濟資源與社會生活的滿足，對其個人與家庭均能有莫大的正向影響（吳秀照，2007）。過去二十年來，歐陸的福利國家在社會照顧上轉向為強調「去機構化」的方式，政策的目的即以促進弱勢群體與身障者進入勞動力市場，主要理由即近貧、接近貧窮邊緣的人口群、弱勢群體、身障者，這些人口群體比之一般勞工更不容易在勞動力市場找到工作，亦經常被社會主流群體排斥在外，故「積極性勞動市場政策」（Active Labour Market Policies）的規劃與執行，即是要來協助上述這群受到社會排除的邊緣人口群（Spear & Bidet, 2005）。

個別社會企業存在的核心意義是在於實踐它的雙重目標，亦即（一）實踐其社會影響的深度與廣度，以及（二）盡可能地賺取營收所得。社會企業的公益使命所追求的是社會價值的創造，此乃透過非以營利為目的的方案服務推動而達成；反之，財務需求與市場機會卻導向「經濟價值」的創造，此是由商業或生意模式

（business model）來達成（Alter, 2006）。

根據官有垣（2007）的觀察與歸納，在臺灣，社會企業的運作模式已經日趨多元化與多樣性，大致可區分為五種類型：（一）積極性就業促進型，或稱作「工作整合型」；（二）地方社區發展型；（三）服務提供與產品銷售型；（四）公益創投的獨立企業型；（五）社會合作社。這五種類型的社會企業雖各有其獨特的組織特質與關懷的對象，例如類型二著重的是協助地方社區的人文與產業經濟發展，而類型一特別關照被社會排除的弱勢者之就業問題，至於類型四則強調以營利公司的創設及盈餘來支持NPO的公益活動；然而這五種類型社會企業的特質與構成要素也非彼此完全互斥，一種類型的社會企業可能同時兼具其他類型組織的特色（官有垣，2007；官有垣等，2012）。

臺灣最常見與盛行的社會企業組織即是以「工作整合」（work integration）為特色，或另稱之為「積極性就業促進的社會事業」（affirmative businesses），統稱之為「工作整合型社會企業」（Work Integration Social Enterprise，簡稱為WISE）。此類社會企業極為關切那些被社會排除的弱勢團體（尤其是身心障礙者），因此藉由提供工作給這些人們，使之整合入勞動力市場（O'Hara, 2001; Boschee & McClurg, 2003）。歸納言之，社會企業，尤其是工作整合型社會企業（WISE）所追求實踐的組織目標聚焦於協助解決失業問題，進而舒緩失業的衝擊，例如就業創造、職業訓練、服務對象或員工增加所得，以及增強標的團體的社會適應力。換言之，WISE對於社會或社區的正向、積極影響在於協助弱勢團體獲得更多就業機會、增加所得，且透過就業與職訓，使得這些所謂被「社會排除」（social exclusion）的團體或個人逐漸獲得社會認

可，進而提升自我依賴的能力。

　　除了「前言」以外，本章第二節將論述「工作整合型社會企業的發展」，強調歐洲學界著力於對於WISE的研究，並檢視歐陸著名的積極性勞動力市場政策針對弱勢團體中，WISE在其中扮演的角色。第三節則聚焦於整理：（一）歐陸社會企業的研究社群EMES從1990年代中期以來開展的數個有關社會企業的社會影響研究，以及（二）本章作者組成的研究團隊從2006年起從事的臺灣與香港的社會企業比較研究的社會影響議題。第四節是「社會企業的社會影響之衡量途徑」，論述三個衡量社會企業的社會影響途徑，分別是「投資的社會效益」（Social Return on Investment，簡稱為SROI）、「平衡計分卡」（Balanced Scorecard，簡稱為BS），以及「邏輯模式」（Logic Model，簡稱為LM），最後，以陳錦棠教授撰述的「香港政府民政事務局委託有關量度香港社企的投資社會效益之研究」為案例說明SROI的操作過程及其意涵。

## 貳、工作整合型社會企業之發展

　　歐美國家發展有關工作整合型社會企業的主要目的，主要就是在於服務受到社會排除的弱勢人口群，例如教育程度低落、就業能力不足、長期失業、就業資格有問題、青年就業參與、中高齡失業等。上述這幾種類型的弱勢人口群可能成為貧窮的高風險人口，因此，不管是政府或是民間NPO等，在就業政策的設計或實際服務的提供上，WISE即成為政府為了解決失業問題的重要政策措施，而政府也可能透過與民間NPO的合作，由政府提供財務資源，民間聘

任人力的方式以達到弱勢人口群體的就業服務。這種就業促進模式強調為智障者、肢障者、女性、原住民，以及經濟或教育方面的弱勢者提供職業訓練、工作機會、提供一般市場水準的工資，以及輔導創業，已逐漸被愈來愈多的NPO所仿效，而政府在舒緩失業率帶給社會衝擊上的各種因應策略中，此模式也被積極運用，其目的即期盼對那些長期失業者與弱勢者，嘗試將他們重新整合入勞動力市場。

　　就WISE的特質而言，可以區分為具備支持性與充權的兩類特質。傳統上，由於身障者人口群中，部分人口無法進入競爭性就業市場，必須以政策規範推動保護性的措施，以保障有工作動機的身障人口群，這類WISE的主要特質是以訓練或職能陶冶為主。另一方面WISE則是以有給付的工作為主要目標，其被視為是戰勝「社會排除」的重要手段；其功能不僅是所得與物質的獲得而已，尚包括社會經驗的累積，透過與外界的接觸而提升了他們的社會地位與自我認同，以及協助他們發展與培養工作技能（Spear & Bidet, 2005）。

　　有關社會企業發展脈絡的論述，過去在1970和1980年代受到「新公共管理觀點」（New Public Management）的挑戰，新公共管理觀點強調準市場機制，用以提升服務供給的效率。在準市場的運作下，國家依然支持服務提供的財務資源和法律規範，然而支持的對象則開放給各類型組織：譬如，讓公部門、第三部門和營利部門供給者，均能在市場中競爭提供社會服務。在1990年代初期，英國社區照顧改革即標榜此一趨勢；人們期待此一公共政策的改革可以降低公部門的官僚主義，進而採擷市場運作機制的紀律與嚴謹的優點（Netten et al., 2004）。此外，地方政府被賦予新的角色，他

們透過契約外包的方式賦予「獨立部門」（Independent Sector）或「第三部門」（Third Sector）遞送服務的權力。因此，此時期強調「私人供給者」的重要，而不論其是否為營利或志願性非營利機構。

　　根據Defourny與Nyssens（2010）有關社會企業發展的分析，在1980年代期間，由於面臨高失業率和公共財政的危機，歐陸有相當數量的國家，其政府部門徹底放棄依賴消極性的勞動力市場政策，亦即對失業者採取現金給付方式的體系，轉而採取較為積極的勞動政策措施，其目標在於透過職業訓練、工作補貼方案等將失業者整合進入勞動力市場之中。在積極性勞動力市場政策領域中，他們推動一個大型的「第二勞動力市場方案」（Second Labour Market Programme），以提供中介形式的就業服務。之所以推動這些積極性的就業方案，乃基於一方面觀察到尚有許多未滿足的社會需求問題存在，另一方面則是有大量的失業人口。因而這些就業方案試圖鼓勵創造那些可以滿足社會需求的新工作職位，以作為失業人士創造工作職位與抑制大量社會福利支出的政策手段。

　　歐陸在國家和非營利組織持續合作以提供社會服務的脈絡下，顯示政府部門高度依賴民間組織，譬如「協會」性質的組織，來執行此所謂「第二勞動力市場方案」。這樣的公共服務計畫對參與其間的非營利部門而言，可孕育更具有生產性和創業精神的動力。在一些國家如法國和比利時，這些政策實施的動力即明顯深植於第三部門之內，它們稱之為「社會經濟」（social economy）或者為「團結經濟」（solidarity economy）（Defourny & Nyssens, 2010）。在1990年代，許多歐洲國家除了創造出新型態的法律範式與架構外，亦針對工作整合領域發展了一些特定的公共方案。如同

他們所追求的各種不同領域的社會目的一樣，社會企業亦活躍於許多廣泛的活動領域。然而在1990年代，歐陸地區社會企業中最顯著的一類莫過於「工作整合型社會企業」（WISE）。工作整合型社會企業的主要目的是協助容易受到勞動力市場永久性排除的風險之失業人口獲得就業的機會。WISE透過生產性活動的運作，將這群弱勢人口納入工作場域並協助其融入社會（Nyssens, 2006）。

歐洲在WISE的研究方面，Borzaga與Loss（2006）檢視歐陸著名的積極性勞動力市場政策針對弱勢團體中，WISE在其中扮演的角色及其位置。其評估WISE在協助弱勢者就業的角色功能，有下列三點：首先，不同WISE之間對於他們的工作整合的目標其實有相當的差異性。有的WISE的目標是提供暫時性的工作以解決當時情勢的需求；有的WISE則是將弱勢工人重新整合入勞動力市場與社會裡。惟其強調，千萬不能僅計算有多少弱勢工人已在WISE得到就業機會，進而在就業市場找到工作就算功德圓滿了。其次，某些弱勢工人的就業能力是不容易受到他們在WISE工作的長短而有實質的影響。研究結果顯示這些弱勢工人的個人背景特質以及他們之前的就業經驗，使得他們在WISE工作一段時間後，要在外面找到工作的機會仍舊不大。

從組織類型觀之，歐陸的WISE相當多元，可區分為以下五類（Spear & Bidet, 2005: 208）：（一）社會合作社（social cooperatives），例如義大利、英國、瑞典、西班牙等國家，這類WISE的數量相當豐富。其特質是商業傾向較濃，提供弱勢群體較多永久性的工作；（二）提供暫時性／永久性就業協助的協會性質的組織（associative structures providing temporary/permanent employment），例如英國的志願性組織、愛爾蘭的工作整合型社會

企業等，這類組織提供訓練與就業給予特定的標的團體；（三）社
區人士籌設的組織，提供訓練與就業協助，此類型的WISE有強烈
的地方參與性質；（四）提供轉銜就業服務的事業組織（transitional
employment enterprises）；以及（五）為身心障者設立的庇護工場
或商店（sheltered workshops for disabled people）。

　　由於WISE所提供的服務對象多元化，因此非營利組織會因為
他們本身服務對象的差異性、組織宗旨、服務提供方式等而有所不
同，例如提供身心障礙者服務的WISE的主要功能即在提供支持性
就業的服務與訓練；而弱勢人口群（貧窮、原住民、婦女、或更生
人等）則會強調在提供短暫性就業後，期待他們能夠重新進入勞動
市場回歸主流社會。從Nyssens與Platteau（2006）的研究可瞭解比
利時WISE提供就業給予弱勢工人是相當多元與多樣，且這些WISE
有不同的宗旨目標。比利時的WISE研究顯示，該類型社會企業的
正面功能不僅在於增進弱勢團體的工作機會與重返勞動力市場，還
增強了弱勢團體的「人力資本」（human capital）與「社會資本」
（social capital），尤其是前者更為顯著，對於低技術勞工而言，
加入WISE的工作行列後，對於提升他們的工作能力並使其重返勞
動力市場的效果，尤為顯著。而歐陸的WISE相當多元與異質，具
有以下的特質（Spear & Bidet, 2005: 204）：

1. 獲得政府經費資助的WISE類型中，可分為永久性、暫時
   性，以及財務主要依靠自己賺取的類型。
2. WISE供給邊緣性、弱勢群體的就業之類型，可分為「暫時
   性的就業」與「永久性的就業」。
3. WISE提供給這些邊緣性、弱勢群體的訓練，在他們的所有

活動中具有重要性。

4. 透過「賦權」與「結構」，WISE可針對工作訓練與就業的
服務對象形塑出一種尊嚴與公民權的感受。

5. WISE可避免這些弱勢群體進一步邊緣化；反之，使其朝向
可持續與公平的工作整合系統中。

WISE經過近年來的發展結果，國際上對於WISE的貢獻與影響
成為關注的焦點（Borzaga & Loss, 2006），Spear與Bidet（2005）在
比較12個歐洲國家的WISE之後，提出較具有系統性的討論與分
析，他們認為WISE是結合「訓練」與「就業」為一體的組織系
統。WISE可以提供「接近」（access）資源的管道、彼此互助，將
不同的資源結合在一起，此是一種可以協助弱勢群體的政策與方案
手段。Spear與Bidet（2005）認為，從功能層面分析WISE時，它具
備發揮三項的作用，首先是整合目標，由於WISE本身兼具訓練和
就業混合、工作合約類型、暫時性的或永久性的就業的功能，因而
能夠全面性提供弱勢者的就業。其次，由於具備訓練與工作合約，
形成一種制度化的關係，能使接受服務的弱勢群體受到尊重。最後
則是標的團體，針對特定的弱勢群體提供訓練與就業服務，能夠有
效提供持續性的服務，保障弱勢群體的就業與訓練權利。

## 參、社會企業的社會影響研究

歐洲社會企業的研究社群EMES推動的第一個研究，即嘗試初
步提出一項社會企業的理論：亦即，從「理念型」的觀點著手，社

會企業可被視為是一種「多重目標、多元利害關係人、以及多樣資源來源的事業組織」（multiple-goal, multi-stakeholder and multiple-resource enterprise）。雖然理論呈現的特質仍有待更多實證研究的檢證，然而他們已為未來的研究鋪好一條可行的道路。EMES在2001年開展另一項重要的研究計畫，即透過比較分析歐陸國家的社會企業，以對上述假設做更深入的分析。此研究計畫的全名"The Socio-Economic Performance of Social Enterprises in the Field of Integration by Work"，縮寫為PERSE，研究重點為工作整合型社會企業的表現，該計畫是由歐盟委員會的第五屆「骨架計畫」（5th Framework Programme）項下贊助研究經費，而由12個歐陸國家從2001年至2004年期間執行（Defourny & Nyssens, 2006: 9-13）。雖然社會企業在各種不同領域中均相當活躍，包含了個人社會服務、都市再造、環境服務，以及其他公共財貨或服務的提供，但研究者決定在現行的研究架構下，聚焦於WISE的探討，因為如此可以進行十分有意義的跨國比較與統計分析。在此基礎下，研究者可歸納出現存不同類別的WISE型社會企業，他們有的是以提供在職訓練服務為主，有的則是專注於整合低技術與弱勢者進入勞動力市場的服務（Nyssens, 2006）。

　　另一項相關的研究是在2000年代中期，由聯合國計畫開發總署（United Nations Development Programme，簡稱為UNDP）與EMES歐洲研究網絡合作執行的研究計畫「社會企業：貧窮舒緩與就業促進的新模式」（Social Enterprise: A New Model for Poverty Reduction and Employment Generation）。該研究乃針對東歐及獨立國協的15個會員國為標的，探討社會企業（尤其是WISE）的概念、功能與實踐情形，特別著重於檢視這類組織對於這15個國家的社會發展與

就業促進產生的作用，以及實際發揮了哪些影響力，並進一步瞭解這類組織在這些國家中所處的法律地位，以及政府相關的公共政策如何形塑這類組織的發展。（EMES & UNDP, 2008）

　　美國有關社會企業的論述，主要是根植於有關社會創業精神和社會企業的討論，強調非營利組織運用商業活動來支持實踐他們的使命。根據Kerlin（2006）的歸納，這樣的行為可以回溯到美國立國之初，當社區居民或宗教團體販售自製的產品或透過市場的義賣以補充志願性捐贈的不足，其重要性是在1970和1980年代的特殊歷史脈絡下開始顯現出來的。事實上，當聯邦政府在1960年代宣誓推動「大社會福利改革計畫」（the Great Society Programs）之際，大量的資金投入在教育、健康照顧、社區發展和貧窮救助方案，即是透過非營利組織來提供這些範圍中的各項服務，以取代不斷擴大的政府科層組織之管理方式。這樣的福利政策推動策略十分有利於現有的非營利組織之擴張，同時也導致了許多新興非營利組織的創設。

　　從歐美國家有關社會企業的論述可以瞭解，商品或服務販售是WISE的一個重要途徑，結合弱勢人群的僱用，再經由其製造的商品與勞動力的提供，已經成為社會企業運作的普遍模式。而就歐陸地區有關WISE的實證性的研究，也發現參與WISE所提供的就業與訓練的人群之特質。例如，根據Borzaga與Loss（2006）針對11個歐陸國家WISE的運作所做的分析，描繪歐陸WISE的就業受益者基本圖像的多樣化、認識針對受益者不同特質的不同整合路徑、剖析WISE對於工人的不同影響，以及指出政府的相關政策措施對於WISE在受益者的整合路徑上扮演的角色與功能帶來的影響為何。

　　至於臺灣與香港的社會企業的社會效應的如何？本研究團隊，

亦是本章作者（官有垣、陳錦棠、王仕圖、杜承嶸）曾經執行三次臺港兩地社會企業調查（2006、2010、2013年），其結果顯示臺灣與香港兩地的社會企業在設立產銷營業單位的目的，首要著重在社會目的，即重視「為弱勢團體創造就業機會」、「增進弱勢團體的社會適應能力」以及「提供職業訓練」。

　　臺灣的社會企業，細觀之，其設置的目的著重於「創造弱勢團體就業機會」、「提升弱勢團體就業者的收入」、「增進弱勢團體的社會適應能力」與「提供職業訓練」，此等皆是以服務對象為主要目的；其次才是「充實機構自給自足的能力」和「增加機構的經費收入」等經濟性目的。此一調查結果具有高度的一致性，亦即臺灣社會企業單位的成立，非常重要的目的就在於提供或促進弱勢團體的就業，透過提供庇護性職場、運用職業訓練或陶冶的方法，期許這群社會中不利於就業競爭者，能夠透過社會企業，協助他們有更佳的就業機會空間與所得保障。再者，臺灣的社會企業也高度期待其成立的社會企業單位能夠「充實機構自給自足的能力」和「增加機構的經費收入」。因此，整體而言，臺灣的社會企業成立目的，主要仍以「社會性目的」為主，惟「經濟性目的」也在其考量的項目之內，亦即期盼從事產銷營業的收入能夠增進機構的自給自足能力（官有垣、王仕圖，2016）。

　　本章作者主張，社會企業的社會影響可從「4E架構」（4E Framework）歸納分析之，亦即為「提供就業」（Employment creation）、「改善生活質量」（Enhancement of quality of life）、「賦權」（Empowerment）和「社會融合」（Exclusion prevention）。根據此分析架構，臺灣社會企業在三個年度所展現的社會效益最強調的就是「提供就業」，其次才是其他三個效益在

三個年度的不同排列順序（參見表1）。

表1-1　臺灣社會企業的社會效益之4E架構分析

| 優先順序 | 2006年 | 2010年 | 2013年 |
|---|---|---|---|
| 1 | 提供就業<br>Employment creation | 提供就業<br>Employment creation | 提供就業<br>Employment creation |
| 2 | 改善生活質量<br>Enhancement of quality of life | 賦權<br>Empowerment | 改善生活質量<br>Enhancement of quality of life |
| 3 | 社會融合<br>Exclusion prevention | 社會融合<br>Exclusion prevention | 賦權<br>Empowerment |
| 4 | | 改善生活質量<br>Enhancement of quality of life | 社會融合<br>Exclusion prevention |

　　臺灣社會企業的正面效應上，三次調查結果顯示社會企業的設置與營運，最主要的影響在於針對服務對象提供「就業與扶貧」之效應，其中社會面效應包含「增加弱勢族群就業機會」與「增加服務對象日後進入競爭性職場的信心與能力」，而經濟面效應為「增加弱勢族群的所得收入」。另一方面，「充實組織的自給自足能力」則為臺灣社會企業單位的第二項具有重要性的正面效應，其中包含了「充實機構的自給自足能力」、「提高機構的知名度」、「機構的營收能逐年增加」與「擴大機構的社會網絡連結」，這些面向較以經濟面效應居多。第三項正面效應為「充權與一般性的公

益」，社會企業單位認為透過產銷營業的運作，使組織「易於實踐組織的公益使命」、「提供服務對象更適切的服務」、以及可以「帶動社會價值的改變」。最後，社會企業單位對於「社區發展」認為有正面效應，不管是「促進社區的產業發展」、「提升社區居民的凝聚力」、以及「提供社區居民參與產品與服務生產過程的機會」，約超過三成的受訪單位認為社會企業對社區發展具社會效應（官有垣、王仕圖，2013）。

至於香港的社會企業的社會效應面，在成立社會企業之目的方面，2013年之研究顯示，香港社會企業設立之目的為創造弱勢團體就業機會、增進弱勢團體的社會適應能力、提供職業訓練、提升弱勢團體就業者的收入及藉此倡導、維護所珍視的社會價值與理念；與2006年及2010年研究做比較，社會企業設立之主要目的仍舊為弱勢團體及人士提供職業訓練、就業機會及收入，以就業整合為主之社會企業仍佔一重要位置；然而，倡導社會價值及生態環境保護等目的於2013年之調查中開始佔有一定之比率，可見近年之社會企業成立目的已漸變多元化，而不只為弱勢團體創造就業機會。這與近年較多社會人士成立社會企業，解決社會問題及提倡社會價值相關，而非只有社會服務機構營運社會企業有關。

在社會層面之正面效益方面，2013年的調查顯示，香港的社會企業認為其組織可以帶動社會價值的改變（61.7%）、增加弱勢族群就業機會（59.6%）、擴大機構的社會網絡連結（55.3%）、增加服務對象職場實習機會（53.2%）、增加服務對象日後進入競爭性職場的信心與能力（51.1%）、能提供服務對象更適切的服務（48.9%）及易於實踐組織的公益使命（46.8%），這包括為機構服務對象本身提供就業機會及能力建設、機構自身之社會網絡及實

踐使命，以及藉社會企業帶動社會價值之推廣及改變。如與2006及2010年比較的話，受訪社會企業認為營運社會企業能獲得社會層面之正面效益差不多，但部分影響如增加弱勢族群就業機會已不再是絕大部分社會企業都認同之影響，而在各社會正面影響之比率上更為接近，反映著社會企業認為其社會影響已不只於提供就業機會而更趨向多元（陳錦棠、黎家偉，2013）。

若以「4E」架構（4E Framework）來說明，從2013年之調查可見，香港社會企業認為其社會面所獲得之效益可以上述四個範疇做出分類及分析。例如社會企業「能提供服務對象更適切的服務」及「帶動社會價值的改變」，是表達改善生活質量方面的一個方向；「增加弱勢族群就業機會」及「增加服務對象職場實習機會」則能為不同團體提供就業；「增加服務對象日後進入競爭性職場的信心與能力」則為對服務對象賦權的正面影響；而「易於實踐組織的公益使命」則被視為社會融合的一個表現方向。由此可見香港社會企業之社會影響由剛發展時主要為弱勢團體提供就業機會，漸漸變得多元，也同時對改善生活質量、為服務對象賦權及促進社會融合做出影響，社會企業在其中扮演著重要角色（陳錦棠、黎家偉，2013）。

## 肆、社會企業的社會影響之衡量途徑

近十數年來學術界先後發展出三個衡量社會企業的社會影響途徑或模式（Approach/Model），其為「投資的社會效益」（Social Return on Investment，簡稱為SROI）、「平衡計分卡」（Balanced

Scorecard，簡稱為BS），以及「邏輯模式」（Logic Model，簡稱為LM）（Rauscher et al., 2012; Zappala & Lyons, 2009），可作為臺港WISE的社會影響研究的重要參考途徑。

## 一、投資的社會效益

「投資的社會效益」（SROI）是一種衡量在各種資源投入下，那些「超越財務價值」（extra-financial value）（例如，環境保護與社會公益價值）的社會效益。此方法可被用來評估對於利益關係人（stakeholders）的影響、找出改善工作表現的方式，以及加強資源投入的效益。SROI以金錢價值（monetary values）來代表所有考量的因素，進而計算整體的「利益成本比率」（benefit-cost ratio）（Arvidson & Lyon, 2010; Nicholls et al., 2012; Yang & Lee, 2013）；近年來SROI更被一些社會企業用來衡量其產生的經濟與社會價值，特別是那些以僱用身心障礙或弱勢團體為組織使命的WISE，尤偏好使用之（Javits, 2008）。

與其他衡量社會影響的途徑比較起來，SROI有三個明顯的特色，其一是利益關係人的參與（involvement of stakeholders），其二是採用財務代理數值（financial proxies）來計算社會價值的創造，其三是採用「比率」（ratio）來認定社會企業的影響。利益關係人的參與是十分根本與必要的，尤其在認定各種的影響，包括正面與負面、預期與不預期的影響（Rotheroe & Richards, 2007）。SROI是一種由下而上的衡量途徑，重視主要利益關係人（primary stakeholders），例如受僱者與職訓者，受到的直接影響與利益為何。再者，以財務代理數值（financial proxies）來計算社會價值的

創造，進而算出「利益成本比率」，以顯示組織投入多少成本下所達成的社會效益。當然，SROI有其弱點，其一就是社會影響總是不易量化與金錢化，換言之，「質」的影響很重要，其結果亦必須清楚加以敘述；其二的弱點是與財務代理數值的採用有關，有時利益關係人指陳的影響並不容易用適當的財務代理數值加以媒合，且縱使媒合亦有其主觀性，此結果不免會影響衡量的準確性與可靠性。本章最後一部分將以作者之一的陳錦棠教授撰述的「香港政府民政事務局委託有關量度香港社企的投資社會效益之研究」為案例說明SROI的操作過程及其意涵。

## 二、平衡計分卡

平衡計分卡（BS）是由Kaplan與Norton（1995）發展出來的衡量組織成效的模式，迄今已成為一種將企業組織的策略目標轉換一組績效衡量的全面性架構（Beer, Gamble & Moroz, 2012; Somers, 2005）。計分卡是用以描述組織如何根據四個觀點面向（財務、消費者、內部過程、學習與成長）將其願景與策略轉換成行動，而每一個面向都緊扣著與組織策略有關的因果關係（Bull & Crompton, 2006）。

從2000年代中期起，在學術界與實務界已有採用BS途徑來衡量社會企業的產出表現與社會影響的例子（Bull, 2007; Somers, 2005; Meadows & Pike, 2010）。譬如Somers（2005）修訂了原始的BS架構，尤其是在財務的觀點面向上，特別強調「可持續性」（sustainability）；另外，「利益關係人」（stakeholders）取代「消費者」（customer）面向，如此鋪陳出一個廣泛的意見光譜，

不同類型的標的群體皆可在此光譜中找到屬於自己的位置；再者，「資源」（resources）取代「學習與成長」（learning and growth）面向，如此即可衡量觀察社會企業所導致的標的團體之職業技能增強以及人際關係網絡改善的情形。

## 三、邏輯模式

雖然J. Wholey（1979）是學術界公認第一位開展「邏輯模式」（LM）的人士，但發展迄今已有不同類型以及內容有所差異的LM。簡單來說，LM可被理解為一種描述，顯示某一方案計畫（此處是指社會企業）將做什麼，以及打算成就的目標。更進一步說，LM是指在某種特定的環境條件以及各種事先規劃好的輸入資源（input resources）與活動（activities）下，其描繪出可欲的短期、中期，以及長期的產出與結果（Taylor-Powell et al., 2003）。需要注意的是，當我們使用LM進行社會影響評估時，輸入項、輸出項、結果以及預期的長期影響層面，其彼此之間的因果關係必須予以清楚說明。

然而，LM在衡量社會影響時也有盲點與限制。首先我們必須瞭解社會影響有其動態性與複雜性，許多社會議題的因果關係是非線性的（non-linear），有不同的因素與團體參與其中並交相互動，因此其過程是十分動態的。LM基本上是採取線性的邏輯思維，因而有時並不容易較全面地評斷那些複雜的影響。LM的另一個限制是其基本上係被設計來衡量那些已規劃好的（planned）或有意圖的（intended）結果，因而那些發生在計畫實施過程中之非意圖的影響（unintended impacts）就不易被發覺（Zappala & Lyons,

2009）。

　　綜合以上對SROI、BS、LM的說明，本章作者認為三種分析社會企業的社會影響之方法途徑都有其優點與貢獻，譬如，SROI強調以貨幣價值（monetary values）與獲益比率（benefit-cost ratio）表達社會企業產生的影響，如此可以幫助研究者分析社會企業直接投入的資源所產生的經濟效益；BS則十分注意組織的結構制定如何影響社會企業各個層級單位的使命與策略之運作；而LM則聚焦於檢視組織的運作過程，強調於過程中輸入項（inputs）如何被轉化為組織內部的過程項（throughputs），進而轉變為短期、中期與長期的影響，如此可說明原先規劃欲成就的社會影響目標究竟有無達成。很明顯，BS與LM重視的「結構與程序構面」有助於研究者分析社會企業的非貨幣以及不易量化的影響，譬如社會融合與公民參與。當然，這方面的資料蒐集必須借重質化方法，以獲取不同的利益關係人的觀點，譬如訪談社會企業的董事會成員與高階管理人員，以及那些接受職訓的學員、專職受僱者、專業的輔導與社工人員。歸納言之，所有貨幣或非貨幣的因素都必須加以檢視，如此才有可能公允且較全面地衡量、判斷欲研究的社會企業之社會影響究竟為何。

## 四、SROI案例：香港政府民政事務局委託有關量度香港社會企業的投資社會效益之研究

　　2014年香港政府民政事務局委託香港理工大學進行量度香港社會企業的社會效益研究。陳錦棠指出，該次研究的主要目的是欲瞭解及評估香港的「工作整合型社會企業」（WISE）的社會效益、

建立一個評估WISE的框架。研究內容是與三家WISE合作進行個案研究，當中包括不同的弱勢社群，包括傷殘人士、婦女、少數族裔。然後以「投資的社會效益回報率」（SROI）之工具計算社會效益的數值。

　　SROI分析該等WISE由投資所帶來的直接經濟效益，制定此類型的成效，以成本效益分析（cost analysis）及財務代理估價（financial proxy valuations）計算。有關研究設計及方法將會因應不同發展脈絡而做出修訂。一般而言，SROI分析分為六個階段（Nicholls, et al., 2012），分別是：（一）確認分析範圍的主要利益關係人；（二）成效評估；（三）為上述成效賦予相關價值；（四）建立影響力；（五）計算社會投資報酬率；（六）報告及運用。

　　而在進行研究的早期工作是分別和各利益關係人（stakeholders）探討他們參與了社會企業後所帶來的影響。方法也是以「開放式對話」（open-ended dialogue）進行，獲得了他們同意後錄音及整理內容。之後以他們提供的資料建構「社會效益」的概念和指標。研究團隊以三大層次及四大面向界定就業整合型社會企業的社會效益。三大層次包括「個人層次」、「人際／家庭層次」和「社區／社會層次」；而四大面向包含「生活質素改善」（enhancement of quality of life）、「提供就業」（employment）、「充權」（empowerment）和「社會融合」（exclusion prevention）。由於四大面向的英文都以「E」為字首，故此也建構了「4-E架構」的模式（4-E架構的詳細內容將在本書第七章的「研究方法與架構」中說明）。

　　在此以香港「聖公會麥理浩夫人社區服務中心」的翻譯服務為

例，該中心自1973年起，本著「非以役人，乃役於人」的基督精神，以「社區建設、社區照顧、社區健康、建立社會資本和社區融和」為服務設計綱領，為不同年齡的香港居民提供多元化社會服務。有鑑於居港的少數族裔人數日漸增加，他們因語言隔閡令其在教育、就業、住屋及醫療福利等事情上面對不同程度的困難，故透過政府的「伙伴倡自強社區協作計畫」，設立「香港翻譯通服務」（簡稱為翻譯通），是一家為少數族裔人士提供傳譯及翻譯服務的社會企業，旨在協助他們克服語言障礙，並為高學歷的少數族裔人士提供就業機會。此外，翻譯通亦把服務擴展至聾人社群，為他們提供手語翻譯服務，期望透過傳譯及翻譯服務推動無語言障礙的環境，以達至社會共融。翻譯通共提供19種亞洲及歐洲語言的傳譯及翻譯服務，項目包括：到場傳譯、電話傳譯、視像會議傳譯等（香港聖公會麥理浩夫人中心，2019；香港翻譯通服務，2019）。以下將以「4-E架構」做分析架構，最後歸納出「聖公會麥理浩夫人社區服務中心」的翻譯服務的13項成效指標如下：

表1-2　4-E架構分析聖公會麥理浩夫人社區服務中心的翻譯服務成效

| | 成效 | 層次 | 面向 |
|---|---|---|---|
| 1 | 薪金 | 個人層次 | 提供就業 |
| 2 | 提升翻譯技巧和知識 | 個人層次 | 提供就業 |
| 3 | 情緒 | 個人層次 | 生活質素改善 |
| 4 | 增加醫護知識 | 個人層次 | 生活質素改善 |
| 5 | 改善工作態度 | 個人層次 | 提供就業 |
| 6 | 建立自尊 | 個人層次 | 生活質素改善／充權 |
| 7 | 接觸社會 | 個人層次 | 充權／社會融合 |

| | 成效 | 層次 | 面向 |
|---|---|---|---|
| 8 | 改善溝通 | 人際／家庭層次 | 生活質素改善／社會融合 |
| 9 | 社會網絡 | 人際／家庭層次 | 生活質素改善／社會融合 |
| 10 | 改善家庭關係 | 人際／家庭層次 | 生活質素改善／充權 |
| 11 | 對客人提供支援 | 社區／社會層次 | 生活質素改善 |
| 12 | 提升少數族群形象 | 社區／社會層次 | 社會融合 |
| 13 | 為少數族群充權 | 社區／社會層次 | 充權 |

接著，在計算「投資回收報酬率」（ROI）方面，這相對而言是較為簡單的，就是以一般的會計方式計算收入、支出、淨利潤，以及淨投資，然後計算其回報率。為了準確計算起見，香港的研究團隊以個案「聖公會麥理浩夫人社區服務中心」三年的財務情況計算，呈現如下表，而個案的三年ROI數值分別為67.6%，67.1%，以及76.3%。

表1-3　聖公會麥理浩夫人社區服務中心的翻譯服務之「投資回收報酬率」（ROI），2011-2014

單位：港幣

| | 2011/12 | 2012/13 | 2013/14 |
|---|---|---|---|
| 收入（I） | 26,236 | 35,400 | 40,640 |
| 支出（E） | 20,111 | 29,016 | 33,014 |
| 淨利潤（NP） | 6,125 | 6,384 | 7,626 |
| 淨投資（NI） | 9,065 | 9,520 | 10,000 |
| 投資回報率ROI（NP/NI） | 67.6% | 67.1% | 76.3% |

　　接下來的步驟是計算個案的「投資的社會效益」（SROI），而SROI的計算重點在於指標的建立，該項成效指標是以結構（structure）及過程（process）為主之範疇理解其效益。當中重點之一即是「代替」（proxy）的提出，亦即，強調如果要產生同樣或相似的效果，相關的利益關係人可建議有其他的活動代替，然後再計算代替活動的成本。最後，計算SROI：（一）2013-14年所產生的總社會價值/2013-14年投資淨值=83072.7/10000=8.3；（二）SROI（除去薪金）=55634.4/10000=5.6。從以上的計算可知，「聖公會麥理浩夫人社區服務中心」翻譯服務的SROI數值分別為8.3（總社會價值）及5.6（除去薪金）。換言之，1元的投放可以有8.3元的（總社會價值）及5.6（除去薪金）的社會回報率（詳見表1-4）。

　　最後，陳錦棠在本個案的SROI分析上強調，無疑地，投資的社會效益回報率是近年盛行的量度社會企業之社會效益的方法之一，不過，進行SROI量度有其困難，首先，大部分社企均缺乏財務上的可持續性，在香港約有70%的WISE只能達致收支平衡，甚至虧蝕（陳錦棠、黎家偉，2013）；其次，數據收集方面並不容易，不少NGO主導的WISE有很多「隱藏成本」（hidden cost）及「交叉補貼」（cross subsidies），特別是當我們採用SROI量度方式，難以區別這些成本；最後，難以量化社會價值及社會效益，例如社會融合（social inclusion）與「社會充權」（social empowerment）即不易量化。不過儘管這樣，SROI還是提供了一個有效評估社會企業的成效及社會影響力的量度工具。

表1-4　聖公會麥理浩夫人社區服務中心的翻譯服務之投資的社會效益（SROI）

| | 成效 | 替代 | 單位成本（港幣） |
|---|---|---|---|
| 1 | 薪金 | 不適用 | - |
| 2 | 提升翻譯技巧與知識 | 參加翻譯課程（浸會大學及醫管局主辦） | 47.87 |
| 2.1 | | 4小時在職訓練（3次） | 0.22 |
| 3 | 情緒 | 小組活動 | 16.51 |
| 4 | 增加醫護知識 | 健康講座 | 13.28 |
| 5 | 改善工作態度 | 480次主任翻譯員督導個案 | 21.75 |
| 5.1 | | 訓練課程（集中工作態度） | 0.62 |
| 6 | 建立自尊 | 120互助小組活動節數 | 25.89 |
| 7 | 接觸社會 | 72小時新移民啟導課 | 2.49 |
| 8 | 改善廣東話 | 5年期的廣東話課程 | 145.01 |
| 9 | 社會網絡 | 40節志願工作小組活動 | 8.63 |
| 10 | 改善家庭關係 | 50次家庭活動 | 49.97 |
| 11 | 對客人提供支援 | 減少醫務人員1,500小時預約工作 | 0.49 |
| 11.1 | | 10,800小時的員工成本 | 5.76 |
| 12 | 提升少數族群形象 | 75次講座 | 9.06 |
| 13 | 為少數族群充權 | 節省專業員工6次活動成本 | 3.88 |

# 伍、結論

　　本章首先論述「工作整合型社會企業的發展」，強調歐洲學界著力於對於WISE的研究，並檢視歐陸著名的積極性勞動力市場政

策，WISE在其中針對弱勢團體的就業協助與使能上扮演的角色及其位置。作者引述Spear與Bidet（2005）的研究發現，強調WISE發揮了三項重要作用，首先是整合目標，由於WISE本身兼具有訓練和就業混合、工作合約類型、暫時性的或永久性的就業的功能，因而能夠全面性的提供弱勢者的就業。其次，由於具備訓練與工作合約，形成一種制度化的關係，能使接受服務的弱勢群體受到尊重。最後則是標的團體，針對特定的弱勢群體提供訓練與就業服務，能夠有效提供持續性的服務，保障弱勢群體的就業與訓練權利。

接著，本章描述歐陸社會企業的社會影響研究，指出歐洲社會企業的研究社群EMES推動的第一個研究，即嘗試初步提出一項社會企業的理論，從「理念型」的觀點著手，社會企業被視為是一種「多重目標、多元利害關係人、以及多樣資源來源的事業組織」（multiple-goal, multi-stakeholder and multiple-resource enterprise）。接著，EMES在2001年開展另一項重要的研究計畫「工作整合型社會企業的社會經濟成就」（PERSE），透過比較分析歐陸國家的社會企業，以對上述假設做更深入的分析。之後，在2000年代中期，由聯合國計畫開發總署與EMES歐洲研究網絡合作執行的研究計畫「社會企業：貧窮舒緩與就業促進的新模式」。總之，上述歐陸有關WISE的實證性研究，發現參與WISE所提供的就業與訓練的人群之特質，例如，根據Borzaga與Loss（2006）針對11個歐陸國家WISE的運作所做的分析，描繪歐陸WISE的就業受益者基本圖像的多樣化、認識針對受益者不同特質的不同整合路徑、剖析WISE對於工人的不同影響，以及指出政府的相關政策措施對於WISE在受益者的整合路徑上扮演的角色與功能所帶來的影響。

至於臺灣與香港的社會企業的社會效應，本章作者（官有垣、

陳錦棠、王仕圖、杜承嶸）曾經執行三次臺港兩地社會企業調查
（2006、2010、2013年），其結果顯示臺灣與香港兩地的社會企業
在設立產銷營業單位的目的，首要著重在社會目的，即重視「為弱
勢團體創造就業機會」、「增進弱勢團體的社會適應能力」以及
「提供職業訓練」。作者特別強調，社會企業的社會影響可從
「4E架構」（4E Framework）歸納分析之，亦即為「提供就業」
（Employment creation）、「改善生活質量」（Enhancement of
quality of life）、「賦權」（Empowerment）和「社會融合」
（Exclusion prevention）。

　　最後，本章論述社會企業的社會影響之衡量途徑，以三個衡量
社會企業的社會影響途徑或模式（Approach/Model）為量度的核心
工具，分別為「投資的社會效益」（SROI）、「平衡計分卡」
（BS），以及「邏輯模式」（LM），可作為臺港WISE的社會影
響研究的重要參考研究途徑。在SROI部分，則以本章作者之一的
陳錦棠教授撰述的「香港政府民政事務局委託有關量度香港社企的
投資社會效益之研究」為案例說明SROI的操作過程及其意涵。陳
錦棠提醒說，雖然投資的社會效益回報率是近年盛行的量度社會企
業之社會效益的方法之一，不過，進行SROI量度有其困難，尤其
是實證數據收集方面並不容易，而社會價值及社會效益亦不易量
化。

# 參考文獻

香港聖公會麥理浩夫人中心（2019），《機構資訊》，網址：http://www. skhlmc.org/chi/p1.asp，檢索日期：2019年1月23日。

香港翻譯通服務（2019），《翻譯通多元服務》，網址：http://www.hk-translingual.com/tc/services.php，檢索日期：2019年1月23日。

官有垣（2007），〈社會企業組織在台灣地區的發展〉，《中國非營利評論》，1卷，創刊號，頁146-182。

官有垣、王仕圖（2013），〈臺灣社會企業的能力建構與社會影響初探〉，《社區發展季刊》，143期，頁51-67。

官有垣、陳錦棠、陸宛蘋、王仕圖（2012），《社會企業：臺灣與香港的比較》。高雄：巨流。

吳秀照（2007），台中縣身心障礙者就業需求：排除社會障礙的就業政策探討，《社會政策與社會工作學刊》，11卷，2期，頁148-197。

陳錦棠、黎家偉（2013），〈香港社會企業的社會影響初探〉，《社區發展季刊》，143期，頁151-160。

賴兩陽（2004），〈全球化、在地化與社區工作〉，《社區發展季刊》，107期，頁120-133。

Alter, S. K. (2006), "Social enterprise models and their mission and money relationships", in A. Nicholls (Ed.), *Social Entrepreneurship -New Models of Sustainable Social Change*. New York: Oxford University Press.

Arvidson, M., & Lyon, F. (2010), "The ambitions and challenges of SROI", *Third Sector Research Centre Working Paper* 49, University of Birmingham.

Beer, H., Gamble, E., & Moroz, P. (2012), "Increasing the Impact of Social Enterprises: The search for a performance measurement regime", United States Association for Small Business and Entrepreneurship, Retrieved on 2013/10/07 from http://sbaer.uca.edy/research/USASBE/2012/Paper ID55.pdf

Borzaga, C., & Loss, M. (2006), "Profiles and trajectories of participants in European work integration social enterprises", in M. Nyssens (Ed.), *Social Enterprise: At the Crossroads of Market, Public Policies and Civil Society*. London and New York: Routledge, Ch. 11, pp. 169-194.

Boschee, J., & McClurg, J. (2003), "Toward a Better Understanding of Social

Entrepreneurship: Some Important Distinctions". www.se-alliance.org/better_understanding.pdf

Bull, M., & Crompton, H. (2006), "Business practices in social enterprises", *Social Enterprise Journal*, 2(1), 42-60.

Bull, M. (2007), "Balance: The development of a social enterprise business performance analysis tool", *Social Enterprise Journal*, 3(1), 49-66.

Defourny, J., & Nyssens, M. (2006), "Defining social enterprise", in Marthe Nyssens (Ed.), *Social Enterprise: At the Crossroads of Market, Public Policies and Civil Society*. London and New York: Routledge, Ch. 1, pp. 3-26.

Defourny, J., & Nyssens, M. (2010), "Conceptions of social enterprise and social entrepreneurship in Europe and the United States: convergences and divergences", *Journal of Social Entrepreneurship*, 1(1), 32-53.

EMES, & UNDP (2008), *Social enterprise: A new model for poverty reduction and employment generation*. UNDP Regional Bureau.

Javits, C. I. (2008), "REDF's current approach to SROI", The Roberts Enterprise Development Fund, Retrieved on 2013/10/22 from www.redf.org/learn-fromredf/publications/119

Kaplan, R. S., & Norton, D. P. (1995), "Putting the balanced scorecard to work", in D. G. Shaw, C. E. Schneier, R. W. Beatty, & L. S. Biard (eds.), *The Performance Measurement, Management and Appraisal Sourcebook*. US, Human Resource Development Press, Inc.

Kerlin, J. (2006), "Social enterprise in the United States and Europe: understanding and learning from the differences", *Voluntas*, 17(3), 247-263.

Meadows, M., & Pike, M. (2010), "Performance management for social enterprises", *Systemic Practice and Action Research*, 23(2), 127-141.

Netten A., Darton R., Davey V., Kendall J., Knapp M., Fernández J. -L., & Forder J. (2004), "Understanding Public Services and Markets", Report commissioned by the King's Fund for the Care Services Inquiry, PSSRU Discussion Paper 2111/2, Personal Social Services Research Unit, University of Kent, Canterbury.

Nicholls, J., Lawlor, E., Neitzert, E., & Goodspeed, T. (2012), "A guide to Social Return on Investment", The SROI Network, Retrieved on 2013/11/16 from http://www.thesroinetwork.org/sroi-analysis/the-sroi-guide

Nyssens, M. (2006), *Social Enterprise: At the Crossroads of Market, Public Policies and Civil Society*. London and New York: Routledge.

Nyssens, M., & Platteau, A. (2006), "Profiles of workers and net effect of Belgian work integration social enterprises", in Marthe Nyssens (Ed.), *Social Enterprise: At the Crossroads of Market, Public Policies and Civil Society*. London and New York: Routledge, Ch. 14, pp. 222-234.

O'Hara, P. (2004), "Ireland: Social enterprises and local development", in C. Borzaga, & J. Defourny (Eds.), *The Emergency of Social Enterprise*. London and New York: Routledge, pp. 149-165.

Rauscher, O., Schober, C., & Millner, R. (2012), "Social Impact Measurement and Social Return on Investment (SROI)-Analysis: New methods of economic evaluation?", Working paper. Vienna, NPR Competence Centre, Vienna University of Economics and Business.

Rotheroe, N., & Richard, A. (2007), "Social return on investment and social enterprise: Scorecard accountability for sustainable development", *Social Enterprise Journal*, 3(1), 31-48.

Somers, A. B. (2005), "Shaping the balanced scorecard for use in UK social enterprise", *Social Enterprise Journal*, 1(1), 43-56.

Spear, R., & Bidet, E. (2005), "Social enterprise for work integration in 12 European Countries: A descriptive analysis", *Annals of Public and Cooperative Economics*, 76(2), 195-231.

Taylor-Powell, E., Jones, L., & Henert, E. (2003), "Enhancing Program Performance with Logic Models", Retrieved on 2013/09/15 from the University of Wisconsin-Extension website, http://www.uwex.edu/ces/lmcourse/

Yang, C., & Lee, Y. (2013), "Building performance assessment model for social enterprise-view of creating social values", *Business and Information*, 7(9), 206-216.

Wholey, J. (1979), *Evaluation: Promise and Performance*. Washington, D. C.: Urban Institute Press.

Zappala G., & Lyons M. (2009), "Addressing disadvantage: Consideration of models and approaches to measuring social impact, the Centre for Social Impact", Retrieved on 2013/10/22 from http://www.socialauditnetwork.org. hk/files/8913/2938/6375/CSI_Background_paper_No_5-Approaches_to_ measuring_social_impact_-150210.pdf

# 第二章

# 以社會經濟的觀點
# 論述社會企業的意涵

官有垣

# 壹、前言

　　眾所周知，在臺灣，喜憨兒社會福利基金會是一家經營非常成功的「工作整合型社會企業」（WISE），除此之外，還有合作社類型的社會企業，例如「主婦聯盟生活消費者合作社」、社區發展型的社會企業，例如「中寮龍眼林福利協進會」，以及社會公司型（social firm/social business）的社會企業，例如「臺灣大誌」雜誌等。然而如何精確描述社會企業的概念，如何給予社會企業組織一個放諸四海皆準的定義，卻不是一件簡單的事情，因為這牽涉到不同國家、不同社會有不同的歷史發展脈絡。

　　比利時列日大學（University of Liege, Belgium）社會經濟研究中心教授、也是「EMES國際研究網絡」（EMES International Research Network）[1]的創會會長Jacques Defourny教授在2017年9月於臺北的一場國際研討會[2]之主題演講「全球社會企業模式之綜覽——亞洲特色之提示」（Defourny, 2017）強調：從1990年代以來，歐美的學者專家在給社會企業下定義的嘗試過程中，經常會強調下列一個或數個獨特的組織特性：（一）個別社會企業家自身之

---

1　EMES是法文的"EMergence des Enterprises Sociales en Europe"的字母縮寫，該學術團體的組成由來可簡述如下：在1990年代初期，大部分歐洲國家的積極性勞動市場與就業的相關公共政策開展之後，一群來自所有歐盟會員國的學者於1996年開始執行一項由「歐盟委員會」（European Commission）所資助的研究計畫，其法文名稱即是"EMergence des Enterprises Sociales en Europe"。這群學者與相關研究機構就在同一年成立了名為「EMES歐洲研究社群網絡」（EMES European Research Network）聯盟性質的學術團體，EMES這幾個字首就被保留下來。至2013年，該學術團體將其會員資格對全世界開放，而不只限於歐洲地區的學者、大學及研究機構，故名稱更改為「EMES國際研究社群網絡」。詳請參閱EMES的網頁：http://emes.net

2　2017年9月7-8日，由喜憨兒基金會主辦，台灣第三部門學會等幾個學術與服務提供型的NPO合辦「2017亞洲社會企業暨身心障礙者就業創新發展趨勢研討會」。

特定經歷或角色（Dees, 1998）；（二）視之為一個創新的組織或部門場域（Mulgan, 2007）；（三）在非營利組織的運作中尋求市場之收入（Skloot, 1983）；（四）從制度及法律上規範利潤的分配，以便履行社會使命（DTI, 2002）；以及（五）達成經濟和社會目標與可持續平衡的治理議題（EMES Network, 2001）。然而，Defourny（2017）也指出，這種結合多元項目準則的作法，卻不免使得社會企業概念更為複雜，但呈現的事實是，過去十年以來，有愈來愈多人致力於研究與瞭解社會企業之多樣性與模糊性。

Defourny（2017）接著指出，社會企業圖像的模糊性可經由一種兩階段的研究途徑來克服。首先，標示出目前在地球村所存在的主要社會企業模式有哪些，以便掌握社會企業模式之間的多樣性；其次，掌握與瞭解每一個主要社會企業模式內部間的多樣特質，此需要依靠各國或區域裡的在地研究者深入瞭解該模式產生的環境脈絡為何。由Defourny與Nyssens兩位比利時教授主持的「全球社會企業國際比較研究計畫」（The International Comparative Social Enterprise Models，簡稱為ICSEM）從2013年啟動，迄今已有六年，研究成果之一即是研究成員共識性地提出四個普遍存在於地球村的社會企業模式（SE Models）：（一）具有企業形式與精神之非營利組織模式（Entrepreneurial NPO，簡稱為ENP）；（二）社會合作社模式（Social Cooperative，簡稱為SC）；（三）以社會使命實踐為主的商業組織模式（Social Business，簡稱為SB）；以及（四）具有公部門組織運作特質的社會企業模式（Public-Sector Social Enterprise，簡稱為PSE）（Defourny & Nyssens, 2016b; Defourny, 2017）。

Defourny在上述演講中一再強調，驅動並形塑以上四種社會企

業模式的制度邏輯不外乎有三：（一）一般大眾利益（General Interest，簡稱為GI）；（二）資本利益（Capital Interest，簡稱為 CI）；以及（三）互惠利益（Mutual Interest，簡稱為MI）。尤其 由一般大眾利益（GI）與互惠利益（MI）驅動的社會企業組織更 是第三部門／社會經濟中的兩個主要構成體。而以上四種社會企業 模式內涵以及形塑各種社企模式的制度邏輯，其實是深受界定何謂 「第三部門」（Third Sector）的兩種概念途徑的影響，一是「非營 利部門概念」（the concept of the non-profit sector），另一是「社會 經濟概念」（the concept of the social economy），尤其後者更具有 舉足輕重的影響（Defourny, 2001; Defourny & Nyssens, 2016）。本 章作者在《社會企業：臺灣與香港的比較》（2012）一書的「導 論」也針對社會經濟概念與歐陸的社會企業發展的關係有如下的概 述：

> 根據Defourny和Nyssens（2010）的論述，在1990年以前 的歐陸與美國學界，有關「社會企業」（social enterprise）、 「社會創業精神」（social entrepreneurship）和「社會企 業家」（social entrepreneur）等概念均少見公開的討論， 然而目前在歐陸與美國兩地，此概念的發展卻有實質的突 破。2000年迄今，其他地區如東亞和拉丁美洲也日益對此 概念的內涵與相關的研究深感興趣。有關社會企業的發 展，在大西洋兩岸雙方共同的特質是，受到社會目的驅使 的新型態創業行為因而蓬勃發展的領域，其實是構建於第 三部門之中。雖然在歐洲，第三部門的範疇包括了合作社 組織，但在美國，基金會卻扮演了核心的角色。事實上，

　　根據多數歐洲的傳統（Evers & Laville, 2004），第三部門集結了合作社、協會、互助會社和日益增加的基金會等類型的組織。在某些歐洲國家，人們以「社會經濟」（social economy）一詞稱呼「第三部門」，意謂這是一種透過經濟活動追求實踐民主的方式，而對於社會企業和創業精神等概念的後續演變賦予了深厚的意涵（官有垣，2012：2-3）。

　　本章的論述結構，首先闡述社會經濟的概念，分別從「歷史演變與規範的觀點」以及「法律與制度發展觀點」，闡述社會經濟界定的內涵。接著討論社會經濟的概念與社會企業的界定，作者指出，社會經濟核心概念如何形塑目前幾個主要的社會企業之界定或論述的內涵是本文的分析重點。本章將依序討論：（一）「EMES國際研究網絡」（EMES）的社會企業論述觀點；（二）英國政府及學者強調的社會企業運作之利潤分配的法律規範概念；（三）美國的學界及實務界所發展出來的「賺取所得」（Earned Income）與「社會創新」（Social Innovation）兩類社會企業思想學派；最後是本文的「意涵與結論」。除了歸納論述重點外，作者特別指出，從制度結構觀點而言，社會經濟概念一再強調合作社等互助、互惠性質的組織在社會企業範疇裡的重要性。此值得我們政府與民間社會審思，思考如何來倡議並積極推展社會企業中的合作社組織的業務功能與社會目的之實踐[3]。

---

3　本章內容修改、增刪自官有垣（2017），〈從社會經濟的觀點探討社會企業的意涵〉，《社區發展季刊》，160期，頁10-27。

# 貳、社會經濟的概念

## 一、歷史演變與規範觀點

　　何謂「社會經濟」（Social Economy）？社會學家Wright
（2006）指出，「資本主義社會過於依賴市場力量來發展經濟，而
國家社會主義又過於依靠國家力量調控生產、資源和成果分配，唯
有一種新的經濟模式──社會經濟，才能建立社會力量，重新把資
源分配、生產和再生產，流通和勞動成果的決定權交回勞動人民身
上。」（潘毅等，2012：3）社會經濟是主流市場經濟以外的另類
經濟生產與分配的實踐，社會經濟活動模式非常重視「隱藏於經濟
活動背後的各種社群關係，提倡社群之間的互助合作及團結精神，
反對資本主義只著眼於狹隘個人利益和利潤的追求」（潘毅等，
2012：4）。再者，社會經濟主張應將社會正義重新導入經濟的生
產與分配的體系中，例如，克服社會排除問題、在落後的地方社區
培育整體社區發展或是在重大災難地區的重建，以及重新將「團
結／連帶」（solidarity）與「公平」（equity）概念注入到生產關
係中。簡言之，從學術研究的角度觀之，社會經濟是探討財富分配
以及社會正義的科學。

　　從歷史的發展而言，十九世紀是現代社會經濟的形塑時期，在
此期間，許多理想、新的觀念、經驗、創新的組織與制度如合作
社、協會或互助互惠的組織出現於世，以及自由主義哲學的浮現，
這些現象都與從歐洲發軔的工業革命所產生的社會剝削與壓榨，以
及國家對工人運動與結社的壓制行動，進而導致貧窮與社會解體有
關。此現象說明了為何社會經濟範疇亦強調包含了國家的行動，亦

即，國家必須扮演管制市場胡作非為的角色，換言之，將市場重視私人利益與社會正義做一緊密結合乃絕對有必要。市場裡的產品生產活動的最終目的，即是要滿足人們的需求，然而市場與公部門日漸無法滿足那些需求，尤其是生活在主流社會邊緣的使用者是經濟上的弱勢與被剝奪的公民或團體時，滿足他們各種基本需求即是最為直接的社會經濟目標。時至今日，社會經濟代表了廣泛的創發性措施以及組織形式，例如「市場」（market）、「非市場／重分配」（non-market/redistribution）與「非貨幣／互惠」（non-monetary/reciprocity）經濟的混合現象，顯示經濟行為已不限定僅在市場才有，亦包括重分配與互惠的律則（Bruyn & Meehan, 1987; Leyshon et al., 2003; Moulaert & Ailenei, 2005; Salamon & Anheier, 1995）。

Moulaert與Ailenei（2005: 2046-2048）因此在〈社會經濟、第三部門與團結關係：從歷史的演變至今之概念綜覽〉一文中指出，社會經濟的界定內涵可歸納為如下幾點：

1. 一般而言，社會經濟可以被視為是一種嶄新界定的經濟活動領域，其遊走於市場、國家，與非市場部門之間（例如傳統的照顧體系、家庭與社區鄰里的互助互惠、兒童與老人照顧）；其服務的宗旨與目標強調實踐社會與經濟雙重目的；其組織運作的核心原則是團結／連帶與發展的可持續性，而非汲汲於利潤的獲取。此顯示團結與互助、互惠的倫理價值受到高度重視。

2. 其次，重視生產代理者，而非模糊、抽象難懂的體系；而這些代理者的活動主要關切的是他們的生產與分配，通常是要

滿足被市場或國家（公部門）忽視的人群團體之需求。

3. 第三，重視有關社會經濟組織（例如合作社、互助會社、協會等）的運作模式與制度化，在這方面，他們更重視組織的治理模式，強調需建立起穩健的治理制度，以保障社會經濟活動與結果對於經濟與社會的積極、正面影響。

4. 社會經濟與地方社區發展密切關聯，成功的社會經濟經驗是植基於特定的地理區域脈絡。Roelants（2002）強調社會經濟的活動是植基於地方社區，同時偏好於部門之間的夥伴合作關係，換言之，社會經濟除了重視地理區域脈絡外，亦強調組織之間的網絡合作特性。

## 二、法律與制度發展觀點

Defourny（2001）進一步從「法律與制度發展」（The Legal/Institutional approach）觀點闡釋上述提及的社會經濟組織，亦稱做「第三部門」（Third Sector）組織。Defourny（2001: 4-6）指出，在許多先進工業發達國家，尤其是在歐洲大陸，第三部門組織的範疇可被歸納為三個主要類型，亦即是「合作社的事業組織」（cooperative enterprises）、「互助性質的會社組織」（mutual societies），以及那些被稱為「協會的組織」（associations）。從十九世紀以降，這三類社會經濟概念強調的第三部門組織已存在於社會裡相當長的一段時間，在維繫社員的自由結社之基礎上，這些組織的活動逐漸被賦予法律的認可與規範。這三類組織的啟蒙最早是在法國，然而從社會經濟的角度檢視這類組織的活動，迄今早已越過法國而遍及歐陸，且幾乎可見於全球所有的地區。以下簡述這

三類第三部門組織的發展歷史。

## （一）合作社類型的事業組織

　　從十九世紀中葉開始，合作社的發展開始遍及許多國家，目前在世界各地都可見這類型的組織。合作社運動的長成就像一棵巨樹，枝葉繁茂，有各種類型的合作社，如農業合作社、儲蓄與互助合作社、消費者合作社、保險事業合作社、零售業合作社、住宅合作社等。目前在國際間，已有不少在市場裡發展很多年且屹立不搖的合作社，相當具有競爭力，以致這些合作社日趨相似於那些利潤極大化的商業組織競爭者。然而，許多這類組織仍舊保有合作社一些特定應有的組織特質，更重要的是，最近十數年以來，合作社運動內涵持續在一些新的活動或生產項目領域裡推陳出新，出現譬如像勞動合作社或是社會合作社。

## （二）互助類型的組織

　　互助類型的組織（mutual-type organizations）已存在於許多地方，且有相當長的一段時間。這類型的組織在許多工業化國家已逐漸制度化而成為社會裡的正式合法的組織，尤其是在社會安全體系裡，經常可見這類組織，例如保險事業。互助類型的組織擅長於提供服務來滿足地方社區的需求，例如創設地方社區的保險體制，尤其存在於社會安全制度的發展尚處於初期發展階段的國家或區域裡，其保險涵蓋的受益人口僅佔總人口的一小部分。這類互助組織發揮的功能可以使風險因互助互惠的措施而降低，且範圍相當廣，譬如醫療健康、死亡（對往生者家庭的物質支助）、喪葬，以及在農作物收成不佳時的資助等。

## （三）協會類型的組織

　　「結社自由」在世界上許多國家都是被合法承認的，但協會類型的組織（associations）卻有許多不同的法律組織形式。在實務上，包括許多倡議性質的組織，也包括許多僅提供服務給其會員的組織，以及提供服務給特定受益對象或是提供服務給無特定對象而含括整個社區的組織。廣泛而言，這類組織包含所有形式的以人為組合基礎的自由結社之組織，他們生產與提供財貨或服務，然而獲取利潤並非他們根本的目的。這類組織有不同的組織名稱，例如協會、非營利組織、志願性組織、非政府組織、理念型的協會等，甚至基金會或在某些國家特定環境下所生成的組織如英國的「慈善會社」（Charity Societies），都可被歸納為此類型而泛稱為「第三部門組織」。

　　Defourny（2001: 6-7）接著強調，以上這三類社會經濟組織具有共通的律則以形塑其特質，而這些共通的特質是與這三類組織的生產目的、內在結構與功能具有密切的關聯性：

1. 組織的首要目的係在服務會員（社員）或是整個社區；並非以利潤產出為主。
2. 組織具有獨立自主的管理體制。
3. 組織的治理強調民主的決策制定過程。
4. 盈餘分配是以參與組織並提供勞務的員工為首要對象，其次才是出資者。

顯然，以上這些律則強調的是，在社會經濟組織裡所推展的活動，主要是提供服務給會員（社員）或是以廣大的社區為服務對象，並非首要將賺取的財務利潤回饋給資金投資者，此亦不是組織活動背

後的主要動機。因此，這類組織賺取的盈餘主要目的是提供服務或改善服務對象的生活質量。其次，民主的決策制定過程要求「一人（會員）一票」（one member, one vote）的核心規範。最後，有關利潤分配，則是以參與組織並提供勞動力的員工為首要對象，其次才是出資者，此概念主要是引申自「其他人」（the others）的參與分配，此包含廣泛的措施，例如資本投入後賺取的利潤被規範為「有限度分配」（limited distribution）、以分紅的形式給予參與活動的會員（社員）分配盈餘、設置儲備金以作為組織日後發展之用，以及一部分盈餘需作為急難救助目的使用等。

## 參、社會經濟的概念與社會企業的界定

上述的社會經濟核心概念如何形塑目前幾個主要的社會企業之界定或論述內涵呢？底下作者將討論：（一）EMES的社會企業論述觀點；（二）英國政府及學者強調的社會企業運作之利潤分配的法律規範概念；（三）美國學界及實務界所發展出來的「賺取所得」（Earned Income）與「社會創新」（Social Innovation）兩類社會企業思想學派。

### 一、EMES的社會企業論述觀點

1990年代中期，一群來自歐盟會員國的學者以及研究團體組成了名為「EMES歐洲研究社群網絡」（EMES European Research Network）聯盟性質的學術團體（之後更名為『EMES國際研究社

群網絡』，見註1），致力於建構一套界定社會企業的「準則」（criteria）；然而，此處必須強調的是EMES並不是要建構一種規範性的準則，而是以韋伯（M. Weber）的「理念型」（ideal-type）來描述社會企業組織的樣貌。在EMES的社會企業論述模式中，首先是社會企業的「經濟和創業精神面向」（economic and entrepreneurial dimensions），此包含了三個準則（Defourny, 2001; Defourny & Nyssens, 2010, 2016a）：

1. 在生產財貨和銷售服務上是一種持續性的活動；
2. 組織需承擔運作過程中顯著的經濟風險；
3. 組織需聘有最低數量的有薪給付員工。

其次是社會企業的「社會面向」（social dimensions），含括了二個準則：

1. 組織是由一群社區公民倡議所發起的；
2. 組織需設定明確的造福社區之社會公益目標。

第三是社會企業的「治理的明確性／具體性」（specificity of the governance）的四個準則：

1. 組織擁有高度的自主性；
2. 決策權的分配並非基於持股多寡而定；
3. 民主參與的本質，亦即受活動影響的各類不同的行動者或「利益關係人」（stakeholders）皆有參與的權利；
4. 有限度的利潤分配。

以上EMES界定社會企業的九個準則可歸納為：

社會企業是不以營利為目的之私有性質的組織，其所提供的財貨或服務直接與他們明示的目的有緊密的關聯性，而此目的即是要關照社區利益。一般而言，他們依靠一個集體的動能，將各類利益關係人納入到治理結構裡，同時高度珍視組織運作的自主性，以及承受活動時所帶來的經濟風險（Defourny & Nyssens, 2010；引自王仕圖、官有垣，2012：45）。

具體而言，EMES的社會企業論述模式強調的三大面向（經濟與企業精神、社會、治理）可鋪陳為五項特質：（一）社會公益宗旨的強調；（二）產品與服務的生產與社會價值及組織宗旨的關聯性；（三）承受經濟的風險；（四）重視組織的治理結構；以及（五）社會企業作為社會創新觀念與措施的擴散管道。

　　顯然，社會經濟的概念深刻影響EMES的社會企業論述觀點之處有如下幾點：首先，社會企業組織，尤其是社會經濟所強調的合作社、互助會社、協會三種類型的組織，其基礎概念大部分是來自合作社的組成與運作概念，強調組織成員的互助互惠的價值，以及重視組織的基本結構與運作的規範，而非如何賺取所得與產生利潤。固然，EMES觀點列出「生產財貨和銷售服務」、「經濟風險的承擔」以及「有薪給付員工聘僱的需要性」之經濟和創業精神面向的準則[4]；但卻未曾提及經費所得來源為何的要求，亦即，並沒有任何要求必須要有某種程度的市場所得、政府的經費補助或是其

---

4　「生產財貨和銷售服務」、「經濟風險的承擔」以及「有薪給付員工聘僱的需要性」等準則強調社會企業的社會創新精神與行動（social entrepreneurship）重要性，因此社會企業更是一種新的發展型態組織。在這面向上，其組織內涵是超越社會經濟的概念範疇。

他的經費來源；反之，EMES觀點更為重視的是賺取利潤後如何分配的問題，如「有限度的利潤分配」準則。此即是法國學者Laville（2010: 228）所強調的：

> 此界域的劃分不應該是營利與非營利組織的區分，而是資本主義組織與社會經濟組織的區分，前者強調剩餘利潤共享部分應該優先分配給個人投資者；而後者反是。尤其是在歐洲，強調的是在組織層面上以立法的手段來規範及限制私人分配剩餘利潤。

其次，受社會經濟概念的影響，EMES觀點認為社會企業主要是提供服務給會員（社員）或是以廣大的社區為服務對象，此反映在該觀點的兩個準則：（一）組織是由一群社區公民倡議所發起的；（二）組織設定明確的造福社區之社會公益目標。第三，也是最為核心的部分，即社會經濟概念提出組織的民主決策制定過程的要求，強調組織的會員（社員）參與決策制定過程並表達意見的重要性，此也代表以一種制度結構設計來控管組織應如何實踐社會目標。此即是EMES的「治理特殊性」面向所指陳的其中三個指標：（一）組織擁有高度的自主性；（二）決策權的分配並非基於持股多寡而定；（三）民主參與的本質，亦即受活動影響的各類不同的利益關係人都有參與的權利。

Defourny（2001）歸納指出，社會經濟的概念有助於吾人理解社會企業組織是如何浮現出來，他們的組織形式以及重要性為何，以及隱身在社會企業這類組織發展背後的推動力為何。Defourny（2001: 15-16）進一步指出，「社會企業」一詞，為何在「企業」前特別冠上「社會」（social）呢？因為有下述理由：第一，組織行

動的公益目的，即服務社區大眾的公益目標，而非汲汲營營於利潤的極大化；其次，生產的盈餘處理必須「社會化」（socialized），也就是賺取的利潤被規範為「有限度分配」；第三，非商業資源存在的重要性，例如政府的補助款、民間的捐款、志願服務人力等；第四，組織擁有權的社會性與治理的民主參與特質。

## 二、英國社會企業運作之利潤分配的法律規範概念

英國政府從2001年新工黨執政時開始將「社會企業」的發展設定為國家社會政策議程推展的重要項目，接著在2002年，內閣的「社會企業辦公室」（Social Enterprise Unit）提出官方版的社會企業定義（DTI, 2002: 7）：

> 社會企業是一種以實踐社會目標為核心的事業組織；在核心的原則上，其收入盈餘原則上被要求再投入於其組織的目的事業相關活動上，或是投入於社區的公益事務上；亦即，不應受到使組織的持股人或組織創辦者的利潤極大化的驅使。

換言之，社會企業的特質：（一）必須具有市場企業經營的事實；（二）組織的活動必須是「社會使命導向」（social mission driven）；（三）將多數的利潤或盈餘再投入於其組織目的事業相關活動上，而進一步實踐其社會目標（European Commission, 2014）。Spear、Comforth和Aiken（2014: 136）根據英國政府的社會企業定義，進一步闡述並衍伸該定義內容為：

> 社會企業是一種私人性質、正式立案的組織，主要的目的
> 在於實踐社會公益（與生態環境保護），其年度經費收入
> 中，有50%以上是來自商業活動的營業收入；然而其營收
> 利潤的使用是不以營利為目的，受到「有限度利潤分配」
> （limited distribution）的限制，因而其絕大部分的營收利
> 潤是被要求支用於其目的事業相關的活動或增益其所在的
> 社區發展。

毫無疑問，英國政府及學者對於社會企業的定義，開宗明義即
強調社會企業的目的是在於社會經濟概念堅持的實踐社會與經濟雙
重目的；其次，強調需規範社會企業運作之利潤分配。在這方面，
最顯著的例子即是英國政府在2004年立法訂定「社區利益公司」條
例（The British Community Interest Companies，簡稱為CIC），CIC
規定這類組織的資產必須被鎖定為社區公益的目的來使用，而非用
作私人利益分配的極大化；其次，組織的運作（尤其是盈餘利潤的
分配）受到資產鎖定的規範與約束，同時對於資金投入的回報，需
設定一個清楚範定的股息分配上限，譬如，該條例規定任何CIC組
織的年度可支配利潤盈餘的總額中，最多僅能分配35%予全體持股
人，若是個別持股人，最多僅能分配其投資股金的20%。CIC的法
律架構裡要求英國政府設置「CIC管制機構」（CIC Regulator）來
執行各種相關的管制規定，強調任何人或組織都可以申請創立CIC
組織以生產或提供社會服務，但前提是其推展的活動需以社區利益
為主（Defourny & Nyssens, 2016a; Hulgard, 2014; Spear, 2015）。

類似於CIC，比利時在1995年立法制定「社會目的公司法」
（Social Purpose Company），義大利甚至更早於1991年即制定「社

會合作社法」（Social Cooperative）（在2006年另制定「社會企業法」），接著葡萄牙的「社會團結合作社法」（1998）、西班牙的「社會創新合作社法」（1999）、法國的「社會合作社法」（2001）、匈牙利的「社會合作社法」（2006）、波蘭「社會合作社法」（2006）、捷克的「社會合作社條例」（2012），以及東亞的韓國於2006年制定「社會企業振興法」（The Social Enterprise Promotion Law）都有類似的社會企業相關法律制定，亦即追求與實踐有法律規範的社會宗旨與目標、盈餘利潤的分配受到資產鎖定的規範，以及禁止分配超過一定百分比的盈餘利潤。這些立法歸結之，即視社會企業為「實踐公共利益與目的」的組織，以及彰顯這類組織的「非資本主義特質」（Defourny & Nyssens, 2016a, 2016b; European Commission, 2014, 2015; Fici, 2015）。

### 三、「賺取所得」與「社會創新」社會企業思想學派

　　由於受到義大利合作社運動的推波助瀾影響，「社會企業」概念第一次出現在歐洲的時間是1990年，進而成為第三部門研究的核心部分。同樣地，在美國，社會企業概念亦出現於1990年代初期，例如哈佛商學院在1993年開設了「社會企業的創始」（Social Enterprise Initiative）教學課程與研究。在1990年代末，美國的「社會企業聯盟」（Social Enterprise Alliance）界定社會企業為「任何由非營利組織所開展或採取賺取所得的之事業或策略，以獲得盈收來支持其公益、慈善的使命即為社會企業。」（轉引自Defourny & Nyssens, 2010: 40）而Kerlin（2006）更明確指出，非營利組織（NPO）從事與組織宗旨相關的商業活動，以賺取產品與服務營收

的所得來支持組織的社會公益活動與方案，例如庇護性質的商業活動來支持身心障礙者就業與所得提升，即為社會企業。

再者，Boschee（2001）強調，社會企業要能夠產生賺取的所得，然而不同於傳統的營利組織在衡量組織成功或失敗的標準往往是獲利的多寡，社會企業衡量組織成功或失敗的標準則有兩條底線，一是「財務收益」（financial returns），另一是「社會收益」（social returns）。以上論述社會企業的觀點，其學術思潮集合而謂之為「賺取所得」學派（The "Earned Income" School of Thought），強調社會企業即是一種商業性質與活動的非營利組織模式（Commercial Nonprofit Approach），著重於NPO賺取所得的策略，強調NPO透過商業活動或類似手段的運用來支持、實踐其組織宗旨（Dees & Anderson, 2006）。

以美國社會為主的社會企業概念界定的第二個重要學派為「社會創新」（Social Innovation）學派（Dees & Anderson, 2006），強調社會企業家（social entrepreneurs）的重要性，Young（1983, 1986）在1980年代所做的NPO開拓性研究亦持類似的論點。Dees（1998）強調，NPO社會企業組織的領導者，亦即是社會企業家，是變遷的代理人（change makers），其運作模式具有提高財務穩定性、提高服務品質、提供工作機會給弱勢團體以及促進NPO的專業化等優點。Dees、Emerson與Economy（2002）進而強調，成功的社會企業家需展現下列行為模式與精神：（一）持續推動能夠創造與維繫某項社會價值的使命；（二）盡最大努力找尋新的機會，以實踐該項使命；（三）過程中要不斷地創新、適應與學習；（四）要勇於行動，勿被目前所能夠掌握的資源所限制；（五）要對服務的案主群與顧客以及所導致的結果體現高度的責信感。此強調社會

企業家應戮力於開展創新的服務、創新的服務品質、創新的生產方法、創新的生產要素、創新形式的組織或新的市場的行動組合。因此，該學派指出，社會創業精神（social entrepreneurship）著重的是成果與社會影響，更甚於賺取了多少所得的問題（Defourny & Nyssens, 2010）。

以上簡述了以美國社會發展脈絡為主的兩個重要界定社會企業概念的學派──「賺取所得」與「社會創新」學派，顯然其受到「非營利部門概念」（the concept of the nonprofit sector）影響較深；「社會經濟概念」也有，但較少。譬如「賺取所得」學派強調社會企業主要是在「市場經濟」（market economy）的範疇內來運作（Kerlin, 2006: 249），且以在市場獲得的盈收來支持其公益、慈善的使命，以及強調衡量社會企業經營成功與否的社會與經濟「雙重底線」（double bottom line）觀點。這些論點雖然形塑了綜融性的價值，試圖整合經濟和社會目的與組織發展策略，但依舊強調社會企業是在市場經濟下的一種商業性質活動的非營利組織模式（Emerson, 2006）。

再者，「社會創新」學派強調社會企業家在社會企業的經營發展上具有舉足輕重的角色，因為他們給組織帶來了創新的舉動，譬如（一）引介一種新的產品、（二）引介一種新的生產方法、（三）開啟一個新的市場、（四）獲取一種新的原物料資源，以及（五）重組一個部門的活動（Defourny, 2001: 11）。這些創新的舉動雖然顯現在NPO部門為多，但部門之間界域的模糊性也越來越明顯，換言之，在營利部門和公共部門中亦存在著企業家社會創新的機會。此顯然意指社會經濟概念所強調的重視不同部門之間的合作夥伴關係以及組織之間網絡合作的特性。

　　「非營利部門概念」對於「賺取所得」與「社會創新」學派發展的影響，最重要的一個概念即是「利潤不能分配的限制」（Non-distribution Constraint）（Hansmann, 1980）。首先我們來檢視一個指標性的「非營利部門」界定，即約翰霍普金斯大學（The Johns Hopkins University）Salamon教授主持的一項NPO跨國比較研究計畫，其對於NPO部門的界定為有如下的特質（Salamon & Anheier, 1994, 1999）：

1. 他們是正式立案的組織，換言之，他們有一定程度的制度化結構，一般而言，他們擁有法人的地位。
2. 他們是屬於私人性質的組織，有別於政府機構。
3. 他們能夠「自我治理」（self-governing），亦即，他們有自己的管理規則以及決策制定的單位。
4. 他們不能分配利潤給他們的會員（社員），也不能分配給他們的董事會或理事會成員，甚至創辦人。在此強調的是「利潤不能分配的限制」是所有討論NPO文獻的基本核心準則。
5. 他們必須納入相當程度的志願性資源的貢獻，例如在時間方面，有志工的人力資源加入，而在金錢方面，有捐款的資源投入，同時，會員或社員的加入或退出必須是自由與志願的。

　　「利潤不能分配的限制」影響了NPO的經費來源、財產權的性質，以及組織運作[5]。因為受到不能分配利潤的限制，NPO常見的

---

5　因為受到不能分配利潤的限制，NPO常見的經費來源是大眾捐款，但不得藉由出售所有權以及持股的股利分享來獲得經費，因為持股分紅即是利潤的分配。這種限制影響了非營利組織的資本結構，然而卻使非營利組織在發展與生存的利基上

經費來源是大眾捐款，但不得藉由出售所有權以及持股的股利分享來獲得經費，因為持股分紅即是利潤的分配。因此，「賺取所得」與「社會創新」兩個學派在討論社會企業的範疇時，會特別聚焦於「公眾獲益／社區獲益」（General Interest/Community Interest）的協會性質的組織以及基金會。由於「非營利部門概念」禁止任何利潤的分配，因而排除了社會經濟概念的重要成分，即合作社與互助會社類型的組織，因為該類組織可以分配一部分的盈餘給其社員[6]，譬如，互助性質的保險公司會發放一部分盈餘給其會員（社員），通常其方式是抵扣會員日後需繳交的會費或保費。

　　由於社會經濟的基礎概念大部分是來自於合作社的思維，此益發強調互助互惠利益的組織，以及將核心的運作位置擺放在民主管控組織目標的實踐與組織運作的功能。相對而言，NPO部門概念也承認來自於組織內部治理單位對於組織目標實踐與否的管控機制之重要性，但是卻沒有任何民主決策制定過程的要求。再者，值得一提的是，「社會創新」學派強調社會企業家的存在對於社會企業創

---

　　獲得了一些其他兩個部門所沒有的好處。譬如，由於消費者信賴非營利組織的主要因素是在於他們「不分配盈餘的限制」，這樣可大幅降低管理者為了增加組織本身的利潤而犧牲服務品質的可能性。非營利組織能夠提供類似公共財的功能，且不將盈餘分配給個人，這是取得一般消費者和捐贈者信賴的主要原因，這種獨特的經濟性質，使得這類組織在財貨與服務的提供上扮演非常重要的角色，其大多數的資源即依靠這類自願性的捐贈來維持他們正常的運作（官有垣，2007）。

6　Defourny與Nyssens（2016a: 1548）認為，實務上合作社組織相當不同於傳統營利的持股公司。首先，合作社最為廣為周知的一項特質是其營收所獲取的利息與股利的分配，一般而言是根據社員的持股多少而定，但卻有其限制。當合作社的營收有利潤時，它的利息或股利的分配是根據組織章程的嚴格上限規範，合作社雖然是一種事業體，但必須持續維繫其合作社被外界認同的正當性。在一些國家並沒有任何法令規範合作社的運作，或是在一些雖有合作社法令規範建置但十分鬆散的國家，然而，這種利潤分配的「上限」（cap）的要求，要不是被政府的相關部會單位以法令要求並落實執行，不然就是合作社本身自我要求這種上限的規定，而形成一股合作社的「利潤有限分配」（limited distribution）運動。

始與發展的重要性，亦即視個別或少數菁英領導者在決策過程中角色扮演的特殊性與關鍵地位；然而，社會經濟概念認為社會企業應重視民主決策的過程以及集體參與決策制定（Defourny, 2001; Defourny & Nyssens, 2016a）。

# 肆、意涵

　　歸納而言，本文論述「社會經濟」核心概念如何形塑或融入目前幾個主要的社會企業之界定內涵。首先，作者指出社會經濟的概念深刻影響了EMES的社會企業的論述觀點，在社會企業的組織範疇方面，社會經濟強調的合作社、互助會社、協會三種類型的組織，其基礎概念大部分是來自合作社的組成與運作概念，強調組織成員的互助互惠，以及重視組織的基本結構與運作的規範，而非如何賺取所得與產生利潤；再者，受社會經濟概念的影響，EMES的社會企業模式並不強調組織的經費所得來源為何，亦即，並不要求必須要有某種程度的市場所得、政府的經費補助或是其他的經費來源；反之，更為重視的是賺取利潤之後如何分配的問題，因而強調「有限度的利潤分配」律則；以及組織的會員（社員）參與決策制定過程並表達意見的重要性。

　　其次，同樣受社會經濟概念的影響，英國政府及學者對於社會企業的定義，強調社會企業的目的在於堅持實踐社會與經濟雙重目的；再者，堅持需以法令規範社會企業運作之利潤分配，亦即，追求與實踐有法律規範的社會宗旨與目標、盈餘利潤的分配受到資產鎖定的約束，以及禁止分配超過一定百分比的盈餘利潤，如此，彰

顯了社會企業組織的「非資本主義特質」。顯然地，受社會經濟概念深刻的影響，EMES的社會企業的論述觀點以及英國對於社會企業利潤分配的法律規範要求，產生了以下四個剛性的社會企業組織行為準則：（一）追求與實踐有法律規範與約束的「社會宗旨」；（二）組織的運作（尤其是盈餘利潤的分配）受到資產鎖定的約束；（三）禁止分配超過百分之五十的盈餘利潤；以及（四）對於個人股金投入的回報，需設定一個清楚範定的股息分配上限（Defourny & Nyssens, 2016a: 1550）。

　　第三，以美國社會發展脈絡為主的「賺取所得」與「社會創新」學派，固然一部分受到「社會經濟概念」的影響，譬如「賺取所得」學派強調社會企業應該要以在市場獲得的盈收來支持其公益、慈善的使命，以及強調衡量社會企業經營成功與否的社會與經濟「雙重底線」觀點，某種程度整合了經濟和社會目的與組織發展策略。然而，這兩個社會企業的學派主要還是受「非營利部門概念」的影響。其中，最重要的一個影響概念即是「利潤不能分配的限制」，此律則影響了NPO的經費來源、財產權的性質，以及組織運作。因為受到不能分配利潤的限制，NPO常見的經費來源是大眾捐款，但不得藉由出售所有權以及持股的股利分享來獲得經費。這兩個學派在討論社會企業的範疇時，會特別著重於協會性質的組織以及基金會。由於「非營利部門概念」禁止任何利潤的分配，因而排除了社會經濟概念的重要成分，即合作社與互助會社類型的組織，此亦反映了北美地區對於社會企業組成範疇較為狹窄的界定。最後，「社會創新」學派認為社會企業家是組織創新的領導者，是社會變遷的代理人，因而強調少數菁英領導者在決策過程中的特殊性與關鍵地位；反之，社會經濟概念認為社會企業應重視民主決策

的過程以及集體參與決策制定。

第四，社會經濟概念以及社會經濟的生產與分配體制亦深刻影響福利國家自1980年代以來的轉變，特別是在歐洲與北美。此改變是由傳統的福利體制與重分配取向朝向新的使能與工作取向的福利措施，亦導致了豐沛的福利提供之民營化，當然，也伴隨著更多所謂的社會經濟組織或第三部門組織的參與，而紛紛加入提供福利服務的行列，使得那些在正規勞動力市場不易獲得工作機會的邊緣人士能夠獲得工作。再者，這些社會經濟組織是公共服務發展的創新者，譬如社會企業與社會創業精神的浮現即是顯著的例子。最後，社會經濟組織培育與教育人們公民精神以及作為一位負責任的公民與社會企業家，此不僅有益於他們自己，也造福於他們所在的社區（Nyssens, 2006; Hulgard & Spear, 2006; Hulgard, 2014）。

# 伍、結論

從制度結構觀點而言，社會經濟概念一再說明合作社等互助、互惠性質的組織在社會企業範疇裡的重要性。的確，放眼地球村，歐洲大陸、拉丁美洲國家、亞洲部分地區如日本、韓國等皆可見到數量甚多、組織發展活躍的合作社類型之社會企業。在過往的半世紀以來，臺灣的合作社發展類似於義大利的社會合作社概念與實體也真實存在，譬如「主婦聯盟生活消費者合作社」與「原住民勞動合作社」等，然而，不論數量或組織發展的程度皆落後於前述的地區或國家。此值得我們政府與民間社會省思，該如何倡議並積極推展社會企業中的合作社組織的業務功能與實踐社會目的。

　　本章作者要再一次強調社會經濟概念中合作社的重要性，畢竟合作社最根本的目的是在服務並吸引更多的社員（會員），藉由設立與管理一個事業體來達成社員的互助互惠利益，並提供社員更佳品質的財貨或服務，且以較優惠的價格或較好的條件販售。換言之，合作社成立的目的就是在於社員的雙重認知：

> 在同一時間，合作社的社員既是組織的共同擁有者（夥伴），也是合作社的勞動者（員工）、產品的使用者、消費者，以及提供者。且合作社的「一人一票」規定一直成功地被世界各地及許多工業發達國家所施行。（Defourny & Nyssens, 2016a: 1550）

簡言之，合作社是互助互惠的組織，在社會企業的發展中，結合了「有限度的利潤分配」與「公共利益／社區利益」的律則，開拓出一條具有原創性意義的道路，不但擴大了第三部門發展的概念，也突破非營利部門概念的限制。

# 參考文獻

王仕圖、官有垣（2012），〈歐洲與美國的社會企業和社會創業精神的概念內涵：趨同與分歧〉，譯自J. Defourny, & M. Nyssens（2010），收錄於官有垣、陳錦棠、陸宛蘋、王仕圖（編著），《社會企業：臺灣與香港的比較》，第一章，頁28-60。高雄：巨流。

官有垣（2007），〈書評：The Nonprofit Sector: A Research Handbook (2nd edition)〉，《臺灣社會福利學刊》，6卷，1期，頁227-238。

官有垣（2012），〈導論〉，收錄於官有垣、陳錦棠、陸宛蘋、王仕圖（編著），《社會企業：臺灣與香港的比較》。高雄：巨流。

潘毅、陳鳳儀、阮耀啟（2012），〈社會經濟在香港——超越主流經濟的多元性實踐〉，《開放時代》，6期，網址：http://www.poverty.org.hk/ced/index.php/2016/03/04/cedinhongkong_1/，檢索日期：2017/08/18。

Bruyn, S. T., & Meehan, J. (1987), *Beyond the Market and the State: New Directions in Community Development*. Philadelphia, PA: Temple University Press.

Boschee, J. (2001), *The Social Enterprise Sourcebook: Profiles of Social Purpose Business Operated by Nonprofit Organizations*. MN: Northland Institute.

Dees, J. G. (1998), *The Meaning of Social Entrepreneurship*. The Social Entrepreneurship Funders Working Group.

Dees, J. G., Emerson, J., & Economy, R. (2002), *Strategic Tools for Social Entrepreneurs: Enhancing the Performance of Your Enterprising Nonprofits*. New York: John Wiley & Sons.

Dees, J. G., & Anderson, B. B. (2006), "Framing a theory of social entrepreneurship: building on two schools of practice and thought", in *Research on Social Entrepreneurship ARNOVA Occasional Paper Series*, 1 (3): 39-66.

Defourny, J. (2001), "Introduction: from third sector to social enterprise", in C. Borzaga, & J. Defourny (Eds.), *The Emergence of Social Enterprise*. London & New York: Routledge.

Defourny, J. (2017), "An overview of social enterprise models across the world with hints at Asian specific features", Keynote speech at the *2017*

*International Conference on the Innovation and Development of Social Entrepreneurship and Employment for the Disabled in Asia*, Taipei: Children Are Us Foundation, 2017/09/7-8.

Defourny, J., & Nyssens, M. (2010), "Conceptions of social enterprise and social entrepreneurship in Europe and the United States: convergences and divergences", *Journal of Social Entrepreneurship*, 1(1), 32-53.

Defourny, J., & Nyssens, M. (2016a), "How to bring the centres of gravity of the non-profit sector and the social economy closer to each other?" *Voluntas*, 27, 1547-1552.

Defourny, J., & Nyssens, M. (2016b), "Fundamentals for an international typology of social enterprise models", *ICSEM Working Papers*, No. 33, The International Comparative Social Enterprise Models (ICSEM) Project.

DTI (2002), *Social Enterprise- A Strategy for Success*. London: Department of Trade and Industry.

Emerson, J. (2006), "Moving ahead together: implications of a blended value framework for the future of social entrepreneurship", in A. Nicholls (Ed.), *Social Entrepreneurship, New Models of Sustainable Social Change*. Oxford University Press, pp. 391-406.

EMES Network (2001), *The Emergence of Social Enterprise Project*, 1996-1999.

European Commission (2014), *A Map of Social Enterprises and their Eco-systems in Europe- Country Report: United Kingdom*. London.

European Commission (2015), *A Map of Social Enterprises and their Eco-systems in Europe- Country Report: Synthesis Report*. London.

Evers, A., & Laville, J. L. (Eds.) (2004), *The Third Sector in Europe*. Cheltenham: Edward Elgar.

Fici, A. (2015), "Recognition and legal forms of social enterprise in Europe: a critical analysis from a comparative law perspective", *Euricse Working Paper*, 82/15.

Hansmann, H. (1980), "The role of nonprofit enterprise", *The Yale Law Journal*, 89, 835-901.

Hulgard, L., & Spear, R. (2006), "Social entrepreneurship and the mobilization of social capital in European social enterprises", in M. Nyssens (Ed.), *Social*

*Enterprise at the Crossroads of Market, Public Policies and Civil Society*. London: Routledge.

Hulgard, L. (2014), "Social enterprise and the third sector-innovative service delivery or a non-capitalist economy", in J. Defourny, L. Hulgard, & V. Pestoff (Eds), *Social Enterprise and the Third Sector: Changing European Landscapes in a Comparative Perspective*. London and New York: Routledge. Ch. 3, pp. 66-84.

Kerlin J. A. (2006), "Social enterprise in the United States and Europe: understanding and learning from the difference," *Voluntas*, 17, 247-263.

Laville, J. L. (2010) , "Solidarity economy", in K. Hart, J. L. Laville, & A. D. Cattani (Eds.), *The Human Economy*. Cambridge: Polity Press.

Leyshon, A., Lee, R., & Williams, C. C. (Eds.) (2003), *Alternative Economic Spaces*. London: Sage.

Moulaert, F., & Ailenei, O. (2005), "Social economy, third sector and solidarity relations: A conceptual synthesis from History to present", *Urban Studies*, 42(11), 2037- 2053.

Mulgan, G. (2007), *Social Innovation -What it is, Why it matters and How it can be Accelerated*. London: Young Foundation.

Nyssens, M. (2006), *Social Enterprise at the Crossroads of Market, Public Policies and Civil Society*. London: Routledge.

Roelants, B. (2002), *Praha Social Economy 2002 -Enlarging the Social Economy*. Bruxelles: CEEOP.

Salamon, L. M., & Anheier, H. K. (1994), *The Emerging Sector: An Overview*. The Johns Hopkins University Institute for Policy Studies, Baltimore.

Salamon, L. M., & Anheier, H. K. (1995), *The Emerging Sector: The Nonprofit Sector in Comparative Perspective -An Overview*. Baltimore, MD: Johns Hopkins University.

Salamon, L. M., & Anheier, H. K. (1999), *Global Civil Society: Dimensions of the Nonprofit Sector*. The Johns Hopkins University Center for Civil Society Studies, Baltimore.

Skloot, E. (1987), "Enterprise and commerce in nonprofit organizations", in W. W. Powell (Ed.), *The Nonprofit Sector: A Research Handbook*. New Haven, CT:

Yale University Press, pp. 380-393.

Spear, R., Cornforth, C., & Aiken, M.(2014), "Major perspectives on governance of social enterprise", in J. Defourny, L. Hulgard, & V. Pestoff (Eds), *Social Enterprise and the Third Sector: Changing European Landscapes in a Comparative Perspective*. London and New York: Routledge.

Spear, R. (2015), "Social enterprise development in the UK and the role of stakeholders: state, corporations, community", Keynote speech at the *2015 International Conference on Social Entrepreneurship in Asia Pacific Region– Innovation, Cultivation and Social Impact*. Taipei: Children Are Us Foundation, 2015/09/2-5.

Wright, E. O. (2006), "Compass towards a socialist alternative", *New Left Review*, 41, 93-124.

Young, D. (1983), *If Not for Profit, for What?* Lexington, Mass.: Lexington Books.

Young, D. (1986), "Entrepreneurship and the behavior of nonprofit organizations: elements of a theory", in S. Rose-Ackerman (Ed.), *The Economics of Non-profit Institutions*. New York: Oxford University Press, pp. 161-184.

# 第三章

# 全球社會企業的模式分類——
# 具有公部門特質的社會企業

官有垣

# 壹、前言

　　社會企業的定義至今並沒有一個定論，不論是在歐洲、美洲以及亞洲、拉丁美洲與非洲，社會企業以許多不同的組織形式存在著。如何精確描述社會企業的概念，以及如何給予社會企業組織一個放諸四海皆準的定義，卻不是一件簡單的事情，因為這牽涉到不同國家、不同社會有不同的歷史發展脈絡。比利時兩位學者Defourny與Nyssens於2013年開始發起的大型全球社會企業模式研究，試圖找出解決之道。由這兩位比利時教授主持的「全球社會企業國際比較研究計畫」（ICSEM）啟動迄今已有六年，研究成果之一即是研究成員共識性地提出四個普遍存在於地球村的社會企業模式（SE Models）：（一）具有企業形式與精神之非營利組織模式（Entrepreneurial NPO，簡稱為ENP)；（二）社會合作社模式（Social Cooperative，簡稱為SC）；（三）以社會使命實踐為主的商業組織模式（Social Business，簡稱為SB）；以及（四）具有公部門運作特質的社會企業模式（Public-Sector Social Enterprise，簡稱為PSE）（Defourny & Nyssens, 2016a, 2016b; Defourny, 2017）。

　　就以上四個普遍存在於地球村的社會企業模式（SE Models），本章僅聚焦於論述何謂「具有公部門特質的社會企業」（PSE）。Defourny與Nyssens（2016a）認為，PSE作為社會企業的一種類型模式，和社區型、社會公司型，合作社型以及NPO商業化型的社會企業等都有自行賺取收入的銷售行為（官有垣，2012；Defourny & Nyssens, 2016a）。只不過，就PSE而言，十分強調是由政府主導推動的社會企業組織。以歐洲為例，政府為何要推動PSE？Defourny與Nyssens（2016a, 2016b）強調，這是為了公共服

務提供的「外部化」（externalization），或是以「準市場」
（quasi-market）的框架提供社會服務。換句話說，PSE近似於新公
共管理或民營化的當代版本，基本上有福利國家緊縮、削減政府支
出的意涵。本章由兩部分構成，下一節將概述從1990年代以來，社
會企業的概念與模式的發展情形；接著論述何謂具有公部門特質的
社會企業模式。

# 貳、社會企業：概念與模式的發展

　　本章既然要介紹何謂「具有公部門運作特質的社會企業」
（Public-sector Social Enterprise），首先需概要地說明何謂「社會
企業」（Social Enterprise），以及闡述「社會企業的概念與類型或
模式發展」。根據兩篇個人及我們研究團隊撰述臺灣與香港的社會
企業比較研究的專書專章（官有垣，2012：63-64；官有垣、陳錦
棠、王仕圖，2016：24-25）的部分內容概述如下：

　　社會企業的定義至今並沒有一個定論，不論是在歐洲或美洲，
社會企業以許多不同的組織形式存在著，譬如非營利組織（NPO）
主動採取商業手段以獲取所需資源、或者在政府的政策鼓勵下，
NPO以達成社會使命為目標而採用商業策略來獲得資源；也有營利
的企業組織在「企業社會責任」（corporate social responsibility，簡
稱為CSR）的驅使下，從事實踐社會目的之事業（Johnson, 2000:
5）。若從NPO的組織角度界定社會企業，則「社會企業」基本上
是指一個私人性質非以營利為目的之組織致力於提供「社會財」
（social goods），除了有NPO的傳統經費（如捐款與志願服務的參

與）來源外，其還有相當部分包括商業的營利收入（從政府部門撥款與私人營利部門的消費者獲得經費）以及商業上的活動（Kingma, 1997; Borzaga & Solari, 2004）。

再者，「社會企業聯盟」（The Social Enterprise Alliance）提出的「社會企業」界定是：非營利組織藉由從事任何賺取所得的事業或採取營收策略，以便獲得經費所得來支持實踐其公益慈善的宗旨，謂之為社會企業（Kerlin, 2006）。Boschee（2001）以及Boschee與McClurg（2003），他們認為詮釋社會企業時不可忽略了一項重要的元素，即社會企業組織要能夠產生「賺取的所得」（earned income），但不同於傳統的營利企業組織，其衡量組織成功或失敗的標準往往是獲利的多寡，反之，社會企業組織衡量成功或失敗的標準則有兩條底線，一是「財務收益」（financial returns），另一是「社會收益」（social returns）。

歸納來說，Pearce（2003）認為，社會企業有六項共通的元素，包括：（一）實踐社會目的為主；（二）具有市場交易行為；（三）利潤不能分配或有限度分配；（四）組織擁有的資產及盈餘是被用來從事有益於社區公益的事務；（五）組織所有權的民主特性；（六）組織的作為需對相關的利益關係人負責。Pearce（2003）強調，無論如何，社會企業是一種混合性質的組織（hybrid organizations），定義的重點強調其存在的目的是要實踐社會宗旨與使命。另一些學者（例如Dart, 2004; Emerson & Twersky, 1996; Johnson, 2001; Low, 2006; Spear et al., 2009）則強調，雖然社會企業組織，整體來說是非營利部門中的一個次部門，然而社會企業與NPO的界定有很顯著的區別，因為前者的組織特性與行為混合了非營利與營利成分；從重視社會使命的單純底線轉變

為同時重視社會使命與金錢營收的雙重底線；從我們傳統瞭解的非營利公益服務，轉變為使用企業組織的規劃設計工具與商業概念來經營組織；以及從依賴捐款、會費及政府的補助與委託款，轉變為頻繁地增加雙重底線而重視賺取所得，以及將部分盈餘重新投資到營收事業上（Dart, 2004: 415）。社會企業需要擁有提供社會目的之服務與產品以及商業管理的雙重技能。然而這種情形必然遭遇的困難是，如何管理這兩種具有競爭性質之價值體系的運作，亦即是「社會目的之行動」抗衡於「市場行為的需求」（Fowler, 2000: 652）。

從以上的概述說明了一件事實，即如何精確描述社會企業的概念，以及如何給予社會企業組織一個放諸四海皆準的定義，卻不是一件簡單的事情，因為這牽涉不同國家、不同社會有不同的歷史發展脈絡。本人在本書第二章的「前言」說明了此困境以及比利時兩位學者Defourny與Nyssens於2013年開始發起的大型全球社會企業模式研究，試圖找出解決之道，相關內容簡要羅列如下：

比利時列日大學（University of Liege, Belgium）社會經濟研究中心教授、也是「EMES國際研究網絡」的創會會長Jacques Defourny教授在2017年9月於臺北的一場國際研討會之主題演講「全球社會企業模式之綜覽——亞洲特色之提示」（Defourny, 2017）強調：從1990年代以來，歐美的學者專家在給社會企業下定義的嘗試過程中，經常會強調下列一個或數個獨特的組織特性——

1. 個別社會企業家自身之特定經歷或角色（Dees, 1998）；
2. 視之為一個創新的組織或部門場域（Mulgan, 2007）；
3. 在非營利組織的運作中尋求市場之收入（Skloot, 1983）；

4. 從制度及法律上規範利潤的分配，以便履行社會使命（DTI, 2002）；

5. 達成經濟和社會目標與可持續平衡的治理議題（EMES Research Network, 2001）。

然而，Defourny（2017）指出，這種結合多元項目準則的作法，卻不免使得社會企業概念更為複雜，但呈現的事實是，過去十年以來，有愈來愈多人致力於研究與瞭解社會企業之多樣性與模糊性。Defourny（2017）指出，社會企業圖像的模糊性可經由一種兩階段的研究途徑來克服。首先，標示出目前在地球村所存在的主要社會企業模式有哪些，以便掌握社會企業模式之間的多樣性；其次，掌握與瞭解每一個主要社會企業模式內部間的多樣性特質，此需要依靠各國或區域裡的在地研究者深入瞭解該模式產生的環境脈絡為何。

由Defourny與Nyssens兩位比利時教授主持的「全球社會企業國際比較研究計畫」（ICSEM）從2013年啟動（本研究團隊包括官有垣、王仕圖、杜承嶸三人以臺灣名義亦參與該研究計畫，2013-2017），迄今已有五年，研究成果之一即是研究成員共識性地提出四個普遍存在於地球村的社會企業模式（SE Models），這四個模式的名稱在本章一開始即已說明，在此不再重複。除了「具有公部門組織運作特質的社會企業模式」（PSE）將在本節隨後詳細闡述外，在此概要介紹另外三種SE模式：

第一，「具有企業形式與精神之非營利組織模式」（Entrepreneurial NPO）：非營利組織（NPO）發展任何賺取所得的事業或／以及開展其他企業形式的策略目標，以支持其社會使命

的實踐。譬如，從事與其使命無關的貿易活動之NPO（例如，有市場交易的慈善機構：一間店鋪以其盈餘資助社會服務……）；NPO的附屬機構或單位從事市場交易的活動；NPO發展以使命為核心的經濟活動與企業策略（WISE……）。

　　第二，「社會合作社模式」（Social Cooperative）：合作社——類似企業的組織，實施經濟民主，以及結合社區利益與互惠利益，或結合某一特定標的團體的利益為組織發展的目標。譬如，單一利益關係人性質的合作社（例如，再生能源市民合作社）；多元利益關係人性質的合作社（該類型合作社包含了生產者與消費者，例如，義大利社會合作社）。

　　第三，「以社會使命實踐為主的商業組織模式」（Social Business）：以社會使命實踐為主而結合商業活動的持股或未持股的公司組織，譬如，以社會使命實踐為主並結合營利動機的中小型企業。又譬如，「尤奴斯類型」（Yunus type）的社會公司，其是一種主張收支平衡、不分配股利，且致力於達成社會目標之以市場運作為根本的商業組織。以及，由大規模的公司內部發展出來之社會創業精神的策略性作為，是遠超過工具性質的「企業社會責任」（CSR）的策略目標（詳見Defourny, 2017）。


## 參、何謂具有公部門特質的社會企業模式？

　　Defourny與Nyssens強調，驅動並形塑以上四種社會企業模式的制度邏輯不外乎有三：（一）一般大眾利益（General Interest，簡稱為GI）；（二）資本利益（Capital Interest，簡稱為CI）；以

及（三）互惠利益（Mutual Interest，簡稱為MI）。尤其由一般大眾利益（GI）與互惠利益（MI）驅動的社會企業組織更是第三部門／社會經濟中的兩個主要構成體。然而，何謂具有「具有公部門特質的社會企業」（PSE）呢？本文作者先從論述下列四篇文獻（Spear et al., 2009; Teasdale, 2012; Young & Lecy, 2014; Gordon, 2015），聚焦討論何謂PSE開始，再歸納Defourny與Nyssens（2016a）看法。

　　文獻一：Spear、Cornforth與Aiken（2009）是根據社會企業組織的「起源」（origins）作為類型化社會企業的基礎。他們指出在英國社會企業可分類為四種模式，分別為「商業交易的慈善組織」（Trading charities）、「公部門機構分拆或衍生出來的組織」（Public sector spin-offs）、「新興創業的社會企業組織」（New-start social enterprises），以及「互助互惠型的組織」（Mutuals）。他們強調，其中的「公部門機構分拆或衍生出來的組織」在英國的社會服務（尤其是長期照顧、醫療公共衛生服務）所在多有，這類型組織多半是由特定的政府機構分拆或衍生出來的非以營利為目的之組織，以經營提供一些特定的社會服務為主，譬如老人、身心障礙、兒童的照護服務、公衛與健康服務等，其所呈現的現象是這類型的社會企業逐漸取代了原本由政府機構負責提供的類似服務的角色。

　　文獻二：Teasdale（2012）與Spear、Cornforth與Aiken（2009）一樣是英國的學者，其提出的社會企業的模式分類也與Spear等人的觀點相似。Teasdale（2012）指出社會企業的模式可分為五類，分別是「賺取所得」（Earned income）、「遞送公共服務」（Delivering public services）、「社會公司」（Social business）、「社區企業」（Community enterprise），譬如，社區發展信託基金組織即是社區企業，創立的目的是創造與維繫社區財富，在「非以個人營利為基礎」（not-for-personal-profitbasis）下進行市場銷售的行為，並將盈餘再投入社區的發展工作上；以及「合作社」（Co-operatives）亦即，會員是共同擁有以及民主控制的這類組織，而會員也是該類組織商業活動的受益者。

　　至於為何會產生「遞送公共服務」型的社會企業？在Teasdale（2012: 112）看來，因為英國政府自新工黨執政後，在社會服務的政策推動上強調社會企業是回應「志願失靈」（voluntary failures）的有效政策工具，因此，英國各級政府啟動一連串創新的措施，如「社區利益公司」（Community Interest Company）法規條款的制定，以強化社會企業為政府機構遞送公共社會服務的能力。Teasdale（2012: 113）亦從理論層面解釋此現象的發生，即在認知與回應社會問題上，第三部門的能力普遍優於政府單位。然而，第三部門的組織需要注入政府的資源以協助他們提供相關服務來舒緩社會問題，故志願性的非營利組織經常被公部門機構視為合作遞送公共服務的適當夥伴。

　　文獻三：有別於上述的英國學者的論述，美國學者Young和Lecy（2014）提出一種隱喻的說法，即是「社會企業動物園」（social enterprise zoo），以此隱喻表達不同類型的「動物」（社會企業）追求不同的事物，行為表現也有差異，同時以競爭及互補的方式來與其他組織彼此互動（或者不互動），以不同的方式結合了社會公益與市場營利的目標。Young與Lecy（2014）類別化動物園內的六種動物物種，每一個物種都包含了實質上內在次物種的差異性，分別是：

1. 「營利的企業公司」（for-profit business corporations），發展出企業社會責任的相關企劃與方案，其中社會目的的實踐扮演了策略性的角色；

2. 「社會事業組織」（social businesses），在社會影響與商業活動之間畫出一道平衡的目標；

3. 「社會合作社」（social cooperatives），該類型組織努力於使其會員／社員的福利極大化，同時也包括了一般性公眾利益的實踐；

4. 「商業性質的非營利組織」（commercial non-profit organizations），受到達成組織社會宗旨與目的的驅使；

5. 「公共與私人夥伴關係與混合性質的組織」（public-private partnerships and hybrids）。Young和Lecy（2014）不諱言表示，第五種類型「動物」（社會企業）的運作相當程度涉入公部門的資源介入與行政控管。

　　文獻四：Gordon（2015）則從組織層次切入，思考社會企業更為廣泛的歷史傳統起源與目的（traditions and purposes），在此基礎下，他指出有六種主要的社會企業模式，而每一種模式都可以從其核心價值、主要獲益者、潛在的法律或組織形式，以及主要的所得來源來賦予其特色。這六種社會企業模式可以歸納為：（一）互助互惠（mutual），亦即，合作與互助；（二）社區（community），社區團結或連結；（三）利他（altruistic），慈善與公益；（四）倫理道德（ethical），持續性與改革主義；（五）私人市場（private market），商業；以及（六）國家主導的公共性質的服務（public statist）。這六種社會企業模式中，「公共部門特質與公益

目的的社會企業」（public-statist purpose social enterprise，簡稱為PSE）係具有國家公共利益實踐的目的，通常是以社會企業的組織形式承接了原本是政府遞送的公共服務，此現象謂之為公共服務的「外部化」（externalization），其清楚的目標是要改善與創新服務的提供，使需要的民眾獲得適切的服務。以上這些措施推行的結果不免限縮公部門單位的規模，以及進一步降低政府的經費支出。Gordon（2015）進一步詳細說明PSE具有哪些重要的特質：

> PSE的經費主要是來自政府單位的資源挹注，而他們設立的主要目的是要遞送「公共」服務，或一般來說是透過與政府簽訂契約來承接服務。公共利益實踐的目的通常是載明於該類組織章程中的社會使命，而其重要的指標即是有來自於公部門的經費支持，對這類型的組織而言，有50%或以上的經費來自於政府挹注是正常的現象（Gordon, 2015: 26）。

Curtis（2010: 88）也強調，來自公部門促發或積極鼓勵成立的社會企業，譬如一種從政府機構衍生、分拆出來（public sector spin-offs）而成立的社會企業，其所提供的服務的產品，主要還是與政府的政策目標有高度的連結與相關性。政府機構為了維繫其影響，會確保其經費有一定程度的穩定度。再者，以提供或遞送公共服務為主，或是以執行政府的福利政策為主的組織，他們的服務供給經常會選擇「付費服務的模式」（fee-for-service model）（Alter, 2007: 219）。此模式將社會服務商業化，且常常透過簽約售予公部門機構，或是在某些個案裡，個人以自己的經費購買服務，或獲得政府的代用卷（vouchers）來購買服務。這種情形在長照體系的日

間托育照顧或醫療衛生部門的服務提供經常可見，因此，Curtis（2010: 89）認為，其產品與服務價格的動態市場波動率就少有發生，因為產品與服務的定價將根據政府單位的預算編列或經費撥付多寡而定，而較少根據遞送給消費者的實際成本計算而來。

　　Defourny與Nyssens（2016a）歸納了以上各家對於PSE特質的描述，基本上同意他們對於何謂PSE的敘述觀點，但特別強調，為何PSE具有社會企業家創業精神與創新適應的元素，即是因為社會企業的運作帶有相當程度的「市場化」（marketization）機制，而以上幾位學者較為隱晦提及此點而已。不論是政府的社會服務契約委外的簽訂，或其他形式的政府購買服務皆包含有一定程度的市場因素，且政府的服務契約委外過程，社會企業也必須與其他私部門的提供者競爭標案，如基金會、協會、合作社、甚至營利性質的公司組織，這都是市場化的一環。前已提及，Defourny與Nyssens主持的「全球社會企業國際比較研究計畫」（ICSEM）迄今的研究成果之一，即是提出四個普遍存在於地球村的社會企業模式（SE Models），而「具有公部門組織運作特質的社會企業」（PSE）即是其中一個相當重要的社會企業模式。Defourny與Nyssens（2016a）於是列出PSE的主要特質如下：

1. PSE是由政府機構啟動或促發而設立的，而後者在其治理過程中深具影響力，甚至擁有主導權。

2. PSE是從政府機構分拆、衍生出來（public sector spin-offs）的組織，譬如，由地方政府的福利服務中心轉型發展出來的「工作整合型社會企業」（WISE），其是在一種「準市場」（quasi-market）且受公部門資源挹注的框架下提供福

利服務。

3. 由政府機關轉型而成的社會企業，其服務遞送相當程度受限
　於政府單位的管控。

4. PSE是一種地方政府公共服務提供的「外部化」
　（externalization），即由社會企業承接了原本是政府遞送的
　公共服務。

　　歸納而言，在諸多討論PSE的歐洲文獻中，強調PSE所代表的
是一種準市場的公共服務供給方式，但是財務上仍維持公部門一定
責任，非由民間完全自負盈虧。PSE概念之所以出現，如本節前
述，是因為近十年來許多研究開始試圖捕捉社會企業的多樣性
（Alter, 2007; Defourny & Nyssens, 2010; Kerlin, 2009, 2013; Young
& Lecy, 2014），尤其重要的是Defourny與Nyssens推動的國際比較
社會企業模型研究。Defourny與Nyssens（2016a）指出PSE的內涵
包括：組織治理受到政府較多與較嚴的規範、是一種公部門向外衍
生的組織，以及公共服務的外部化等。但關鍵的是PSE具有三種特
徵：

　　第一，因為社會使命明確，公部門對於PSE仍掌握有主導權，
或保有限制利潤、資產鎖定、招標、評鑑等科層體制的治理元素。
第二，PSE的主要推動力仍有部分來自「市場」因素，因為政府公
共服務傾向外包採購，且PSE必須與其他各種服務提供者（包括營
利者）競爭，以及部分資源是來自市場的消費者或案主的付費。第
三，PSE是一種基於公共利益而運作，但是在資金面，逐漸從「非
市場為主的資源」（dominant non-market resources），尤其是公部
門的資源，移向「混合資源」（hybrid resources）以共同挹注的一

種社會企業組織型態。

換言之，PSE不但要有服務公眾，且要有引入準市場力量的雙重目標，因而其資源來源是混合性的（詳如圖3-1）。此外，Defourny與Nyssens（2015, 2016a）也提醒，雖然PSE相對於其他類型的社會企業，更強調且也較容易達成組織的社會宗旨（social mission）；然而，由於該類型組織的運作無法完全依靠「以市場為基礎的資源」（fully market based resources），因此其經濟可持續性目標的達成較為困難。

事實上，本節一開始，Defourny與Nyssens（2016a）即強調並非單獨討論PSE，而是從三種利益原則（公共利益、互助利益、資本利益）形成的相對空間之中，探討社會企業類型與模式（typology and model）的多樣性。所以無論是營利組織為了公益慈善、企業社會責任而推動的事業（social business），或從公共利益出發的非營利組織（GI associations）進而發展出賺取利潤、支持社會使命的營商事業（Entrepreneurial NPO），也都在圖3-1的分析範圍之內。只是它們的發展起源、運作原則、資源來源各有不同，所以相對位置不同於PSE。

至於PSE誕生的歷史或政治因素，一般學者普遍認為，這種混合式的社會經濟模式和福利國家的政府轉型有關。隨著自由市場觀念的影響力日漸增大，歐陸政府開始重視「競爭」而非「保護」，迫使志願性協會、社團、基金會、合作社等必須證明自己的營利能力。因此，「社會企業」的思維取得主導地位，政府也期待民間組織如社會企業般能同時結合營利的能力與實踐社會責任，來提供公共服務。加上近年來歐美政府財政能力減弱，更傾向減少民間對政府的依賴。Teasdale（2012）對英國新工黨政府、甚至接下來的保

守黨與自由黨聯合政府的向右傾的分析，也是這種轉型動力的例證，Teasdale（2012）指出，英國公共服務的社會企業熱潮，被視為改革行政科層的社會服務遞送革命，期待能透過競爭、創新，形成更高品質的服務。

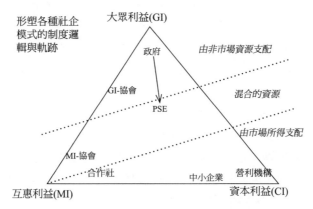

**圖3-1　PSE的組織運作邏輯及起源**

資料來源：引自Defourny（2017）。

# 參考文獻

官有垣（2012），〈社會企業在臺灣的發展——概念、特質與類型〉，收錄於官有垣、陳錦棠、王仕圖、陸宛蘋（主編），《社會企業：臺灣與香港的比較》，第二章，頁61-94。高雄市：巨流圖書。

官有垣（2017），〈從社會經濟的觀點探討社會企業的內涵〉，《社區發展季刊》，160期，頁10-27。

官有垣、陳錦棠、王仕圖（2016），〈社會企業的治理——理論概念〉，收錄於官有垣、陳錦棠、王仕圖（主編），《社會企業的治理：臺灣與香港的比較》，第一章，頁23-36。高雄市：巨流圖書。

Alter, K. (2007), "Social enterprise typology", Virtue Ventures LLC. available at: www.virtueventures.com/files/setypology.pdf

Borzaga, C., & Solari, L. (2004), "Management challenges for social enterprises", in C. Borzaga, & J. Defourny (Eds.), *The Emergency of Social Enterprise*. London and New York: Routledge.

Boschee, J. (2001), *The Social Enterprise Sourcebook: Profiles of Social Purpose Business Operated by Nonprofit Organizations*. Minneapolis, MN: Northland Institute.

Boschee, J., & McClurg, J. (2003), "Toward a Better Understanding of Social Entrepreneurship: Some Important Distinctions", http://www.caledonia.org.uk/papers/Social-Entrepreneurship.doc

Curtis, T. (2010), "The challenges and risks of innovation in social entrepreneurship", in R. Gunn, & C. Durkin (Eds.), *Social Entrepreneurship: A Kills Approach*. UK: The Policy Process.

Dart, R. (2004), "The legitimacy of social enterprise", *Nonprofit Management & Leadership*, 14(4), 411-424.

Dees, J. G. (1998), "The meaning of social entrepreneurship", by Kauffman Foundation and Stanford University.

Defourny, J. (2001), "Introduction: from third sector to social enterprise", in C. Borzaga, & J. Defourny (Eds.), *The Emergence of Social Enterprise*. London & New York: Routledge.

Defourny, J. (2017), "An overview of social enterprise models across the world with hints at Asian specific features", Keynote speech at the *2017 International Conference on the Innovation and Development of Social Entrepreneurship and Employment for the Disabled in Asia*, Taipei: Children Are Us Foundation, 2017/09/7-8.

Defourny, J., & Nyssens, M. (2010), "Conceptions of social enterprise and social entrepreneurship in Europe and the United States: convergences and divergences", *Journal of Social Entrepreneurship*, 1(1), 32-53.

Defourny, J., & Nyssens, M. (2015), "From schools of thought to a tentative typology of social enterprise models", Paper presented at *the General ICSEM Project's Meeting*, Helsinki, June 30, 2015.

Defourny, J., & Nyssens, M. (2016a), "Fundamentals for an international typology of social enterprise models", *ICSEM Working Papers*, No. 33, The International Comparative Social Enterprise Models (ICSEM) Project.

Defourny, J., & Nyssens, M. (2016b), "How to bring the centres of gravity of the non-profit sector and the social economy closer to each other?" *Voluntas*, 27: 1547-1552.

DTI (2002), *Social Enterprise -A Strategy for Success*. London: Department of Trade and Industry.

Emerson, J., & Twersky, F. (Eds.) (1996), *New Social Entrepreneurs: The Success, Challenge, and Lessons of Nonprofit Enterprise Creation*. San Francisco: Roberts Foundation.

EMES Research Network (2001), *The Emergence of Social Enterprise Project, 1996-1999*.

Gordon, M. (2015) "A typology of social enterprise 'tradition'", *ICSEM Working Papers*, No. 18. Liege: The International Comparative Social Enterprise Model (ICSEM) project.

Fowler, A. (2000), "NGDOs as a moment in history: beyond aid to social entrepreneurship or civic innovation?", *Third World Quarterly*, 21(4), 637-54.

Johnson, S. (2000), "Literature review on social entrepreneurship," Edmonton, Alberta: Canadian Centre for Social Entrepreneurship, http://www.bus. ualberta.ca/ccse/Publications/Publications/Lit.%20Review%20SE%20

November%202000.rtf

Johnson, S. (2001), "Social enterprise literature review", Edmonton, Alberta: Canadian Centre for Social Entrepreneurship.

Kerlin, J. (2006), "Social enterprise in the United States and Europe: Understanding and learning from the differences," *Voluntas*, 17(3), 247-263.

Kerlin, J. (Ed.) (2009), *Social Enterprise: A Global Comparison*. Medford, MA: Tufts University Press.

Kerlin, J. (2013), "Defining social enterprise across different contexts: A conceptual framework based on institutional factors", *Nonprofit and Voluntary Sector Quarterly*, 12(1), 84-108.

Kingma, B. R. (1997), "Public good theories of the nonprofit sector: Weisbrod revisited," *Voluntas*, 8(2), 135-148.

Low, C. (2006), "A framework for the governance of social enterprises", *International Journal of Social Economy*, 33, 376-385.

Mulgan, G. (2007), *Social Innovation -What it is, Why it matters and How it can be Accelerated*. London: Young Foundation.

Pearce, J. (2003), *Social Enterprise in Anytown*. Calouste Golbenkian Foundation, London.

Skloot, E. (1987), "Enterprise and commerce in nonprofit organizations", in W. W. Powell (Ed.), *The Nonprofit Sector: A Research Handbook*. New Haven, CT: Yale University Press, pp. 380-393.

Spear, R., Cornforth, C., & Aiken, M. (2009), "The governance challenges of social enterprises: evidence from a UK empirical study", *Annual of Public and Cooperative Economics*, 80(2), 247-273.

Teasdale, S. (2012), "What's in a name? Making sense of social enterprise discourses", *Public Policy and Administration*, 27(2), 99-119.

Young, D. R., & Lecy, J. D. (2014), "Defining the universe of social enterprise: competing metaphors", *Voluntas*, 25, 1307-1332.

# 第二篇
## 國際比較社會企業模式的研究——
## 臺灣的調查分析

# 第四章

# 臺灣社會企業的
# 一般特質與治理結構

官有垣、王仕圖、杜承嶸

# 壹、前言

在本書第二章一開頭，作者即指出，「EMES國際研究網絡」的創會會長J. Defourny教授在2017年9月於臺北的一場國際研討會的主題演講──「全球社會企業模式之綜覽──亞洲特色之提示」（Defourny, 2017）強調：從1990年代以來，歐美的學者專家在給社會企業下定義的嘗試過程中，經常會強調下列一個或數個獨特的組織特性：（一）個別社會企業家自身之特定經歷或角色（Dees, 1998）；（二）視之為一個創新的組織或部門場域（Mulgan, 2007）；（三）在非營利組織的運作中尋求市場之收入（Skloot, 1983）；（四）從制度及法律上規範利潤的分配，以便履行社會使命（DTI, 2002）；以及（五）達成經濟和社會目標與可持續平衡的治理議題（EMES Network, 2001）。然而，Defourny（2017）也指出，這種結合多元項目準則的作法，卻不免使得社會企業概念更為複雜，但呈現的事實是，過去十年以來，有愈來愈多人致力於研究與瞭解社會企業之多樣性與模糊性。

J. Defourny因此與比利時天主教魯汶大學教授Marthe Nyssens在2013年共同研擬並推動一項全球性的研究計畫「全球社會企業國際比較研究計畫」（ICSEM）。兩位計畫主持人的新嘗試是，事先不必提出或建議社會企業應該如何界定，核心的問題應是：（一）在每一個國家的特定環境脈絡下，社會企業的概念在什麼樣情況下才有意義呢？（二）而與現存的「鄰近國家或地區」發展出來的社企概念相比較下，又有哪些意義呢？（三）無需企圖一次就要全盤瞭解社會企業存在的多樣性，而是要根基於「社會企業模式」的概念發展（譬如，社企的類目、類型，以及分類方式）。因此，

Defourny和Nyssens強調，社會企業圖像的模糊性可經由一種兩階段的研究途徑來克服：（一）標示出目前地球村所存在的主要社會企業模式有哪些，以便掌握社會企業模式之間的多樣性；（二）掌握瞭解每一個主要社會企業模式內部間的多樣性特質（要達成此目的，需依賴各不同國家地區的研究者深入瞭解該模式產生的環境脈絡為何）。

ICSEM於2013年7月在比利時的列日大學舉行之第四屆EMES國際社會企業研究研討會中開始啟動，前後分為兩個階段，ICSEM實施之第一階段為2013年至2015年，強調以國家為基礎的社會企業研究，目的是欲理解：（一）社會企業的概念與環境脈絡；（二）各種社會企業模式之類型；（三）各種社會企業模式之制度發展軌跡。ICSEM實施之第二階段為2016年至2018年，主要是以一份共同的問卷工具進行調查，以便建立一個涵蓋43個國家以及超過700家社會企業的國際資料庫，再依據此資料庫的數據針對社企的各種模式以及制度發展軌跡做出比較分析。這份各國參與該計畫共同使用的問卷，設計的目的是要根據社會企業的活動領域、社會宗旨與目的、組織運作的方式、利益關係人，以及法律架構等鋪陳問項，以便指認並描繪出在不同國家或區域裡有哪些主要的社會企業模式。簡言之，該調查問卷包括了五組變項，分別是：（一）組織身分（組織緣起／法律形式）；（二）工作人力的組成；（三）社會使命與生產（產品與服務）類型；（四）治理與所有權結構，以及（五）財務資源與結構（以上描述ICSEM的緣起與過程，詳見Defourny, 2017）。

本章的三位作者以「臺灣」（Taiwan）的名義在2013年即加入ICSEM，隨即在2014-2015年期間將英文的問卷"Questionnaire for the ICSEM international survey on social enterprise models"翻譯成中文，接著在2015-2016年期間，以此問卷，針對臺灣20家不同類型的社會企業之機構經營管理者，進行面對面的親身訪談。這20家社會企業的組成，包括8家「工作整合型社會企業」（WISE）、4家「社區型社會企業」（CBSE）、4家「社會合作社」（Social Cooperative），以及4家「社會公司」（Social Business）。本章將聚焦於描繪這20家受訪的臺灣社會企業之一般性樣貌與治理結構；下兩章將分別分析「社會企業的生產類型與組織宗旨」以及「社會企業的財務結構與資源獲取」。

# 貳、社會企業的一般特質與治理結構

## 一、組織所在的地理區域

受訪的臺灣20家社會企業，計有9家（45%）位於北部地區；其次，有6家（30%）是位於中部地區；再其次有5家（25%）位於南部地區；至於東部地區的社會企業則無任何一家受訪（見表4-1）。由此顯示，本次問卷受訪的社會企業在臺灣分布的情形，除了東部之外，西部各個區域都有受訪的組織，並無特別集中於某些區域的現象。

表4-1　受訪社會企業之地理區域分布

|  | 個數 | 百分比 |
|---|---|---|
| 北部 | 9 | 45% |
| 中部 | 6 | 30% |
| 南部 | 5 | 25% |
| 東部 | 0 | 0 |
| 合計 | 20 | 100% |

## 二、組織創立的時間

　　關於社會企業或其母組織創立的時間，受訪的臺灣20家社會企業中，有11家（55%）表示是在2001年後創立，而另外有9家（45%）是在2000年以前創立的。換言之，受訪的社會企業創立時間落在2000年前和2001年後的數值差距不大，接近各半。再者，我們發現2000年以前所創立的社會企業，大多是由非營利組織所設置的，因此，該數值所顯示的應是這些非營利組織創立的時間。然而，2001年後所創立的社會企業，多屬直接成立社會企業，而非附屬於母機構下的單位。

## 三、組織的創辦者

　　在社會企業的創辦者類型方面，臺灣受訪的20家組織中，有9家（45%）表示是以「個人」為創辦者；其次，分別各有4家（20%）指出，創辦者為「協會／非營利組織」與「基金會」；接續有2家（10%）為合作社，以及1家（5%）為社區居民組成的團體（見表4-2）。此結果顯示，受訪的20家臺灣社會企業中，創辦者多半因個人熱忱而投入創設社會企業，尤其是公司型的社會企業更是如此。

表4-2　受訪社會企業的創辦者類型

|  | 個數 | 百分比 |
|---|---|---|
| 個人 | 9 | 45% |
| 由機構員工組成的團體 | 0 | 0 |
| 私人企業 | 0 | 0 |
| 政府機關 | 0 | 0 |
| 協會／非營利組織 | 4 | 20% |
| 基金會 | 4 | 20% |
| 合作社 | 2 | 10% |
| 社會運動團體 | 0 | 0 |
| 社區居民組成的團體 | 1 | 5% |
| 公民組成的團體 | 0 | 0 |
| 不清楚 | 0 | 0 |
| 其他 | 0 | 0 |

## 四、組織的屬性

　　在社會企業的屬性方面，20家受訪的社會企業中，有16家（80%）表示為正式立案的機構，而僅有4家（20%）指出為非正式立案的機構。由此顯示，在受訪社會企業當中，組織多有經過正式立案管道而設立，此現象可能解釋的原因之一是，臺灣若有銷售行為則需繳營業稅，因而正式立案的機構佔絕大多數。

## 五、組織的法律形式

　　在社會企業的法律形式方面，受訪的社會企業有6家（33%）表示是以「財團法人基金會」立案的法律形式為主；其次有5家（27.8%）為「有限公司」；接續為「合作社」（4家，22.2%）、「獨資經營」（3家，16.7%），以及「協會／志願團體／非營利組織」（3家，16.7%）（見表4-3）。此結果顯示，受訪的20家臺灣

社會企業中，數值分布較為平均，法律形式較具有多元的特性。

表4-3　受訪社會企業立案的法律形式

|  | 個數 | 百分比 |
|---|---|---|
| 社會企業是否有特定形式立法？ | 1 | 5.6% |
| 合作社 | 4 | 22.2% |
| 協會／志願團體／非營利組織 | 3 | 16.7% |
| 互助團體 | 0 | 0 |
| 基金會 | 6 | 33.3% |
| 慈善機構 | 0 | 0 |
| 獨資經營 | 3 | 16.7% |
| 有限公司 | 5 | 27.8% |
| 其他 | 0 | 0 |

＊本題複選

## 六、組織是否有接受民間部門認證

社會企業是否有接受民間部門的認證方面，由於臺灣目前尚未有官方的認證制度，亦無完善的民間認證機構的認證機制，因此受訪的20間社會企業皆表示並無接受任何相關認證。臺灣在這方面處於初始構思階段，仍在各方討論研議當中，目前社會企業可向自律聯盟進行登記，然而普遍的共識是登記並非認證[1]。

---

1　與臺灣同樣的議題，ICSEM問卷針對香港的社會企業調查（由陳錦棠教授主持）發現，在香港的部分，在全部12家受訪社會企業中，有7家（58.3%）表示，曾接受香港「Social Enterprise Endorsement Mark」（SEE Mark）認證，分別是新生、東華、麥理浩、明途、豐盛、愛同行，以及聖雅各；然而也有5家未接受認證（41.7%）。依此可知，香港多數社會企業皆有意願經過民間認證機構的認證，此現象可能是由於近年來香港社會企業的經營模式備受關注，所以大多會透過社會企業認證的方式來確保與建立自己的品質與品牌形象。

## 七、組織是否有分支單位

在社會企業是否有分支單位方面，20家受訪的社會企業中，有13家表示沒有任何分支單位（65%），但也有7家表示有數個分支單位（35%）。顯然，受訪的社會企業之中，未有任何分支單位的佔多數，由此推知，臺灣目前仍多採單一據點的營運形式，組織規模較小的居多。另外，分支單位的多寡可能和產品、服務特性有關聯，部分產品與服務需有據點來經營，但有些可透過網路來販售，此銷售型態的差異會影響社會企業是否需拓展分支單位來營運。

根據我們研究團隊在2010年的臺灣社會企業全國性的調查研究數據，社會企業的銷售與服務管道方面，前三者分別為「架設網站，提供網路購物」（54%）、「透過政府協助銷售」（39.8%）、以及「在庇護工場或庇護商店進行銷售」（38.1%）。由此可見，隨著臺灣社會的網路普及化，「架設網站，提供網路購物」已成為銷售的重要管道，顯示臺灣社會企業目前已能夠運用更多元的銷售與服務管道（官有垣、王仕圖、杜承嶸，2016：97）。目前政府亦相當積極推展網路行銷，著重在行銷與科技人才薪資的補助，此相當程度促使臺灣的社會企業善用網路作為銷售通路，使得小規模經營的佔了一定的比例。

## 八、組織的全職與兼職員工數

在臺灣受訪的社會企業支薪員工組成方面，可分為全職員工的男女人數、全職員工總人數、兼職員工的男女人數和兼職員工總人數來做分析。從全職員工的男女人數來看，在平均數的部分，臺灣的男性為22.31人，女性為67.71人（中數分別是5.0與19.0），顯示

臺灣的社會企業之女性員工高於男性員工。然而，該數值因受最大值的影響，男性160人，女性640人，採用此數值會有所偏誤。從中位數觀之較為客觀，顯示男性為5人，女性為19人，呈現的數值仍為女性高於男性（見表4-4）。

表4-4　受訪社會企業之全職員工人數（性別）統計

| | 男性 | 女性 |
|---|---|---|
| 平均數 | 22.31 | 67.71 |
| 中位數 | 5 | 19 |
| 最小值 | 1 | 1 |
| 最大值 | 160 | 640 |
| 遺漏值 | 4 | 3 |

從全職員工總人數來看，受訪的社會企業以10人以下為主，有5家（26.3%）；其次為51人以上，有4家（21.1%）；再其次為11-20人以及21-30人（分占15.8%），此結果顯示臺灣受訪社會企業的全職員工數在30人以下的占了將近六成（58.0%）（見表4-5）。此顯示臺灣受訪社會企業的全職員工數分布相對平均。再者，臺灣受訪社會企業的全職員工總人數的平均是106.1，惟此結果受最大值與最小值的影響。若以中位數觀之，臺灣為23人，此數字較為接近現狀。

表4-5　受訪社會企業之全職員工總人數分布

|  | 個數 | 百分比 |
|---|---|---|
| 10人以下 | 5 | 26.3% |
| 11人至20人 | 3 | 15.8% |
| 21人至30人 | 3 | 15.8% |
| 31人至40人 | 2 | 10.5% |
| 41人至50人 | 2 | 10.5% |
| 51人以上 | 4 | 21.1% |
| 合計 | 19 | 100% |
| 遺漏值 | 1 |  |

接著，從兼職員工的男女人數來看，在平均數上，受訪社會企業的男性為6人，女性為29.64人，呈現女性多於男性。在最大值上，臺灣的男性為20人，女性為172人，人數差距甚大，此乃因平均數的影響所致。從中位數觀之，男性與女性皆為4人，兼職員工數並無差距。從兼職員工總人數來看，受訪社會企業以10人以下為主（7家，50%），其次為51人以上（3家，21.4%），顯示20人以下的占了近六成五（64.3%）（見表4-6），此說明臺灣社會企業的兼職員工數並不多。

表4-6　受訪社會企業之兼職員工總人數分布

|  | 個數 | 百分比 |
|---|---|---|
| 10人以下 | 7 | 50% |
| 11人至20人 | 2 | 14.3% |
| 21人至30人 | 0 | 0 |
| 31人至40人 | 1 | 7.1% |
| 41人至50人 | 1 | 7.1% |
| 51人以上 | 3 | 21.4% |
| 合計 | 14 | 99.9% |
| 遺漏值 | 6 |  |

## 九、組織的志願工作者人數

在受訪社會企業的志願工作者（志工）方面，首先，可依每月服務超過10小時或少於10小時志工的男女性別人數與總人數來分析。從每月服務超過10小時志工的性別人數來說，在平均數上，臺灣受訪的社會企業之男性志工為10.5人，女性志工為51.3人；從中位數觀之，男性志工為5人，女性志工為12人。此結果說明臺灣受訪的社會企業在每月服務超過10小時的志工皆以女性居多。其次，從每月服務少於10小時志工的性別人數來說，在平均數上，臺灣受訪的社會企業的男性志工為6.9人，女性志工為33.7人。另從中位數來看，男性志工為5人，女性志工為15人。此結果再次顯示與每月服務超過10小時的志工人數模式有相同的情形（見表4-7）。據此，可知臺灣受訪的社會企業之女性投入志工服務的人數較多。

接續從每月服務超過10小時或少於10小時志工的總人數來分析。在平均數上，臺灣受訪社會企業超過10小時的志工平均有59.6人，少於10小時的志工有61.9人，兩者相距不大。然而，從中位數觀之，臺灣的受訪社會企業超過10小時的志工有30.5人，少於10小時的志工有20人，明顯看出超過10小時的志工為多數。至於在約當量上，平均數是22.6，亦即，相當於22.6個全職員工；而中位數是6.5，也就是相當於6.5個全職員工（見表4-8）。

表4-7 每月服務超過或少於10小時志工之男女性別人數

| | 超過10小時 | | 少於10小時 | |
|---|---|---|---|---|
| | 男性 | 女性 | 男性 | 女性 |
| 平均數 | 10.5 | 51.3 | 6.9 | 33.7 |
| 中位數 | 5 | 12 | 5 | 15 |
| 最小值 | 1 | 2 | 2 | 4 |
| 最大值 | 30 | 270 | 20 | 180 |
| 遺漏值 | 12 | 11 | 13 | 11 |

表4-8 每月服務超過或少於10小時志工之總人數

| | 超過10小時 | 少於10小時 | 約當量 |
|---|---|---|---|
| 平均數 | 59.6 | 61.9 | 22.6 |
| 中位數 | 30.5 | 20 | 6.5 |
| 最小值 | 2 | 6 | 1 |
| 最大值 | 300 | 300 | 100 |
| 遺漏值 | 10 | 9 | |

（註：約當量的計算方式為5位少於10小時的志工＝1位全職員工；3位超過10小時的志工＝1位全職員工）

## 十、組織的屬性與母機構的特性

在社會企業的屬性方面，臺灣11家受訪社會企業中，有9家（81.8%）表示是「一個母機構唯一的附屬單位或是數個附屬單位的其中一個」；另有2家表示是「擁有一個或數個附屬單位的總會」。在母機構特性部分，受訪的社會企業中，有7家（63.6%）表示以基金會的形式為主，其次有4家（36.4%）表示為「協會／志願組織／非營利組織」（見表4-9）。此結果顯示，臺灣受訪的社會企業之母機構特性主要還是以「基金會」運作形式為多。

表4-9　受訪社會企業的母機構特性

| | 個數 | 百分比 |
|---|---|---|
| 特定形式的社會企業立法所認定的機構 | 0 | 0 |
| 合作社 | 0 | 0 |
| 協會／志願組織／非營利組織 | 4 | 36.4% |
| 互助互惠的組織 | 0 | 0 |
| 基金會 | 7 | 63.6% |
| 慈善組織 | 0 | 0 |
| 獨資企業 | 0 | 0 |
| 有限公司 | 0 | 0 |
| 其他 | 0 | 0 |
| 合計 | 11 | 100% |

## 十一、組織有無董（理）事會與誰擁有最終的決策權力

在社會企業組織裡有無董事會或理事會方面，臺灣受訪的社會企業中，17家（85%）表示有「董（理）事會」，而表示沒有「董（理）事會」的僅有3家（15%）。至於在組織內誰擁有最終的決策權力方面，受訪的社會企業表示是「董理事會」為多數（10家，50%），其次為「會員大會或股東會」（6家，30%），再其次為「單一個人」（3家，15%）（見表4-10）。此結果顯示臺灣受訪社會企業擁有最終決策權利者主要為董（理）事會，其次為會員大會或股東大會。

表4-10　受訪社會企業擁有最終的決策權力者

| | 個數 | 百分比 |
|---|---|---|
| 董理事會 | 10 | 50% |
| 會員大會或股東大會 | 6 | 30% |
| 單一個人（所有權人、執行長、經理） | 3 | 15% |
| 母機構 | 1 | 5% |
| 其他 | 0 | 0 |
| 合計 | 20 | 100% |

## 十二、沒有會員大會，僅有董事會的社會企業之治理結構

　　在20家受訪的社會企業中，臺灣有半數（10家）設有董事會但無會員大會，亦即社會企業的母機構之組織型態主要是財團法人基金會，或是以公司型態經營的方式呈現。以下將進一步探究該類型社會企業的治理體制。

　　首先，從董事會的組成可以看到臺灣某家社區型基金會的社會企業單位將志工納入社會企業的董事會，凸顯出非營利組織所發展的社會企業仍然存在著NPO的人力資源特性，而志工的角色也能夠協助社會企業維持非營利公益的精神。進一步探究該類型社會企業裡的董事會中具有影響力的成員有誰，顯示出是以「專家學者」為主（24.4%），其次為「其他」[2]（20%），再次之為公民（17.9%）、「經理人」（13.3%）與「投資者」（13.3%）（見表4-11）。顯然，專家學者在臺灣受訪的社會企業董事會裡具備相當程度的影響力，透過專家學者的參與，社會企業在進行組織決策時

---

2　其他成員包含：神職人員與服務對象的家長代表。

能夠維持社會目標與經濟目標的平衡與恪守組織發展宗旨[3]。

表4-11　社會企業具有影響力的董事會成員（加權）

| 有影響力的董事會成員 | n=10 | |
|---|---|---|
| | 加權次數 | 百分比 |
| （1）經理人 | 6 | 13.3 |
| （2）員工 | 0 | 0 |
| （3）志工 | 1 | 2.2 |
| （4）使用者／消費者 | 1 | 2.2 |
| （5）生產者／提供者 | 0 | 0 |
| （6）投資者 | 6 | 13.3 |
| （7）捐助者 | 3 | 6.7 |
| （8）專家學者 | 11 | 24.4 |
| （9）公民 | 8 | 17.9 |
| （10）其他 | 9 | 20.0 |
| 總計 | 37 | 100.0 |

此外，若排除未擔任社會企業行政職務的董事會成員（亦即排除員工、志工及經理人）後發現，公民社會的成員對臺灣該類型社會企業的董事會決策影響力最大（62.5%），其次為私人營利公司成員（25.0%）（見表4-12）。此結果顯示，臺灣該類型社會企業

---

3　與臺灣同樣的議題，ICSEM問卷針對香港的社會企業調查發現，在香港的部分則是以「投資者」為主（30%），其次為員工（25%），再次之為經理人（20%）。香港社會企業的董事會特別之處是在於投資者對組織決策的影響力，由於香港社會企業主要以公司型態為主，亦即社會企業的考量必須審酌投資者對於組織的期望。另外，香港部分社會企業將員工納入董事會的組成，增加員工對組織決策的想法，並且使組織決策更能貼近員工需求。

的發展主要是由非營利組織為了因應社會需求而逐漸轉型而成，展現臺灣特有的公民社會特質。尤其是，政府／公家機關的成員對於該類型社會企業董事會並沒有顯著影響力，顯示臺灣社會企業都具有相當高程度的組織自主性。

表4-12　排除行政職董事會成員後最有影響力的群體

| 最有影響力的群體 | ％ |
|---|---|
| （1）屬於私人營利公司的會員 | 25.0 |
| （2）屬於政府／公家機關的會員 | 0 |
| （3）屬於公民社會的會員 | 62.5 |
| （4）其他 | 12.5 |
| 合計 | 100.0 |

## 十三、有會員大會但沒有股東的社會企業之治理結構

在臺灣，這類型的受訪社會企業係屬「社區型社會企業」，共有3家。在會員人數上，有1家會員人數為「50～100人」，其餘2家的會員人數在「100人以上」。至於會員的投票權的分配，這3家受訪社會企業皆表示遵循「一人一票，票票等值」的辦法。而在面臨治理的議題或挑戰方面，受訪的這3家社會企業普遍表示理監事成員缺乏行銷、財務管理、研發等相關背景為其治理的挑戰。

## 十四、有會員大會與股東的社會企業之治理結構

治理型態為「有會員大會與股東」，在臺灣這類型的受訪社會企業係屬合作社型態，受訪的社會企業有4家的治理為該類型路

徑。在會員人數方面，臺灣有3家受訪社會企業表示其會員人數約
10～50人左右（75%），其餘1家的會員人數則為50人以上
（25%）。再者，在股東的重要程度排序上，受訪的社會企業表
示，第一重要的是個人持股者，再者是員工，第三則為原物料供給
者。至於投票權的分配方式，受訪社會企業表示，在選擇分配投票
權的方式皆一致採取「一人一票，票票等值」的原則。最後是有關
最有影響力的理事會成員，受訪社會企業指出，最有影響力的理事
會成員，有「消費者」、「供給者」、「個人持股者」。

## 參、意涵與結論

　　本書第三章已述及，Defourny與Nyssens主持的「全球社會企
業國際比較研究計畫」（ICSEM）迄今的研究成果之一即是參與的
研究成員共識性地提出四個普遍存在於地球村的社會企業模式
（SE Models）：（一）具有企業形式與精神的非營利組織模式
（Entrepreneurial NPO，簡稱為ENP）；（二）社會合作社模式
（Social Cooperative，簡稱為SC）；（三）以社會使命實踐為主的
商業組織模式（Social Business，簡稱為SB）；以及（四）具有公
部門組織運作特質的社會企業模式（Public-Sector Social
Enterprise，簡稱為PSE）（Defourny & Nyssens, 2016; Defourny,
2017）。臺灣研究團隊參與ICSEM計畫，完成問卷研究訪談的20家
不同類型的社會企業，包括「工作整合型社會企業」（8家，
40%）、「社區型社會企業」（4家，20%）、「社會合作社」（4
家，20%）以及「社會公司」（4家，20%）。這20家組織，若以

社會企業模式觀之，在數量上應該是以「具有企業形式與精神的非營利組織模式」（ENP）為最多，其餘則平均分配在另兩類社會企業模式，即「社會使命實踐為主的商業組織模式」（SB）以及「社會合作社模式」（SC）。

至於「具有公部門組織運作特質的社會企業模式」（PSE），本研究團隊並沒有訪談該類型的社會企業，是較為可惜之處。例如，近幾年，在我國政府教育部門強力推動與資源補助下，由民間公益財團法人或社團法人成立的NPO幼兒園即是一種PSE。惟官有垣與王兆慶（托育政策催生聯盟發言人／中正大學社福系博士候選人）自2018年5月開始啟動一個小型為期四個月的研究計畫「臺灣非營利幼兒園的社會影響——市場化或公共化？」，我們兩人將初步的研究成果以英文發表於2018年9月21-23日在大阪舉行的國際學術研討會-5th International Conference on Social Enterprise in Asia（ICSEA），論文題目是"'Marketization' or 'De-Marketization'? NPO Preschools as the Taiwanese Model of Public-Sector Social Enterprises"（Wang & Kuan, 2018）。該文強調，若將臺灣非營利幼兒園與Defourny與Nyssens（2016, 2017）等歐洲學者所提出來的「具有公部門運作特質的社會企業模式」（PSE）的內涵相比較，有頗多相似的特徵，但也有其差異性。無論是在理論或實踐上，臺灣似乎出現了一個所謂歐陸的PSE之另一特定「模式」——「臺灣模式的PSE」。

本次的ICSEM研究調查發現，臺灣社會企業的一般特質展現如下：

第一，在社會企業的創辦者類型方面，最多的是「個人」創辦者，其次才是協會／非營利組織、基金會與合作社。雖然本次調查

是目的性取樣，但結果亦顯示受訪的臺灣社會企業創辦者多半因個人熱忱而投入創設社會企業，尤其是公司型的社會企業更是如此。而在社會企業的法律形式方面，受訪的社會企業有以「財團法人基金會」立案，也有以「有限公司」、「合作社」、「獨資經營」，以及「協會／志願團體／非營利組織」立案。此結果顯示，受訪的20家社會企業中，立案法律形式具有多元的特性。

第二，在社會企業是否有分支單位方面，調查結果顯示，受訪的社會企業之中，未有任何分支單位的社會企業佔多數，由此推知，臺灣目前仍多採單一據點的營運形式，組織規模較小者居多。另外，相當數量是透過網路來販售，此銷售型態的差異會影響社會企業是否需拓展分支單位來營運。目前政府亦相當積極推展網路行銷，此必然鼓勵臺灣的社會企業善用網路作為銷售通路。此外，在臺灣的受訪社會企業全職員工的男女人數來看，不論是平均數或中位數，均顯示女性的就業人數高出男性許多。以組織規模而言普遍屬於中小型，受訪社會企業的全職員工數在30人以下的佔了近六成。至於志工人數，從中位數觀之，臺灣的受訪社會企業每月超過10小時的志工有30.5人，少於10小時的志工有20人，顯示多數志工服務受訪社會企業的時數每月超過10小時者為多。

第三，在社會企業的治理結構方面，本次調查顯示，臺灣受訪社會企業擁有最終決策權利者皆為董事會／理事會，其次為會員大會或股東大會。其次，進一步探討沒有會員大會，僅有董事會的社會企業之治理結構中，董事會中具有影響力的成員有誰，發現是以「專家學者」為主，其意涵是專家學者在臺灣受訪的社會企業董事會裡具備相當程度的影響力，透過專家學者的參與，社會企業在進行組織決策時，能夠維持社會目標與經濟目標的平衡與恪守組織發

展宗旨。最後是「有會員大會但沒有股東的社會企業之治理結構」
與「有會員大會但沒有股東的社會企業之治理結構」，調查發現，
該類型的受訪社會企業在選擇分配投票權的方式上皆一致採取「一
人一票，票票等值」的原則與辦法。

# 參考文獻

官有垣、王仕圖、杜承嶸（2016），〈臺灣社會企業的組織特質與經營管理〉，收錄於官有垣、陳錦棠、王仕圖（主編），《社會企業的治理：臺灣與香港的比較》，第四章，頁83-110。高雄市：巨流圖書。

Dees, J. G. (1998), *The Meaning of Social Entrepreneurship*. The Social Entrepreneurship Funders Working Group.

Defourny, J. (2017), "An overview of social enterprise models across the world with hints at Asian specific features", Keynote speech at the *2017 International Conference on the Innovation and Development of Social Entrepreneurship and Employment for the Disabled in Asia*, Taipei: Children Are Us Foundation, 2017/09/7-8.

Defourny, J., & Nyssens, M. (2016), "Fundamentals for an international typology of social enterprise models", *ICSEM Working Papers*, No. 33, The International Comparative Social Enterprise Models (ICSEM) Project.

DTI (2002), *Social Enterprise -A Strategy for Success*. London: Department of Trade and Industry.

EMES Network (2001), *The Emergence of Social Enterprise Project, 1996-1999*.

Mulgan, G. (2007), *Social Innovation -What it is, Why it matters and How it can be Accelerated*. London: Young Foundation.

Skloot, E. (1987), "Enterprise and commerce in nonprofit organizations", in W. W. Powell (Ed.) *The Nonprofit Sector: A Research Handbook*. New Haven, CT: Yale University Press, pp. 380-393.

Wang, C. C., & Kuan, Y. Y. (2018/09), "'Marketization' or 'de-marketization'? NPO preschools as the Taiwanese model of public-sector social enterprises", Paper presented at *the 5th International Conference on Social Enterprise in Asia*, September 21-23, 2018, Osaka, Japan.

# 第五章

# 臺灣社會企業的
# 組織宗旨與生產類型

杜承嶸、王仕圖、官有垣

# 壹、前言

　　本章分析的內容亦來自於ICSEM的調查設計問題，惟本章主要針對問卷第二部分的生產類型及宗旨等內容進行探討。根據本研究團隊過往的研究（官有垣，2007；官有垣、陳錦棠、陸宛蘋、王仕圖，2012；官有垣、王仕圖等，2013、2015），臺灣社會企業發展的組織特質是規模小、營運時間短、且相當依賴政府資源，在管理層面上面臨專業人力資源欠缺、財務結構不穩，以及法規限制或不完善等困境。儘管臺灣社會企業的營運現況，仍未達到整體發展的成熟期，也遭遇不同程度的外生與內發的經營管理挑戰，但既然決定創辦社會企業，仍是必須具有市場與商業經營思維，仍必須以實際的產品或服務，吸引消費者的採購。所以，社會企業的產品或服務的種類、價格、創新程度，就會關係到營銷績效。以下將內容分為三個部分來分析：首先，分析臺灣社會企業的宗旨及目標群體；其次，探討臺灣社會企業的生產類型、價格及創新議題；最後，則是針對調查結果的意涵進行討論。

# 貳、社會企業的宗旨及目標群體

## 一、臺灣社會企業的宗旨

### （一）社會企業宗旨與特定價值

　　臺灣的社會企業宗旨為何？表5-1顯示，受訪社會企業的宗旨以「利他」居多（30.6%），其次是「互助」和「社區」（皆是

27.8%），但是也有小部分強調「政府／國家主導」（8.3%）、
「私人市場」（5.6%），顯示臺灣社會企業的宗旨具有公益價值的
思維，不以營利為主，而是注重利他、互助的精神。

表5-1　臺灣社會企業的宗旨

| 特定價值項目 | 次數 | 百分比 |
|---|---|---|
| 互助 | 10 | 27.8 |
| 社區 | 10 | 27.8 |
| 利他 | 11 | 30.6 |
| 私人市場 | 2 | 5.6 |
| 政府／國家主導 | 3 | 8.3 |

＊本題複選

## （二）社會企業所欲達成的宗旨與目的

　　進一步來看，臺灣社會企業所要達成的宗旨，表5-2顯示，對
於臺灣受訪社會企業來說，第一重要的宗旨是「創造就業機會」，
其次是「透過賺取所得以達成並維繫社會企業在經濟或財務的動
能」，第三是「社區發展」，第四則是「平等與賦權」，之後接續
是「食品安全」、「賺取所得／生產力提升」和「永續的土地使
用」。

表5-2　臺灣社會企業所要達成之宗旨（採加權計算）

| | 第一重要（5） | 第二重要（4） | 第三重要（3） | 第四重要（2） | 第五重要（1） | 總計 |
|---|---|---|---|---|---|---|
| 創造就業機會 | 45 | 12 | 9 | 0 | 4 | 70 |
| 透過賺取所得以達成並維繫社會企業在經濟／財務的動能 | 5 | 4 | 12 | 2 | 3 | 26 |
| 社區發展 | 15 | 8 | 0 | 0 | 0 | 23 |
| 平等與賦權 | 10 | 8 | 3 | 2 | 0 | 23 |
| 食品安全 | 15 | 4 | 0 | 0 | 0 | 19 |
| 賺取所得／生產力提升 | 0 | 12 | 3 | 4 | 0 | 19 |
| 永續的土地使用 | 0 | 4 | 9 | 4 | 2 | 19 |
| 農業生產 | 5 | 8 | 0 | 0 | 0 | 13 |
| 健康改善 | 5 | 4 | 3 | 0 | 0 | 12 |
| 獲得資訊 | 0 | 0 | 6 | 2 | 1 | 9 |
| 為母機構籌措資金 | 0 | 4 | 0 | 4 | 0 | 8 |
| 特定疾病的預防與舒緩 | 0 | 4 | 3 | 0 | 0 | 7 |
| 獲得教育 | 0 | 0 | 0 | 6 | 1 | 7 |
| 人權保障或擴展 | 0 | 4 | 0 | 2 | 0 | 6 |
| 在財務投資中達到一定的資金收益 | 0 | 0 | 0 | 6 | 0 | 6 |
| 經濟民主 | 0 | 0 | 3 | 0 | 2 | 5 |
| 能力建設 | 0 | 4 | 0 | 0 | 0 | 4 |
| 獲得財務資源之服務 | 0 | 0 | 3 | 0 | 1 | 4 |
| 獲得乾淨的飲水 | 0 | 0 | 0 | 2 | 0 | 2 |
| 生物多樣性的維護 | 0 | 0 | 0 | 2 | 0 | 2 |
| 自然資源的維護 | 0 | 0 | 0 | 2 | 0 | 2 |

*本題複選

　　整體而言，臺灣受訪社會企業之所欲達成的宗旨與目的，最重要的就是創造就業機會，接下來才是所欲創造出來的價值，如平等與賦權，此外也觀察到所欲達成的宗旨都是為服務對象，而不是考慮組織要增加收入來達到生存目標。再者，臺灣的社會企業亦十分強調「透過賺取所得以達成並維繫社會企業在經濟或財務的動能」，此即是組織生存維繫的目標；另值得注意的是，近兩年因臺灣食安問題層出不窮，已變成社會大眾討論的熱門議題，也可能推升臺灣受訪社會企業強調「食品安全」作為宗旨的重要性。

## 二、實踐宗旨所欲針對的目標群體

　　接下來探討為實踐宗旨所欲針對的目標群體，以下分為目標群體、角色定位、服務群體類型、性別和年齡、社會經濟地位、整體類型特徵等六個面向進行分析。

### （一）目標群體

　　首先概述目標群體（一）：臺灣社會企業有頗高比例皆是服務身心障礙者群體，包括肢體、智能障礙等類別，共有7家，約佔所有受訪組織數的三成五；再者是弱勢群體、單親家庭、街友、失能者，合計共有4家，約佔受訪總數的二成；還有2家服務原住民；以及有3家服務一般社區居民，另有2家社會合作社服務社員（參見表5-3）。至於目標群體（二）：臺灣的受訪社會企業表示包含讀者、身心障礙者、政府單位、農友及加工業者，以及社區裡中高齡失業者，結果顯示相當多樣的目標群體（參見表5-4）。

表5-3　臺灣社會企業的目標群體（一）

| 目標群體 | 社會企業歸類數 |
|---|---|
| 身心障礙者<br>（含肢體、智能障礙等類別） | 7 |
| 原住民部落社區 | 1 |
| 販售員（街友、弱勢族群） | 1 |
| 原住民 | 2 |
| 一般大眾 | 1 |
| 社區居民 | 3 |
| 單親婦女 | 1 |
| 失能老人（婦女） | 1 |
| 社員 | 2 |
| 單親家長、兒少 | 1 |

表5-4　臺灣社會企業的目標群體（二）

| 目標群體 | 社會企業歸類數 |
|---|---|
| 讀者 | 1 |
| 身心障礙者 | 2 |
| 政府單位 | 1 |
| 農友及加工業者 | 1 |
| 社區裡中高齡失業者 | 1 |

　　從受訪組織兩個類別的目標群體對象的開放性填寫結果來看，可知目標群體（一）主要就是該組織原本就設定好服務對象，這些對象有身心障礙者、街友、單親家庭、社員、社區居民甚至是一般的社會大眾；而目標群體（二）可能就會標定為該社會企業所生產

的商品或服務的實際消費者，因而在兩類的目標群體對象的界定上，就可以明顯看出清楚的主客體區分。

### （二）目標群體的角色定位

在社會企業目標群體的角色定位上，若以目標群體（一）來觀之，係以「社會企業的員工」（47.1%）為主，其次是「由社會企業所提供商品或服務的消費者和使用者」（23.5%），再其次是「社會企業原物料的供應商或服務提供者」（17.6%），以及較低比例的「社會企業生產的財貨與服務的銷售者」和「社會企業的投資者」皆為5%。若以目標群體（二）來看，因回答組織數僅有6家，在分布上亦是集中在「所提供商品或服務的消費者／使用者」、「原物料的供應商／服務提供者」、「員工」。整體而言，在角色定位上仍是以社會企業的員工為主，再者才是社會企業的消費者／使用者、供應商／服務提供者乃至銷售者（見表5-5）。

表5-5　臺灣社會企業目標群體（一）及（二）的角色定位

| 角色定位 | 目標群體（一）次數（%） | 目標群體（二）次數（%） |
|---|---|---|
| 由社會企業所提供商品或服務的消費者／使用者 | 4（23.5%） | 3（50.0%） |
| 社會企業的員工 | 8（47.1%） | 1（16.7%） |
| 社會企業原物料的供應商／服務提供者 | 3（17.6%） | 2（33.0%） |
| 社會企業生產的財貨與服務的銷售者 | 1（5.9%） | 0（0%） |
| 社會企業的投資者 | 1（5.0%） | 0（0%） |
| 其他 | 0（0%） | 0（0%） |
| 總計 | 17 | 6 |
| 遺漏值 | 3 | 14 |

## （三）服務群體類型

至於受訪社會企業的服務群體類型，無論是目標群體（一）或（二）皆是以「個人」（94.1%）為主，其次是「家庭」（64.7%），第三則是「協會或志願組織或非營利組織」（11.8%），這樣的趨勢，某種程度也反映了受訪組織經營社會企業，其服務對象仍是以原有的服務對象為主（見表5-6）。

表5-6　臺灣社會企業服務群體（一）及（二）的類型

| 服務群體的類型 | 服務群體（一）次數（%） | 服務群體（二）次數（%） |
|---|---|---|
| 個人 | 16（94.1%） | 5（83.3%） |
| 家庭 | 11（64.7%） | 3（50.0%） |
| 中小型企業 | 0（0%） | 1（16.7%） |
| 合作社 | 0（0%） | 1（16.7%） |
| 協會／志願組織／非營利組織 | 2（11.8%） | 1（16.7%） |
| 基金會 | 0（0%） | 0（0%） |
| 公家機關 | 0（0%） | 1（16.7%） |
| 其他 | 0（0%） | 0（0.0%） |

*本題複選

## （四）性別與年齡

在性別特徵的部分，臺灣受訪社會企業都是以「包括女性與男性」為主，比例為100%，兩個服務群體皆無差別，顯見在服務對象的性別上，並無特別限制。接著，在年齡特徵方面，臺灣受訪社會企業的服務群體多為「成年人」（70.6%），其次是「青年」（47.1%），「年長者」和「所有年齡群體」所佔比例較小，分別

為（29.4%）和（23.5%）；服務群體（二）雖然回答組織數不多，但所得結果與服務群體（一）無明顯差異（見表5-7）。總的來說，受訪社會企業在服務群體的類型都是以男性和女性的成年人為大宗。

表5-7　臺灣社會企業目標群體（一）及（二）的年齡特徵

| 年齡特徵 | 服務群體（一）次數（%） | 服務群體（二）次數（%） |
|---|---|---|
| 兒童（0-11歲） | 0（0%） | 0（0.0%） |
| 青少年（12-17歲） | 0（0%） | 0（0.0%） |
| 青年（18-25歲） | 8（47.1%） | 4（80.0%） |
| 成年人（25-65歲） | 12（70.6%） | 5（100%） |
| 年長者（>65歲） | 5（29.4%） | 1（20.0%） |
| 所有年齡群體 | 4（23.5%） | 0（0%） |

*本題複選

## （五）社會經濟地位

在社會經濟地位方面，目標群體（一）以「低所得者」（58.8%）為主，其次是「所有社經地位的群體」（47.1%），還有「窮人」（23.5%）；雖然目標群體（二）的結果比較偏向「所有社經地位的群體」（80.0%），但因回答組織數為五家，很可能是指其社會企業商品或服務的消費者而言。因此，仍可從中觀察出臺灣社會企業的社會性目的較為強烈，即便社會企業偏向商業運作的屬性，但仍以重視弱勢族群的需求與福祉為主（見表5-8）。

表5-8　臺灣社會企業目標群體（一）及（二）的社會經濟地位

| 社會經濟地位 | 服務群體（一）<br>次數（%） | 服務群體（二）<br>次數（%） |
|---|---|---|
| 窮人 | 4（23.5%） | 1（20.0%） |
| 低所得者 | 10（58.8%） | 1（20.0%） |
| 所有社經地位的群體 | 8（47.1%） | 4（80.0%） |

＊本題複選

## （六）整體目標群體類型

　　總的來說，就整體目標群體類型而言（見表5-9），臺灣受訪社會企業的目標群體整體類型係以「就業障礙者」（64.7%）居多，再者是「智能障礙者」和「所有生活在特定地區或社區的人」（47.1%），以及「精神官能障礙者」（41.2%）、「肢體障礙者」（41.2%），少數的目標群體則是「原住民」（23.5%），以及「遊民」（5.9%）。至於目標群體（二）回應組織數僅有5家，幾乎都有勾選「所有生活在特定地區／社區的人」，也可看出受訪臺灣社會企業與在地社區保有某種程度的連結。

表5-9　臺灣社會企業目標群體（一）及（二）的整體類型

| 整體類型 | 服務群體（一）次數（%） | 服務群體（二）次數（%） |
|---|---|---|
| 所有生活在特定地區／社區的人 | 8（47.1%） | 5（100.0%） |
| 地方經濟參與者 | 1（5.9%） | 1（20.0%） |
| 原住民 | 4（23.5%） | 1（20.0%） |
| 種族團體 | 0（0%） | 0（0%） |
| 少數民族 | 0（0%） | 0（0%） |
| 難民 | 0（0%） | 0（0%） |
| 遊民 | 1（5.9%） | 0（0%） |
| 就業障礙者 | 11（64.7%） | 2（40.0%） |
| 成癮者 | 0（0%） | 0（0%） |
| 精神官能障礙者 | 7（41.2%） | 2（40.0%） |
| 智能障礙者 | 8（47.1%） | 2（40.0%） |
| 肢體障礙者 | 7（41.2%） | 1（20.0%） |
| 其他 | 0（0%） | 0（0%） |

*本題複選

# 參、社會企業的生產類型及創新

## 一、產品或服務的類型及價格

（一）產品或服務的國際產業標準體系（ISIC）的歸屬分類

　　在主要產品或服務方面，分為三項產品或服務，首先，呈現臺灣社會企業所有產品或服務以「國際標準產業分類體系」（International Standard Industrial Classification of All Economic

Activities，簡稱為ISIC）的分類統整（見表5-10），再就三項的產品或服務進一步分析與討論。表5-10呈現臺灣社會企業所有產品或服務，顯示臺灣社會企業最大宗的產品或服務是「製造業」；其次是「批發和零售業；汽車和摩托車的修理」；再其次是「農業、林業及漁業」。整體而言，臺灣社企業多以販售食物、製造產品居多。

表5-10　臺灣社會企業的產品或服務

| 門類 | | ISIC碼 | 說明 |
|---|---|---|---|
| A | 農業、林業及漁業 | 0111 | 穀類（水稻除外）、豆類和油籽類作物的種植（1家） |
| | | 0112 | 水稻的種植（1家） |
| | | 0113 | 蔬菜、瓜類、根類、莖類的種植（2家） |
| | | 0163 | 作物收穫後的輔助活動（1家） |
| C | 製造業 | 1030 | 水果和蔬菜的加工與保藏（3家） |
| | | 1071 | 烘烤食品的製造（6家） |
| | | 1074 | 通心麵、麵條、泡麵、和類似的麵粉製品的製造（1家） |
| | | 2023 | 肥皂和洗滌劑、清潔劑和拋光劑、香水及盥洗用品的製造（2家） |
| | | 2310 | 玻璃和玻璃製品的製造（1家） |
| G | 批發和零售業；汽車和摩托車的修理 | 4520 | 汽車的修理與保養（1家） |
| | | 4630 | 食品、飼料和煙草的批發（1家） |
| | | 4721 | 專門商店中的食品零售（4家） |
| | | 4730 | 專門商店中汽車燃料的零售（1家） |
| | | 4751 | 專門商店中的紡織品零售（1家） |
| | | 4773 | 專門商店中其他新產品（2家） |
| | | 4774 | 舊貨的零售（1家） |

| 門類 | | ISIC碼 | 說明 |
|---|---|---|---|
| I | 食宿服務活動 | 5610 | 餐館和移動餐車食品供應服務活動（2家） |
| J | 信息與通信 | 5813 | 報紙、雜誌和期刊的出版（1家） |
| | | 6202 | 計算機諮詢服務和設施管理活動（1家） |
| P | 教育 | 8549 | 未另分類的其他教育（1家） |
| Q | 人體健康和社會工作活動 | 8810 | 為老年人和殘疾人提供的不配備食宿的社會服務（2家） |
| T | 家庭作為僱主的活動；家庭自用、未加區分的物品生產和服務活動 | 9700 | 家庭作為家政人員僱主的活動（1家） |

## （二）第一項產品或服務

第一項產品或服務詳細產品的ISIC編碼參見表5-11，臺灣的社會企業分別有「農業、林業及漁業」3家、「製造業」6家、「批發和零售業；汽車和摩托車的修理」6家、「食宿服務活動」1家、「信息與通信」2家、「人體健康和社會工作活動、以及家庭作為僱主的活動」1家；「家庭自用、未加區分的物品生產和服務活動」1家。

表5-11　臺灣社會企業的第一項產品或服務ISIC碼

| 門類 | | ISIC碼 | 說明 |
|---|---|---|---|
| A | 農業、林業及漁業 | 0111 | 穀類（水稻除外）、豆類和油籽類作物的種植（1家） |
| | | 0113 | 蔬菜、瓜類、根類、莖類的種植（1家） |
| | | 0163 | 作物收穫後的輔助活動（1家） |
| C | 製造業 | 1030 | 水果和蔬菜的加工與保藏（1家） |
| | | 1071 | 烘烤食品的製造（2家） |
| | | 1074 | 通心麵、麵條、泡麵、和類似麵粉製品的製造（1家） |
| | | 2023 | 肥皂和洗滌劑、清潔劑和拋光劑、香水及盥洗用品的製造（1家） |
| | | 2310 | 玻璃和玻璃製品的製造（1家） |
| G | 批發和零售業；汽車和摩托車的修理 | 4520 | 汽車的修理與保養（1家） |
| | | 4721 | 專門商店中的食品零售（3家） |
| | | 4722 | 專門商店中的飲料零售（1家） |
| | | 4774 | 舊貨的零售（1家） |
| I | 食宿服務活動 | 5610 | 餐館和移動餐車食品供應服務活動（1家） |
| J | 信息與通信 | 5813 | 報紙、雜誌和期刊的出版（1家） |
| | | 6202 | 計算機諮詢服務和設施管理活動（1家） |
| Q | 人體健康和社會工作活動 | 8810 | 為老年人和殘疾人提供的不配備食宿的社會服務（1家） |
| T | 家庭作為僱主的活動；家庭自用、未加區分的物品生產和服務活動 | 9700 | 家庭作為家政人員僱主的活動（1家） |

## （三）第二項產品或服務

接下來是第二項產品或服務，臺灣受訪的社會企業有「農業、林業及漁業」2家、「製造業」4家、「批發和零售業、汽車和摩托車的修理」4家、「食宿服務活動」、「教育」和「人體健康和社會工作活動」各1家（見表5-12）。

表5-12　臺灣社會企業的第二項產品或服務ISIC碼

| 門類 | | ISIC碼 | 說明 |
|---|---|---|---|
| A | 農業、林業及漁業 | 0112 | 水稻的種植（1家） |
| | | 0113 | 蔬菜、瓜類、根類、莖類的種植（1家） |
| C | 製造業 | 1030 | 水果和蔬菜的加工和保藏（1家） |
| | | 1071 | 烘烤的食品的製造（2家） |
| | | 2023 | 肥皂和洗滌劑、清潔劑和拋光劑、香水及盥洗用品的製造（1家） |
| G | 批發和零售業；汽車和摩托車的修理 | 4630 | 食品、飼料和煙草的批發（1家） |
| | | 4730 | 專門商店中汽車燃料的零售（1家） |
| | | 4773 | 專門商品中其他新產品（2家） |
| I | 食宿服務活動 | 5610 | 餐館和移動餐車食品供應服務活動（1家） |
| P | 教育 | 8549 | 未另分類的其他教育（1家） |
| Q | 人體健康和社會工作活動 | 8810 | 為老年人和殘疾人提供的不配備食宿的社會服務（1家） |

## （四）第三項產品或服務

臺灣社會企業的第三項產品或服務（見表5-13），「製造業」有3家，「批發和零售業；汽車和摩托車的修理」1家。

表5-13　臺灣社會企業的第三項產品或服務

| 門類 | | ISIC碼 | 說明 |
|---|---|---|---|
| C | 製造業 | 1030 | 水果和蔬菜的加工與保藏（1家） |
| | | 1071 | 烘烤食品的製造（2家） |
| G | 批發和零售業；汽車和摩托車的修理 | 4751 | 專門商店中的紡織品零售（1家） |

## （五）三項產品／服務的價格及社會宗旨相關性

有關上文所羅列的三項產品或服務的價格，以及與組織的社會宗旨相關性，分項說明如下（見表5-14、表5-15）：

第一項產品或服務──於價格方面，臺灣受訪社會企業多表示為「一般市場價格」（57.9%）；其次是「低於市場價格」（26.3%），少數為「高於市場價格」（15.8%）。至於產品與社會宗旨相關性，則是「與宗旨完全符合」（65%），其次是「與宗旨有關」（35%）。

第二項產品或服務──在使用價格方面，臺灣受訪社會企業的第二項產品或服務相同，皆是「一般市場價格」（53.8%）為主，其次是「高於市場價格」（30.8），還有些是「低於市場價格」（23.1%）。接著是產品或服務與社會宗旨的相關性，臺灣受訪社會企業係「與宗旨完全符合」（61.5%）為多，其次是「與宗旨有關」（38.5%）。再者，第三項產品或服務──在使用價格方面，臺灣受訪社會企業以「一般市場價格」（75%）為主，其次為「低於市場價格」（50%），僅有一間為「高於市場價格」（25%）。第三項產品或服務與社會宗旨的相關性，「與宗旨完全符合」（75%），與「宗旨有關」（25%）。

表5-14　臺灣社會企業產品或服務使用價格

| 使用價格 | 第一項產品（%） | 第二項產品（%） | 第三項產品（%） |
|---|---|---|---|
| 一般市場價格 | 11（57.9%） | 7（53.8%） | 3（75%） |
| 低於市場價格 | 5（26.3%） | 3（23.1%） | 2（50%） |
| 高於市場價格 | 3（15.8%） | 4（30.8%） | 1（25%） |
| 免費 | 0（0%） | 1（7.7%） | 0（0%） |
| 其他 | 2（10.5%） | 2（15.4%） | 0（0%） |

＊本題複選

表5-15　臺灣社會企業產品或服務的社會宗旨相關性

| 社會宗旨相關性 | 第一項產品（%） | 第二項產品（%） | 第三項產品（%） |
|---|---|---|---|
| 與宗旨完全符合 | 13（65%） | 8（61.5%） | 3（75%） |
| 與宗旨有關 | 7（35%） | 5（38.5%） | 1（25%） |
| 與宗旨無關 | 0（0%） | 0（0%） | 0（0%） |
| 總計 | 20 | 13 | 4 |

## 二、產品或服務的創新

在產品或服務類型的創新上，臺灣受訪社會企業90%皆表示有推動創新，僅有少數社會企業回答並沒有推動創新，究其實，社會企業本身就是服務的創新，因此臺灣社會企業絕大多數皆有推動創新。而社會企業組織主要推展或實踐的創新是在哪些層面？受訪社會企業以「產品」（66.7%）和「行銷」（61.1%）為主，其次是「組織」（50%），再其次是「生產或運輸」（27.8%）創新。所以，對於臺灣的社會企業來說，產品的創新絕對是最重要的，其次是產品的行銷、生產或運輸，還有組織的創新。（見表5-16）

表5-16　臺灣社會企業推展創新的層面

| 創新層面 | 次數 | 有效百分比 |
|---|---|---|
| 產品 | 12 | 66.7% |
| 生產或運輸 | 5 | 27.8% |
| 組織 | 9 | 50% |
| 行銷 | 11 | 61.1% |
| 其他 | 0 | 0% |

*本題複選

　　接下來，若有創新，則在臺灣社會企業當中有哪些利害關係人參與其中呢？從表5-17顯示，以「員工」（100%）為大宗，其次是「公家機關」（61.1%）和「基金會」（50%），再來是「使用者」（44.4%）、「志工」和「公民或社區」（33.3%）。此結果顯示，臺灣受訪社會企業是以機構的「員工」為首要，可是其次卻是以公家機關和基金會為主，此意味著公家機關扮演重要角色，例如臺北社企大樓的創設，顯現臺灣政府對社會企業政策的支持。最後，創新的驅動力為何？表5-18顯示，創新驅動力係來自「實踐社會企業的宗旨」（88.9%）和「提升社會企業所提供的產品品質與擴增服務的範圍」（83.3%），以及「提升社會企業的財務永續能力」（72.2%）等三項為大宗。究其實，臺灣社會企業的創新驅動力主要以實踐社會企業的宗旨為主。

表5-17　臺灣社會企業的利害關係人

| 利害關係人類別 | 次數 | 有效百分比 |
|---|---|---|
| 員工 | 18 | 100% |
| 使用者 | 8 | 44.4% |
| 志工 | 6 | 33.3% |
| 金融機構 | 1 | 5.6% |
| 企業部門 | 4 | 22.2% |
| 協會／志願組織／非營利組織 | 4 | 22.2% |
| 基金會 | 9 | 50% |
| 合作社 | 2 | 11.1% |
| 公家機關 | 11 | 61.1% |
| 公民／社區 | 6 | 33.3% |
| 其他 | 3 | 16.7% |

*本題複選

表5-18　臺灣社會企業的創新驅動力

| 創新驅動力來源 | 次數 | 有效百分比 |
|---|---|---|
| 實踐社會企業的宗旨 | 16 | 88.9% |
| 提升社會企業的財務永續能力 | 13 | 72.2% |
| 提升社會企業所提供的產品品質與擴增服務的範圍 | 15 | 83.3% |
| 來自競爭者的壓力 | 5 | 27.8% |
| 其他 | 0 | 0% |

*本題複選

# 肆、意涵與討論

　　根據以上的分析，茲將本章分析結果區分成「組織宗旨」、「目標群體」、「產品或服務的類型與價格」、「產品或服務的創新」等四個面向逐一歸納說明之。

　　第一，在社會企業的組織宗旨方面，受訪的社會企業在「利他」、「互助」、「社區」等價值取向上有較高的聚焦程度，社會公益屬性相當明顯。在這樣的基礎下，反映在所欲達成的目的上，在第一重要的目的與宗旨的促進上，以「創造就業機會」為最重要，當然也有可能受訪的組織本身就是屬於「工作整合型社會企業」居多，導致在社會宗旨目的會出現較多以「創造就業機會」勾選填答。另外，「社區發展」、「平等與賦權」亦是重要的價值選擇取向，而「食品安全」一方面因受訪社會企業中不乏本身就是生產食品的型態，以及近年來食品安全性是大眾所關心的問題，故在此次調查中凸顯其符合社會趨勢的重要性。此外，經過將選項做加權計算後，「賺取所得以達成經濟／財務的動能」此一宗旨佔有一定的比例，顯示受訪組織除了透過社會企業的經營實踐其公益宗旨外，亦想透過商業模式的運作為組織帶來更多收益的期待。

　　第二，在社會企業的服務群體屬性上，很明顯是以其既有的服務對象為主體，比如身心障礙者、街友等邊緣人口族群，而這些群體也同時是該社會企業的員工，這也呼應受訪社會企業的成立宗旨——創造就業機會；另在服務群體的社會經濟與年齡特徵，原則上是以低所得者的成年人為主。此外，因為受訪的社會企業類型含括了多種類別，除了工作整合型為大宗外，尚有社會合作社、社區型

社會企業等型態，其所針對的目標群體也就觸及了消費者、原物料供應商等不同對象。

第三，在產品或服務的類型上，整體觀之，以販售食物及製造產品居多，實際產品的類別，包括了作物的種植、保藏與加工，以及烘烤食品的製造等。而在商品的定價策略上，仍是採用一般市場的行情予以標定，而所生產的產品或服務也都符合組織的社會宗旨。由此可知，社會企業作為一個生產商品或提供服務的經營實體，仍是需有產業經營的思維，在商品類別、定價標準甚至是行銷策略，也都必須考量消費者的偏好，同時顧及市場的接納度。

第四，於產品或服務的創新方面，超過九成的受訪組織表示經營社會企業的過程中，涉及了產品本身、行銷、組織型態、生產或運輸等層面的創新與改良。以行銷學所提及的「4P」架構來看，從產品的研發製造（Product）開始，歷經價格的訂定（Price）與通路的開發與經營（Place），到最後的產品推廣與促銷（Promotion），每個環節都是企業經營實體必須進行不斷創新與自我改良的歷程。畢竟市場運作是現實的，組織若無法受到消費者青睞，終究還是會被淘汰。此外，值得注意的是，一般企業創新或許直接來自於對經濟利益的渴望與期待，但對受訪的社會企業來說，引導其創新發展的驅力，則來自於實踐社會宗旨、擴增服務範圍、藉以提升財務永續能力的取向，也正映照社會企業與傳統企業思維與操作的差異所在。

# 參考文獻

官有垣（2007），〈社會企業組織在臺灣地區的發展〉，《中國非營利評論》，1卷，創刊號，頁146-181。

官有垣、王仕圖（2013），〈臺灣社會企業的能力建構與社會影響初探〉，《社區發展季刊》，143期，頁51-67。

官有垣、王仕圖、杜承嶸（2015），〈臺灣社會企業之組織特質與經營管理挑戰：2010年的調查數據分析〉，《中國第三部門研究》，7卷，1期，頁90-115。

官有垣、陳錦棠、陸宛蘋、王仕圖（2012），《社會企業：臺灣與香港的比較》。高雄市：巨流。

# 第六章

# 臺灣社會企業的
# 財務結構與資源獲取

王仕圖、官有垣、杜承嶸

# 壹、前言

　　近年來對於社會企業的興趣與發展已經有諸多的討論，然而，社會企業以商業營銷手段，達成某種社會公益價值之目的，乃是社會企業發展的根本之道。社會企業之定義有各種不同的模式，如Defourny與Nyssens（2010）整理美國與歐陸有關社會企業概念與內涵時，即提及此一概念具備多元化之特性，不論美國發展之賺取所得學派、社會創新思想或歐洲EMES社會企業研究網絡的界定，社會使命是社會企業重要的特徵，而其財貨或服務生產與社會使命息息相關。正如同Defourny與Nyssens（2010）所言：「社會企業是不以營利為目的之私有性質的組織，其所提供的財貨或服務直接與他們明示的目的有緊密的關聯性，而此目的即是要關照社區利益。」

　　在經驗研究中，臺灣社會企業之發展目的，社會性目的的確是主要的項目，而經濟目的次之。官有垣與王仕圖（2013）所進行之三波時間序列的調查分析指出，臺灣社會企業設置的目的比較，「創造弱勢團體就業機會」、「提升弱勢團體就業者的收入」、「增進弱勢團體的社會適應能力」與「提供職業訓練」等均是以服務對象為主要目的。其次才是「充實機構自給自足的能力」和「增加機構的經費收入」等經濟性目的。此一調查結果具有高度的一致性，亦即臺灣社會企業組織或單位的成立，其非常重要的目的就在於提供或促進弱勢團體的就業。

　　然而，社會企業雖然具有高度的社會性目的，但是組織運作要能夠永續經營，必須仰賴健全的財務體質與穩定的資源取得管理。因此社會企業財源組合與資源取得策略，將影響社會企業發展之健

全程度（官有垣、陳錦棠、王仕圖、杜承嶸，2017）。因此本章著重在分析ICSEM的調查數據中有關社會企業的財務報表，從中顯示其財務結構特性，主要分為以下三點來討論，首先觀察社會企業的財務組合以及變化趨勢；其次是社會企業資源分配的實際措施；最後則是討論社會企業財務與資源所獲得的實務與技術資源管理之分析。

# 貳、財務結構

## 一、總資產

關於財務組合的討論，首先從社會企業的總資產來看，表6-1顯示，受訪的臺灣社會企業的總資產主要集中在新臺幣5,000萬元以下（占75.5%），規模超過1億以上的數量並不多（15%），也就是說臺灣社會企業的規模偏向中小企業的方向發展，此相當程度體現臺灣特有的中小企業精神。

表6-1 臺灣社會企業的總資產

| 社會企業總資產（新臺幣） | 次數（%） |
|---|---|
| （1）500萬以下 | 7（35.0） |
| （2）501萬-1,000萬 | 4（20.0） |
| （3）1001萬-5,000萬 | 4（20.0） |
| （4）5,001萬-1億 | 2（10.0） |
| （5）1億零1萬-5億 | 1（5.0） |
| （6）5億以上 | 2（10.0） |
| 合計 | 20（100.0） |
| 遺漏值 | 0 |

## 二、淨資產

進一步分析臺灣社會企業的淨資產，表6-2顯示，在所蒐集到有提供財務淨資產資料的19家臺灣社會企業當中，超過半數的組織淨資產超過新臺幣500萬元（52.7%），其中有2家社會企業擁有超過1億元（10.5%）的淨資產。從以上資料發現臺灣社會企業雖然規模不大，但是在淨資產的表現上不錯，意味著臺灣社會企業負債比例並不高。

表6-2　臺灣社會企業的淨資產

| 社會企業淨資產（新臺幣） | 次數（%） |
|---|---|
| （1）100萬以下 | 2（10.5） |
| （2）101萬-500萬 | 7（36.8） |
| （3）501萬-1,000萬 | 4（21.1） |
| （4）1,001萬-5,000萬 | 3（15.8） |
| （5）5,001萬-1億 | 1（5.3） |
| （6）超過1億 | 2（10.5） |
| 合計 | 19（100.1） |
| 遺漏值 | 1 |

## 三、來自公／私部門的銷售收入

進一步分析臺灣社會企業淨資產中的組織收入，可分為以下幾個主要的年度收入來源：來自公／私部門的銷售收入、政府補助款、投資所得、善款、會費以及其他收入。首先討論來自「公／私部門的銷售收入」，表6-3顯示，受訪的社會企業中，有35%的組

織有「1,001萬-5,000萬」的該類部門銷售收入，其次是「501萬-1,000萬」（20%）的銷售收入，再其次是「101萬-500萬」（15%）的銷售收入。亦即，有90%的臺灣社會企業的年度銷售收入來自「公／私部門的銷售收入」是超過100萬的，其中更有4家社會企業超過1億以上（20%）。由以上的分析可知，臺灣的社會企業中，來自公／私部門的銷售收入對於受訪社會企業而言是相當重要的一個收入管道。

表6-3　臺灣社會企業來自公／私部門的銷售收入

| 來自公／私部門的銷售收入（新臺幣） | 次數（%） |
|---|---|
| （1）100萬以下 | 2（10.0） |
| （2）101萬-500萬 | 3（15.0） |
| （3）501萬-1,000萬 | 4（20.0） |
| （4）1,001萬-5,000萬 | 7（35.0） |
| （5）5,001萬-1億 | 0（0.0） |
| （6）超過1億 | 4（20.0） |
| 合計 | 20（100.0） |
| 遺漏值 | 0 |

## 四、來自政府補助款（不含銷售款）

接著在政府補助款的部分，表6-4顯示，受訪的13家臺灣社會企業年度主要獲得政府補助款的金額落在101-500萬之間（46.1%），其次為100萬以下（23.1%），其中有2家社會企業獲得政府補助款超過1000萬（15.4%）。從這些數據顯示，政府的補助款對於社會企業來說是一個重要的支持，也就是說政府的角色在

社會企業的發展具有一定的影響性。

表6-4　臺灣社會企業的政府補助款收入

| 政府補助款（新臺幣） | 次數（%） |
|---|---|
| （1）100萬以下 | 3（23.1） |
| （2）101萬-500萬 | 6（46.1） |
| （3）501萬-1,000萬 | 2（15.4） |
| （4）超過1,000萬 | 2（15.4） |
| 合計 | 13（100.0） |
| 遺漏值 | 7 |

## 五、來自投資所得

接著是「投資所得」，表6-5顯示，投資所得佔臺灣社會企業的收入組成比例並不高，在擁有投資所得的社會企業中，臺灣僅有一家超過100萬元（34.0%），整體來說，投資所得在社會企業的財務組合中並非主要的收入來源。

表6-5　臺灣社會企業的投資所得收入

| 投資所得（新臺幣） | 次數（%） |
|---|---|
| （1）10萬以下 | 1（33.0） |
| （2）11萬-50萬 | 0（0.0） |
| （3）51萬-100萬 | 1（33.0） |
| （4）超過100萬 | 1（34.0） |
| 合計 | 3（100.0） |
| 遺漏值 | 17 |

## 六、來自善款

至於來自「善款」的部分，表6-6顯示，獲得善款的受訪社會企業中，有57.2%的組織表示獲得的善款在「100萬以下」，不過，也有一家社會企業表示，其年度的善款收入超過1億元（14.2%）。總體來看，社會企業有別於一般非營利組織，社會企業雖然同樣接受善款，但比例偏低。

表6-6　臺灣社會企業的善款收入

| 善款（新臺幣） | 次數（%） |
|---|---|
| （1）50萬以下 | 3（42.9） |
| （2）51萬-100萬 | 1（14.3） |
| （3）101萬-1,000萬 | 1（14.3） |
| （4）1,001萬-1億 | 1（14.3） |
| （5）1億以上 | 1（14.2） |
| 合計 | 7（100.0） |
| 遺漏值 | 13 |

## 七、來自會費收入

最後是「會費收入」，受訪的社會企業中，有3家有會費收入，金額都不大，在新臺幣十萬元上下，而收取會費的是以協會及合作社兩種型態的社會企業為主，因此呈現出會費收入家數不多之差異。

## 八、總收益

綜合上述的分析，可以觀察到臺灣社會企業的總收益，從表6-7顯示，20家受訪社會企業中，有40%的組織總收益在「1,001萬-5,000萬」之間，其次是「501萬-1,000萬」（30.0%），再其次是「超過1億」（20%）。歸納來看，顯然臺灣的受訪社會企業的年度總收益住要是落在「501萬-5,000萬」的區間。由此可瞭解，受訪社會企業的總收益分布多數是在1,000萬元以上，顯然臺灣社會企業仍然具有一定的收益能力。

表6-7　臺灣社會企業的總收益

| 總收益（新臺幣） | 次數（％） |
|---|---|
| （1）100萬以下 | 1（5.0） |
| （2）101萬-500萬 | 1（5.0） |
| （3）501萬-1,000萬 | 6（30.0） |
| （4）1,001萬-5,000萬 | 8（40.0） |
| （5）5,001萬-1億 | 1（5.0） |
| （6）超過1億 | 4（20.0） |
| 合計 | 20（100.0） |
| 遺漏值 | 0 |

## 九、近五年總收入變化趨勢

有關臺灣社會企業近五年來總收入的變化趨勢，表6-8顯示，受訪的社會企業中，有80%的組織表示其總收入是趨於成長，僅有10%的受訪組織指出其總收入是趨於下降。總體來看，臺灣社會企業的總收入在近五年來，維持成長的發展趨勢。

表6-8　臺灣社會企業近五年來的總收入變化趨勢

| 總收益 | 次數（％） |
|---|---|
| （1）總收入趨於成長 | 16（80.0） |
| （2）總收入趨於下降 | 2（10.0） |
| （3）總收入趨於穩定 | 1（5.0） |
| （4）難以判斷變動趨勢 | 1（5.0） |
| 合計 | 20（100.0） |
| 遺漏值 | 0 |

## 十、來自於政府機構的收入為何

　　關於臺灣社會企業來自於何種政府機構的收入，表6-9指出，受訪的社會企業最主要是來自於中央政府機構所提供的財務協助（61.5%），其次是來自於地方政府機構（38.5%）。此結果明確指出，臺灣的公部門在社會企業政策執行上，由中央政府主導並且直接協助社會企業的運作。

表6-9　臺灣社會企業來自於政府機構的收入

| 來自於政府機構的收入 | 次數（％） |
|---|---|
| （1）具政府性質的國際機構 | 0（0.0） |
| （2）中央政府機構 | 8（61.5） |
| （3）區域／省級政府 | 0（0.0） |
| （4）地方政府機構 | 5（38.5） |
| 合計 | 13（100） |
| 遺漏值 | 7 |

## 十一、是否享有公部門的一些財務豁免或減免

臺灣社會企業是否享有公部門的稅務優惠方面，表6-10顯示，超過半數以上受訪的臺灣社會企業（60.0%）表示享有免稅，另有40%的組織指出並未享有任何稅務優惠。此一分析反映出，臺灣社會企業由於多數是以非公司型態成立，因此仍承襲著與母機構同樣享有非營利組織的免稅地位。

表6-10　臺灣社會企業是否享有公部門的稅務優惠

| 稅務優惠 | 次數（％） |
|---|---|
| （1）免稅 | 12（60.0） |
| （2）減稅 | 0（0.0） |
| （3）社會安全保險費減免 | 0（0.0） |
| （4）無 | 8（40.0） |
| （5）其他 | 0（0.0） |
| 合計 | 20 |
| 遺漏值 | 0 |

*本題複選

## 十二、善款是來自於何方？

臺灣社會企業若有善款的收入，那麼善款是來自何方？受訪社會企業中有8家（66.7%）表示其善款是直接來自於「當地公民、非政府組織或民營企業所捐贈」，其餘的善款來源如「全國性基金會、國際性非政府組織、其他等」，受訪的社會企業表示皆無。

## 十三、淨所得／淨虧損？

關於臺灣社會企業的淨所得，表6-11顯示，在受訪的社會企業方面，有超過七成（76.9%）其淨所得在1,000萬以下，另有不到兩成的組織（15.4%）其淨所得在1,001萬-5,000萬之間，此外，僅有不到一成（7.7%）指出，其淨所得超過5,000萬。社會企業的淨所得代表著組織能夠對經濟資源支配的能力，亦即，當組織淨所得越高時，組織愈能夠達到經濟的自主性。從上述分析可知，臺灣社會企業的經濟自主能力並不太高。反觀淨虧損的部分，表6-12顯示，20家受訪社會企業中，仍有4家呈現淨虧損的情形，最高虧損的金額達到500萬。

表6-11　臺灣社會企業的淨所得

| 淨所得（新臺幣） | 次數（%） |
|---|---|
| （1）10萬以下 | 1（7.7） |
| （2）11萬-50萬 | 2（15.4） |
| （3）51萬-100萬 | 2（15.4） |
| （4）101萬-1,000萬 | 6（38.4） |
| （5）1001萬-5,000萬 | 2（15.4） |
| （6）5,000萬-1億 | 1（7.7） |
| （7）1億以上 | 0（0.0） |
| 合計 | 13（100.0） |
| 遺漏值 | 7 |

表6-12　臺灣社會企業的淨虧損

| 淨虧損（新臺幣） | 次數（%） |
|---|---|
| （1）10萬以下 | 1（25.0） |
| （2）11萬-50萬 | 0（0.0） |
| （3）51萬-100萬 | 1（25.0） |
| （4）101萬-500萬 | 1（25.0） |
| （5）500萬以上 | 1（25.0） |
| 合計 | 4（100.0） |
| 遺漏值 | 16 |

## 十四、近三年是否有呈現淨所得？

　　進一步觀察臺灣社會企業近三年來的損益情形，首先是淨所得的變化，表6-13顯示，在受訪社會企業的部分，有五成五的組織（55.0%）表示近三年皆呈現淨收入。此外，有一成五的組織（15.0%）表示為曾經有一年呈現淨收入，以及有一成的組織（10.0%）指出，曾經有兩年呈現淨收入。由此可知，整體而言，臺灣的受訪社會企業大部分尚有淨所得。

表6-13　臺灣社會企業近三年來是否有呈現淨所得

| 近三年來是否有呈現淨所得 | 次數（%） |
|---|---|
| （1）沒有 | 4（20.0） |
| （2）曾經有一年呈現淨收入 | 3（15.0） |
| （3）曾經有兩年呈現淨收入 | 2（10.0） |
| （4）近三年皆呈現淨收入 | 11（55.0） |
| 合計 | 20 |
| 遺漏值 | 0 |

## 十五、近三年是否有呈現淨虧損？

至於淨虧損的部分，表6-14顯示，有三成的受訪臺灣社會企業（30.0%）表示有淨虧損，其中的一成五（15.0%）表示曾經有兩年呈現淨虧損，另有一成（10.0%）表示近三年皆呈現淨虧損，再者，有5%為曾經有一年呈現淨虧損。整體看，臺灣受訪的社會企業，有七成（70.0%）表示近三年來並沒有淨虧損。

表6-14 臺灣社會企業近三年來是否有呈現淨虧損

| 近三年來是否有呈現淨虧損 | 次數（%） |
|---|---|
| （1）沒有 | 14（70.0） |
| （2）曾經有一年呈現淨虧損 | 1（5.0） |
| （3）曾經有兩年呈現淨虧損 | 3（15.0） |
| （4）近三年皆呈現淨虧損 | 2（10.0） |
| 合計 | 20 |
| 遺漏值 | 0 |

## 十六、財務資源組合已達到何種適切的可持續發展水平？

根據臺灣社會企業自身的社會宗旨，進一步來看機構的財務資源組合已達到何種適切的可持續發展水平？表6-15顯示，受訪的社會企業中，高達85%的機構認為目前財務資源組合包含三類「適切」，其中「適切」與「完全適切」占了45%，其餘40%則認為「有點適切」；然而，仍有15%的受訪機構強調「不適切」，亦即認為無法達到可持續發展水平。

表6-15　臺灣社會企業的財務組合達到組織可持續發展水平

| 財務組合達到組織可持續發展水平 | 次數（％） |
| --- | --- |
| （1）不適切 | 3（15.0） |
| （2）有點適切 | 8（40.0） |
| （3）適切 | 6（30.0） |
| （4）完全適切 | 3（15.0） |
| 合計 | 20（100.0） |
| 遺漏值 | 0 |

## 十七、維持機構的最佳組合財務所得比例為何？

　　關於臺灣社會企業在維繫其宗旨與目標下，如何維持機構的最佳財務組合，其所得比例為何？結果顯示於表6-16，受訪機構強調社會企業維持機構的最佳組合比例依序是：銷售給私部門（54.3％）、銷售給公部門（8.8％）、政府補助款（10.1％）、投資所得（13.5％）、慈善捐款（10.1％）、會費（3.2％）、其他（0.0％），以上財務所得項目合計為100％。由此結果可知，銷售給私部門、銷售給公部門，以及政府補助款三項的組合比例占了約73％。

表6-16　臺灣社會企業維持機構的最佳組合比例

| 財務組合的構成 | 次數（%） |
|---|---|
| （1）銷售給私部門 | 54.3 |
| （2）銷售給公部門 | 8.8 |
| （3）政府補助款 | 10.1 |
| （4）投資所得 | 13.5 |
| （5）慈善捐款 | 10.1 |
| （6）會費 | 3.2 |
| （7）其他 | 0.0 |
| 合計 | 100.0 |

## 十八、淨收入分配之實際措施

　　關於臺灣受訪社會企業的淨收入分配措施，表6-17顯示，受訪機構主要的前三項，第一是「再投資於社會企業的運作」（75%），其次為「分配給母機構」（40%），最後為「不適用」（15%）。從調查結果來看，臺灣社會企業主要以「再投資於社會企業的運作」為主，此說明社會企業的獨特精神，期望能夠將盈餘重新投入於社會企業的運作以提升組織的社會影響力。然而，臺灣的社會企業也著重在將淨收入分配回到母機構，期待可以改善母機構的財務結構。

表6-17　臺灣社會企業的淨收入分配措施

| 淨收入分配措施 | 次數（％） |
|---|---|
| （1）再投資於社會企業的運作 | 15（75.0） |
| （2）分配給持股的共同擁有者／社員 | 2（10.0） |
| （3）分配社員作為交易的抵用金 | 1（5.0） |
| （4）分配給合夥員工作為其報酬（主要用於非正式企業） | 2（10.0） |
| （5）分配給持股者 | 2（10.0） |
| （6）分配給母機構 | 8（40.0） |
| （7）不適用（無淨收入與淨虧損） | 3（15.0） |
| （8）其他 | 0（0.0） |
| 合計 | 20 |
| 遺漏值 | 0 |

*本題複選

## 十九、是否訂有收入分配的規定？

　　臺灣社會企業是否有訂定收入分配的規定，受訪的社會企業當中，半數以上組織都訂定有收入分配的規定（65%）。至於收入分配的規定內容，表6-18指出，受訪社會企業規定的分配內容主要為「淨收入均分給社會企業會員」（53.8%）與「僅允許分配給非營利的母機構」（53.8%），其次為「完全禁止分配」（23.1%）與「每股的分紅設有上限」（23.1%）。

表6-18　臺灣社會企業收入分配的規定內容

| 收入分配規定 | 次數（%） |
|---|---|
| （1）完全禁止分配 | 3（23.1） |
| （2）淨收入均分給社會企業會員 | 7（53.8） |
| （3）每股的分紅設有上限 | 3（23.1） |
| （4）允許作為交易抵用金而分配給會員 | 1（7.7） |
| （5）僅允許分配給非營利的母機構 | 7（53.8） |
| （6）其他 | 1（7.7） |
| 合計 | 13 |

*本題複選

## 二十、持股者或社員欲退出社會企業，股份退還方式為何？

　　關於持股者或社員欲退出社會企業時股份退還的方式，表6-19顯示，受訪的臺灣社會企業主要係以「依股份的面值」（33.3%）退還以及「尚未決定」為主（33.3%），其次為「其他」（25.0%）。

表6-19　臺灣社會企業股份退還的方式

| 收入分配規定 | 次數（%） |
|---|---|
| （1）依股份的面值 | 4（33.3） |
| （2）依股份的面值，加上通貨膨脹調整後的金額 | 0（0.0） |
| （3）根據社會企業的淨資產金額 | 0（0.0） |
| （4）不可能退還 | 1（8.4） |
| （5）尚未決定 | 4（33.3） |
| （6）其他 | 3（25.0） |
| 合計 | 20（100.0） |
| 遺漏值 | 8 |

## 二十一、若要結束運作，機構如何安排淨資產的分配？

若社會企業要結束運作時，其淨資產如何分配呢？表6-20顯示，臺灣多數受訪的社會企業強調「歸屬於母機構」（40.0%），其次為「歸屬於政府機關」（20.0%）、「尚未決定」（20.0%）。由此結果顯示，大部分臺灣社會企業傾向當社會企業結束運作時，淨資產將全數歸屬於母機構，但仍有一部分的社會企業對於如何處理淨資產一事尚未有定論，其中有一部分的受訪機構（20%）表示，組織結束運作時會將淨資產全數歸屬於政府機關，此顯示為臺灣法律制度環境所形塑的結果。

表6-20　臺灣社會企業淨資產分配

| 淨資產分配 | 次數（％） |
|---|---|
| （1）分配給共同所有權人／合作社員 | 2（10.0） |
| （2）分配給持股者 | 1（5.0） |
| （3）贈與其他具有相似宗旨的社會企業或非營利組織 | 3（15.0） |
| （4）歸屬於母機構 | 8（40.0） |
| （5）歸屬於政府機關 | 4（20.0） |
| （6）回歸社區 | 1（5.0） |
| （7）尚未決定 | 4（20.0） |
| 合計 | 20 |
| 遺漏值 | 0 |

*本題複選

# 參、相關資源取得之分析

## 一、機構有無受惠於各種實物／技術支援？

　　本問卷調查最後討論到臺灣社會企業的實物／技術資源，表6-21顯示，有接近八成的臺灣受訪社會企業（77.8%）強調受惠的技術資源包含「設備／機械／電腦」，其次為「培訓」（66.7%），最後為「建築」（44.4%）、「車輛」（44.4%）。由此可知，受訪社會企業主要受惠於「設備／機械／電腦」與「培訓」兩大項目。

表6-21　臺灣社會企業受惠的實務／技術資源

| 受惠於以下實務／技術支援 | 次數（%） |
|---|---|
| （1）建築 | 8（44.4） |
| （2）建材 | 2（11.1） |
| （3）設備／機械／電腦 | 14（77.8） |
| （4）車輛 | 8（44.4） |
| （5）衣物／家具／食品 | 7（38.9） |
| （6）培訓 | 12（66.7） |
| （7）其他 | 2（11.1） |
| 合計 | 18 |
| 遺漏值 | 0 |

*本題複選

## 二、機構從何處獲得這些實物技術支援？

　　然而社會企業從何處獲得以上所提及的實物技術支援，表6-22顯示，臺灣受訪社會企業的實物技術資源主要源自於「政府機構」

（83.3%），其次為「協會／非營利組織／志願組織」（50.0%），再次之為「企業」（44.4%）。由此結果可知，臺灣的社會企業強調其實物技術支援主要是來自「政府機構」，其次才是「協會／非營利組織／志願組織」。

表6-22 臺灣社會企業實物資源獲取

| 實物資源獲取 | 次數（%） |
|---|---|
| （1）會員／社員 | 1（12.5） |
| （2）企業 | 8（44.4） |
| （3）政府機構 | 15（83.3） |
| （4）協會／非營利組織／志願組織 | 9（50.0） |
| （5）基金會 | 4（22.2） |
| （6）合作社 | 1（5.6） |
| （7）一般大眾 | 3（16.7） |
| （8）其他 | 0（0.0） |
| 合計 | 18 |
| 遺漏值 | 0 |

*本題複選

## 三、私人機構中（曾）獲得哪些支持？

最後分析社會企業曾從私人機構中獲得哪些資源支持？首先是「基金會」，表6-23顯示，臺灣受訪社會企業指出，主要從基金會獲得的支援為「補助款」（71.4%），其次為「種子基金」（42.9%）、「培訓」（42.9%）。由此可知，臺灣社會企業從「基金會」獲得的財務資源中主要是「補助款」與「種子基金」，此外，「培訓」也是主要的項目之一。接著是「公司」的部分，表

6-24顯示，臺灣受訪社會企業主要從「公司」獲得的支援是「補助款」（61.5%），其次為「其他技術資源」（46.2%）。由此可見，受訪社會企業獲取的資源包含財務資源與實物資源。

表6-23　臺灣社會企業從基金會所獲取的資源

| 基金會 | 次數（%） |
|---|---|
| （1）補助款 | 5（71.4） |
| （2）貸款 | 0（0.0） |
| （3）種子基金 | 3（42.9） |
| （4）育成服務 | 1（14.3） |
| （5）培訓 | 3（42.9） |
| （6）其他技術資源 | 0（0.0） |
| （7）其他 | 2（28.6） |
| 合計 | 7 |
| 遺漏值 | 13 |

*本題複選

表6-24　臺灣社會企業從公司所獲取的資源

| 公司 | 次數（%） |
|---|---|
| （1）補助款 | 8（61.5） |
| （2）貸款 | 2（15.4） |
| （3）種子基金 | 1（7.7） |
| （4）育成服務 | 2（15.4） |
| （5）培訓 | 3（23.1） |
| （6）其他技術資源 | 6（46.2） |
| （7）其他 | 4（30.8） |
| 合計 | 13 |
| 遺漏值 | 7 |

*本題複選

# 肆、結語

　　本章主要的目的在於瞭解臺灣社會企業的財務結構與運用概況，以及資源的取得管道。從相關的調查結果顯示，臺灣的社會企業總資產規模並沒有太大，較符合中小企業的營運模式。而在淨資產部分，同樣地，其規模也是不大，然而由淨資產來看，整體的負債問題沒有太高。

　　再就本次調查研究之社會企業之總收益來看，半數以上的總收益介於新臺幣501萬到5,000萬元之間，此一結果顯示臺灣社會企業的收益上有一定的水準，也可以看到部分社會企業有一定的商業營運能力，才能達到此一收益效能。而再就社會企業淨所得和淨虧損的狀況來看，本次調查樣本的淨所得大致上可以用淨所得100萬元作為分水嶺，超過六成的受訪社會企業的淨所得在100萬元以上。而實際產生淨虧損的社會企業家數為4家，故可以理解總體的收益能力是較佳的。而在社會企業總收入的變動趨勢方面，以近五年的變動來看，趨於成長的社會企業達八成者居多，此結果可以樂觀看待目前受訪的社會企業未來的發展。

　　本次調查結果顯示臺灣社會企業接受政府補助者不在少數，在受訪的家數中，有將近七成曾經取得政府的補助。由於政府在社會企業的發展上，有相關的政策支持，例如多元就業開發方案、優先採購身心障礙福利機構團體或庇護工場生產物品及服務辦法等，都有助於臺灣社會企業單位從政府端獲得補助資源。而在與政府各層級的互動部分，中央政府機構的補助比重是較高的，這也顯示有關臺灣社會企業的發展上，中央政府機構的影響力較大。

　　從財務的穩定來看，受訪之臺灣社會企業的獲利程度表現算是良好的，有超過半數的受訪單位，其連續三年都呈現淨收入；而連

續三年呈現淨虧損的社會企業僅有兩家。從永續發展的角度思考其財務組合，受訪的臺灣社會企業有超過半數以上表示必須將其產品或服務出售給私部門，此也意涵其市場性的必要性。而政府端則包含產品或服務銷售給公部門和政府的補助款項，兩者的比例將近兩成左右。而比例第三者為投資所得。此一財務組合的適切性方面，大概有45%認為「適切」與「非常適切」，顯示社會企業首先重視市場所創造之盈收。

　　而臺灣社會企業之淨收入的分配，大部分表示會將淨收入「再投資於社會企業的運作」，其次則是「分配給母機構」，而少數社會企業會將淨收入分配給利害關係人（社員、員工或持股者）。此一趨勢反映臺灣社會企業仍然處在持續發展階段，為了穩固社會企業本身的基礎，故多數將其所獲得的利潤再投入社會企業中。其次則是考量母機構的財務結構，故將淨收入分配給母機構。

　　有關社會企業發展過程中，受惠於相關資源的取得方面，主要集中在「設備／機械／電腦」和「培訓」兩個面向，而提供者以政府機構的比例最高，其次資源受惠的來源為「協會／非營利組織／志願組織」。若將「協會／非營利組織／志願組織」和「基金會」合併為廣義的「非營利組織」，則該類別在提供實物資源的比例應該更高。而就商業部門提供的資源來看，大致上以補助款項居多，而培訓或技術資源居次。不過整體來看，臺灣社會企業與商業部門的互動來看，其實是不如其與政府部門的互動關係。

　　總而言之，臺灣社會企業的財務結構規模並不大，財務體質的發展趨向穩定。然而臺灣社會企業仍處於發展中階段，故相關的盈餘仍以再投入社會企業發展為主要的思考。另外，臺灣社會企業與政府的互動的活絡程度較高，此一現象可能與政府部門提供較多支持資源有關。

# 參考文獻

官有垣、王仕圖（2013），〈臺灣社會企業的能力建構與社會影響初探〉，
　　《社區發展季刊》，143期，頁51-67。

官有垣、陳錦棠、王仕圖、杜承嶸（2017），〈工作整合型社會企業的資源
　　獲取策略：臺灣與香港的比較〉，收錄於丘昌泰、劉宜君（編），《非
　　營利組織與社會關懷》，第三章，頁49-78。臺北市：商鼎數位出版有限
　　公司。

Defourny, J., & Nyssens, M. (2010), "Conceptions of social enterprise and social
　　entrepreneurship in Europe and the United States: convergences and
　　divergences", *Journal of Social Entrepreneurship*, 1 (1), 32-53.

第三篇
社會企業的社會影響——個案分析

# 第七章

# 臺灣喜憨兒社會福利基金會的個案分析

王仕圖、官有垣、杜承嶸

# 壹、前言

　　歷年研究有關社會企業的研究者著重於組織特質、運作與管理模式，以及與政府及企業的互動有所探索與觀察，其中雖也包含社會與經濟效益，以及據之所做WISE的「社會影響」（social impact）初步分析（官有垣、王仕圖，2013；陳錦棠、黎家偉，2013）；然而尚缺乏具體深入探討WISE針對其所服務的弱勢群體在就業促進、貧窮舒緩、生活質素的提升、賦權等面向上究竟扮演了什麼樣的角色，以及實質發揮了多大的功能。因此，本文以WISE的社會影響為主要目的，以喜憨兒社會福利基金會（CAREUS）為例進行個案分析，探究臺灣工作整合型社會企業的社會影響[1]。

# 貳、臺灣WISE的發展與社會影響

　　臺灣WISE的發展，主要在於提供保障性就業職場給身心障礙者，這樣的性質當然與政策的制度設計有密切的關係，不管是庇護工場的法規或政府的採購法，均有制度性保障身心障礙者的就業支持的規範。然而受到經濟景氣循環的影響，近年來有關失業者的就業支持也成為WISE重要的一環，主要的目標就是期待能夠解決相關結構性失業的問題。因此，政府提出的「多元就業開發方案」就

---

1　本章內容修改、增刪自官有垣、王仕圖、杜承嶸（2018/09），〈工作整合型社會企業的社會影響：喜憨兒社會福利基金會的個案分析〉，《社會發展研究學刊》，第22期，頁61-100。

是運用政府資源與非營利組織的合作模式，透過非營利組織聘僱人力，提供社區化就業服務。根據Lin等人（2011）的研究指出，「多元就業開發方案」能夠創造弱勢者就業與補充非營利組織的人力不足，而且此一方案仍是當前政府勞政單位重要的政策措施。

　　至於臺灣社會企業的社會效應如何？本研究團隊曾經執行三次臺港兩地社會企業調查（2006、2010、2013年），其結果顯示臺灣的社會企業在設立產銷營業單位的目的，首要著重在社會目的，即重視「為弱勢團體創造就業機會」、「增進弱勢團體的社會適應能力」以及「提供職業訓練」。細觀之，臺灣社會企業設置的目的比較，「創造弱勢團體就業機會」、「提升弱勢團體就業者的收入」、「增進弱勢團體的社會適應能力」與「提供職業訓練」等皆是以服務對象為主要目的。其次才是「充實機構自給自足的能力」和「增加機構的經費收入」等經濟性目的。

　　以上三次調查結果具有高度的一致性，亦即臺灣社會企業單位的成立，非常重要的目的就在於提供或促進弱勢團體就業，透過提供庇護性職場、運用職業訓練或陶冶的方法，期許這群社會中不利於就業競爭者，能夠透過社會企業，協助他們有更佳的就業機會空間與所得保障。再者，我們也發現，臺灣的社會企業也高度期待其成立社會企業單位能夠「充實機構自給自足的能力」和「增加機構的經費收入」。因此，整體而言，臺灣的社會企業成立目的，主要仍以「社會性目的」為主，惟「經濟性目的」也在其考量的項目之內，亦即期盼從事產銷營業的收入能夠增進機構的自給自足能力。

　　臺灣社會企業的正面效應上，三次調查結果顯示社會企業的設置與營運，最主要的影響在於針對服務對象提供「就業與扶貧」之效應，其中社會面效應包含「增加弱勢族群就業機會」與「增加服

務對象日後進入競爭性職場的信心與能力」，而經濟面效應為「增加弱勢族群的所得收入」。另一方面，「充實組織的自給自足能力」則為臺灣社會企業單位的第二項具有重要性的正面效應，其中包含「充實機構的自給自足能力」、「提高機構的知名度」、「機構的營收能逐年增加」與「擴大機構的社會網絡連結」，這些面向較以經濟面效應居多。第三項正面效應為「充權與一般性的公益」，社會企業單位認為透過產銷營業的運作，使組織「易於實踐組織的公益使命」、「提供服務對象更適切的服務」、以及可以「帶動社會價值的改變」。最後，社會企業單位對於「社區發展」認為有正面效應，不管是「促進社區的產業發展」、「提升社區居民的凝聚力」、或「提供社區居民參與產品與服務生產過程的機會」，約超過三成的受訪單位認為社會企業對社區發展具社會效應（官有垣、王仕圖，2013、2016）。

# 參、研究方法與資料蒐集

## 一、研究方法與架構

　　本研究計畫欲探討臺灣工作整合型社會企業（WISE）的社會影響，因此先闡明研究方法，亦即目前有哪些可以用來依循參考的衡量途徑或模式。研究者認為，近十年來學術界先後發展出三個衡量途徑，其為「投資的社會效益」（Social Return on Investment, SROI）、「平衡計分卡」（Balanced Scorecard, BS），或「邏輯模式」（Logic Model, LM）（Javits, 2008; Kaplan & Norton, 1995;

Rauscher et al., 2012; Zappala & Lyons, 2009），可作為WISE的社會影響研究的重要參考研究途徑，相關衡量途徑之論述已於第二章有詳細討論。

　　為了要較為全觀地進行本研究，研究團隊提出一個研究架構來分析臺灣的工作整合型社會企業（WISE）的社會影響。此研究架構概念化為三個層次與四個構面（3 levels and 4 dimensions）如圖7-1所示。三個層次分別是個人（individual）、人際互動與家庭（interpersonal/family），以及社區與社會（community/society）。個人經由WISE的聘僱所獲得的利益，譬如職業技能的增進、就業的保障、薪資與脫貧，所產生的效益勢必影響家庭的功能與人際互動網絡，進而再像漣漪般影響了社區與大社會，最終有助於社會融合。

　　除了影響的層次外，研究團隊另強調四個構面，研究團隊構思「4E架構」（4E Framework），以此說明WISE的計畫與方案對於改善他們所服務的標的團體之生活的貢獻，此4E分別是（一）「提供就業」（Employment）、（二）「改善生活質量」（Enhancement of quality of life）、（三）「賦權」（Empowerment），以及（四）「社會融合」（Exclusion prevention）。在「就業」方面，可被理解為職業技能訓練、就業能力的提升、自行開業能力的增強等；而「改善生活質量」意謂家庭生活條件的改善、人際網絡的擴大以及逐漸脫離社會救助系統的援助等；所謂「賦權」是指標的群體或個人在社區裡感受到被信任以及社會資本的增強；而「社會融合」強調的是標的群體或個人被社區、社會接納程度的提升以及社會穩定的持續。

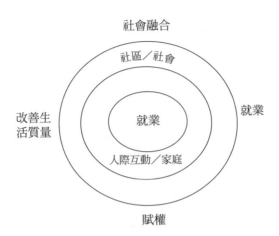

社會融合

社區／社會

改善生
活質量

就業

就業

人際互動／家庭

賦權

圖7-1　研究架構——臺灣WISE社會影響的三個層次與四個構面

## 二、資料蒐集與分析

　　本研究採取質性研究方法蒐集實證資料，亦即選擇「個案研究」（case study）的機構深度訪談（in-depth interview）與實地觀察（field observation）方式。依據前述有關WISE之定義，喜憨兒基金會以促進身心障礙就業為其重要服務宗旨，且其近年來之營收中，均有百分之五十至六十之間來自營業收入（Kuan et al., 2017），故符合有關工作整合型社會企業之型態。本研究首先針對喜憨兒社會福利基金會（Children Are US Foundation，簡稱為CAREUS）的董事成員、行政主管或主要幹部，以深度訪談的方式進行資料的蒐集，以瞭解管理階層對於CAREUS的經營理念、經營績效、服務對象的獲益與成長、社區／社會影響等看法。其次，有關受僱或培訓的人員部分，協調受訪的社會企業，選取工作人員或其家長，進行深度訪談，以瞭解其參與CAREUS的因素、參與的心路歷程、加入CAREUS之前與之後的人口特質變化，尤其是與就業

及生活質素改變、自信心與社會資本的增強有關的狀況。相關訪談邀請均經由機構和受訪者同意後，才進行訪談工作。

# 肆、個案分析：喜憨兒社會福利基金會

## 一、創立與發展

喜憨兒社會福利基金會（以下簡稱「喜憨兒基金會」或CAREUS）係由一群心智障礙者的家長於1995年所成立。創會初期以「財團法人喜憨兒文教基金會」為名，2001年向內政部登記立案為全國性基金會並正式更為現名。喜憨兒基金會以「為心智障礙者開創生命的尊嚴與生存的喜悅」為使命，期望透過愛與關懷來化解障礙，激發憨兒的潛能並回歸於社會之中。為了達到憨兒的「終生教育、終生照顧」，喜憨兒基金會規劃了三個願景計畫，第一個願景計畫是建構照顧系統的基礎建設，透過烘焙屋、複合式餐廳等不同形式的庇護工作站來提供憨兒的職業訓練，使其能夠自立自強；第二個願景計畫著重在憨兒的老化照顧，並且在2013年成立「天鵝堡」提供憨兒家庭的照護需求，以減緩「雙重老化」所帶來的衝擊。最後一個願景是建造喜憨兒醫院，期望提供更加完善、適切的憨兒健康與醫療系統（喜憨兒基金會網站，2016/08/27）。

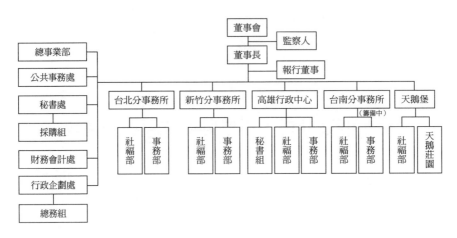

**圖7-2　喜憨兒基金會現有組織架構圖**

資料來源：喜憨兒社會福利基金會，2016/02/21，

http://www.c-are-us.org.tw/about/concept_organization

　　隨著組織業務不斷擴展，喜憨兒基金會於2013年進行一次組織改造，結合矩陣式管理思維以及雙主軸（社福部＋事務部）的策略重新規劃組織架構，並重新定位總事業部、公共事務部、財務會計部、祕書處、行政企劃處等部門，另外也將天鵝堡整合到組織事業版圖中（杜承嶸等人，2016）。目前喜憨兒基金會設有臺北、高雄、新竹等三個行政中心，以及臺南分事務所（見圖7-2），服務提供的項目包含：照顧服務、就業服務、復健服務、社區支持服務及社會宣導。其中就業服務的部分包含支持性就業、基金會聘用、庇護性就業與企業合作成立烘焙屋，根據2017年4月的喜憨兒基金會第一季董事會資料，2016年全年的統計就業服務的憨兒服務人數計有847人（喜憨兒基金會董事會議紀錄，2017/04/21）。

　　喜憨兒基金會2016年度的財務資料顯示，其年度總收入約為新臺幣六億三千八百萬元，其中事業部門的銷售收入為55%，政府補

助╱委託部分為20%，社會捐款部分為25%；而過去十年來（2007-
2016）基金會的年度收入的比例結構亦呈現類似的模式，即平均的
銷售收入占58%、政府補助╱委託收入16%、社會捐款26%（喜憨
兒基金會董事會議紀錄，2017/04/21），由此可知該基金會具有相
當高的財務自主性與穩定性。在專業人員的部分，目前約有四百二
十位專職人員，專業背景以心理系、社工系等為主（喜憨兒基金會
董事會議資料，2017/04/21）。主管A表示：「專業人員容易流
動，……影響我們建立一個很好的服務model。……資深人員主要
是認同基金會的理念去帶領新人，而在人員訓練的部分已有建立一
套SOP，使其能立即接軌。」（主管A，2015/03/09）顯示如何降
低專業人員流動率將是基金會必然會面臨的一大挑戰，同時主管B
也認為：「我們先要協助一般同仁，他們自己的專業能力先具足，
然後才有能力去協助憨兒在工作上的專業訓練。」（主管B，
2015/03/09）

　　在憨兒就業服務的部分，喜憨兒基金會朝向複合式餐廳營運的
方式，此不僅能夠提升憨兒就業工作的訓練，且透過場域空間的擴
充也能夠訓練與聘用更多的憨兒。主管B表示：「因為餐廳的服務
跟工作內容是複雜的，餐廳反而是一個很好做體驗的場域。所謂的
體驗就是一般的捐款人或消費者，如果要認識我們怎麼幫助心智障
礙者就業，或者心智障礙者在職場的表現，其實餐廳的深度跟廣度
是夠的，會比以前的麵包店提供更多的互動。」（主管B，
2015/03/09）此說明了基金會在擴大聘用憨兒的同時，也希望能夠
增加社會對於憨兒的認識，提高與憨兒的互動。此外，主管B提
及：「近幾年來我們很努力在做的，就是積極朝向ISO認證，用國
際標準來協助我們，使我們的職場可以更安全，也透過這樣的方式

讓我們的從業人員有一個標準化的作業方式。」（主管B，2015/03/09）此顯示基金會對於憨兒與其他員工工作環境安全的重視，並且確保專業人員的工作流程順暢，透過標準化作業流程減少專業人員的適應時間，藉此提高工作效率。

對於喜憨兒基金會未來的發展，主管B認為：「雖然我們主軸是烘焙與餐飲，可是我們還是會依市場需求調整。我覺得跟著市場潮流是基本一定要做的，難的是做的過程。如果你跟不上時代潮流，一直在尾端的話，就會撐不下去，或者你的市場永遠沒辦法擴大。」（主管B，2015/03/09）主管B亦強調：

> 我覺得品牌很重要！有時並不是我們主動去開發任何業務，而是因為這個名聲，大家直接來找我們，比如華碩找我們設點，也是因為別人看到我們民生餐廳孩子的服務，然後才來找我們，是不是可以去他們那邊設點。不過，當同樣性質的團體越來越多，一樣都是經營這些產品的時候，你就得要靠自己不斷翻新，不然市場被整個瓜分掉了。所以我們就必須比別人有更優良的東西出來，才有辦法持續下去。
>
> （主管B，2015/03/09）

此外，主管C認為：「我們今天要做的是……屬於這種小而美的，重視質的部分，初期其實資金不用太大，透過募資的方式來處理就好了。不用那麼大，整個主導性就會比較OK，比較能夠維持社會價值。如果我們做這件事情是要回到提供憨兒就業的社會價值為主，還是要回歸到主導性比較高的募資模式。」（主管C，2015/03/09）由此可知，基金會無論以何種組織形式呈現，仍然需

堅守原來的社會價值去進行，要在不違背組織價值的架構下去尋找獲利的模式，同時達到對憨兒最大的社會利益。

## 二、社會影響分析

### （一）服務對象的人口特質與狀況

　　至訪談的期間為止（2015/03），喜憨兒基金會總共服務約六百位憨兒，其中兩百多位憨兒輔導至轄下的事業部門就業，約佔總服務對象人數的三分之一。輔導就業的憨兒年齡層主要聚集在25至35歲，且大部分具備高中學歷，其中主管A表示：「每年陸續會有新的畢業生進來，但是舊的部分的話，我們的服務會維持一定的品質，並非不斷去擴大，而是也會保障舊的服務對象，若我們營運穩定，則服務對象的工作、年資跟收入是可以穩定成長的。」（主管A，2015/03/09）由此可知，憨兒的工作保障完備，有助於憨兒累積工作年資，獲得穩定的工作收入。而在憨兒的性別比例上目前約為1：1，主管A談及：「我們男、女比例算是蠻平均的，曾經有一度可能女生比男生多一點，但是差異並不大，還滿符合人口結構的。」（主管A，2015/03/09）

　　輔導就業的身障類型多屬於輕、中度的憨兒，主管A指出：「早期的部分比較會是所謂的典型喜憨兒，就是唐氏症或者是智力受損的部分，可是近期我們收了蠻多自閉症的，……自閉症的障礙類別光譜是比典型心智障礙者來的更廣泛，因為每個人特質都不一樣。」（主管A，2015/03/09）由此可知，服務對象不再侷限於傳統的喜憨兒，根據主管C表示：「非典型心智障礙者這些，大概就是精障、自閉、過動、躁鬱這些，以前可能占不到5%，現在大概

可能10%，未來可能會越來越高。」（主管C，2015/03/09）可以看出服務對象類型未來將持續不斷地多樣化。至於服務對象的社會經濟狀況，主要是中間偏低，主管A表示：「我們當然也有所謂社經地位良好的家庭，也有低收入戶的部分，但是對這樣對象的家庭來說，可能會有某一方是要犧牲自己的工作，因為他們投入的心力是比較高的。」（主管A，2015/03/09）此顯示出許多家庭往往會投入相當多的資源來照顧服務對象，使得整體家庭經濟負擔上升。

　　關於服務對象的就業經驗，大部分的憨兒是直接透過從學校銜接職場，一部分是透過地方政府轉介系統，主管C認為：「其實憨兒本身比較像白紙，但是家長本身可能會對於這份工作有所期待，譬如說他會覺得八點上班太早，家長會覺得六點下班太晚，或者是說憨兒今天遲到，家長會覺得憨兒的遲到本來就很正常啊！其實，我們要溝通比較多的是跟家長。」（主管C，2015/03/09）由此可知，相較於先前的就業經驗，家長對憨兒工作的期待反而是影響憨兒工作態度養成的主要因素。

## （二）服務對象至基金會工作後的轉變

### 1. 至喜憨兒基金會工作的契機與原因

　　憨兒在之前的就業經驗方面，對於有些受訪服務對象而言，餐廳是他們第一次工作，但也有服務對象曾有過其他工作經歷，像是燒烤店、縫紉等，也有在喜憨兒基金會的其他體系工作。依受訪服務對象的描述，發現每位服務對象進入喜憨兒基金會工作的路徑皆不同，包含他人（如學校老師、醫院志工、同學等）介紹、社會局轉介，或是先前即在喜憨兒基金會實習，畢業後選擇繼續留下工作。選擇在喜憨兒基金會工作的原因，受訪服務對象家長分別提及

許多抉擇因素，首先：「最滿意的就是學到東西，有穩定的工作，而且他自己也很有興趣。」（服務對象家長C，2015/06/24）其次，家長A強調：「我從來都沒有管她薪水領了多少，我在乎的是她快不快樂。」（服務對象家長A，2015/06/24）據此，受訪服務對象家長重視服務對象的興趣與感受，是否能穩定就業，但最重要的仍是在工作中能否學習到技能。

### 2.職場互動之情形

由於服務對象分別擔任內場（負責廚房相關事務等）或外場（負責招待客人等）的工作，所以互動的人也有所不同。外場員工是直接接觸店長、就（職）輔員，以及顧客，而內場員工則與廚房師傅較常相處，除非至外場服務才會與顧客有較多互動的機會。廚房的師傅主要是負責從旁監督指導技術層面的執行，並糾正憨兒錯誤之處（服務對象D，2015/03/10）。在互動的過程中，有受訪服務對象提及，由於廚房師傅十分要求速度與品質，因而造成他們的壓力（服務對象D，2015/03/10），譬如「師傅說要好看一點，但還是要加快，我要擺好看，唯一就是速度慢，如果你要我快，那就是不漂亮的意思。」（服務對象F，2015/03/10）因此，在與廚房師傅的互動上會有許多工作磨擦，此部分亦有受訪服務對象的家長表示：「師傅有跟他講說要他加快一點，可是口氣比較不好，他比較不能接受。」（服務對象家長D，2015/06/24）或者，當廚房師傅心情不佳時，會向服務對象發脾氣：「師傅是正常人，而這些員工是有殘缺的，有時候他們有點漏接或是什麼的，師傅就會發脾氣，他們就嚇了一跳。」（服務對象家長D，2015/06/24）

在就（職）輔員的方面，主要是負責工作訓練與情緒處理，所

以平常就輔員會排早班與晚班，陪同服務對象一同上、下班，可以在服務對象有問題時，給予即時的協助。受訪服務對象表示在工作上遇到問題或有壓力時，會在下班或休息時間與就輔員聊天，尋求協助。譬如，在工作過程中有不會的地方，就輔員會來幫忙：「寫訂單，要叫姊姊來協助我，因為訂單還不會寫。」（服務對象B，2015/03/10）或是，當服務對象之間有爭執無法解決時，就輔員會擔任居中協調的角色。但是，也有受訪服務對象比較不會與就輔員談論工作上的問題，而是關心身體狀況（服務對象F，2015/03/10）。據上述，對服務對象而言，就輔員扮演相當重要的角色，陪伴服務對象一起工作，協助解決問題，並關心他們的日常生活。

歸納而言，受訪服務對象與他們的家長相當滿意基金會所提供的服務，且當憨兒在職場上有問題時，工作人員也會向家長說明憨兒的情形，讓家長能瞭解實際狀況，而家長也會給予建議。受訪服務對象的家長也有提及憨兒的感受：「這裡的同事、老師，有把她當作朋友，有聽她的心聲，有照顧到她，她沒有被歧視的感覺。」（服務對象家長A，2015/06/24）

### 3. 薪資分配與使用

關於薪資的部分，受訪服務對象提及每月約為20,000至21,000元之間。有一位受訪服務對象提及，先前在燒烤店工作時，月薪28,000至30,000元，兩者間的薪資差距約為9,000元，然而：「以前燒烤店沒有學到什麼東西，只是學怎麼樣調醬而已。」（服務對象D，2015/03/10）接續，將依服務對象的薪資分配之情形、日常開銷之主要項目與薪資使用之管理方式等面向來進行分析。

首先，在薪資分配上，由於多數受訪服務對象的家庭成員皆有

在工作，家庭經濟有固定的收入來源，因此憨兒的薪資所得並非家庭的主要收入來源。服務對象的薪資是以個人的日常消費與儲蓄為主，較少支付家用，受訪工作人員提及：「其實我們這邊真的比例比較少，可能不到百分之十是要支付家用的，基本上九成都是家長真的看到孩子獨立、工作需求、人際需求這一塊，其實薪資多是幫他儲蓄做未來規劃。」（工作人員A，2015/03/09）在儲蓄方面，主要也是由服務對象的家人來管理與規劃。然而，也有受訪服務對象提及，因為父母沒有在工作，所以這份收入歸於家庭開支使用，自己僅留少許作為日常花費（服務對象F，2015/03/10）。綜上所述，目前薪資收入對於受訪服務對象的家庭而言，以支付服務對象的日常生活消費與儲蓄為主要用途。

　　其次，在日常開銷上，受訪服務對象提及有餐食、交通、或者休閒娛樂等費用。第一，在餐食方面，服務對象需要支付自己的午餐與晚餐費用，以統一訂便當為主，所以受訪服務對象提及零用錢主要用於餐食（工作人員E，2015/03/10）。第二，在交通方面，由於受訪服務對象離工作地點有段距離，需要以捷運、公車或騎乘交通工具的方式抵達，所以交通也是他們要負擔的花費。但是，受訪服務對象有愛心卡，所以在搭乘捷運時可享優惠，公車則可免費，每個月有120點可使用（工作人員E，2015/03/10）。據此，每位受訪服務對象可選擇他們自己想要的交通方式，而政府單位也有以補助的方式給予其優惠。第三，在休閒娛樂方面，受訪服務對象有提及：「交朋友，然後約出來看電影，也有去吃飯。」（服務對象D，2015/03/10）受訪服務對象也會分配部分薪資在日常社交活動時作使用，像是看電影、與朋友聚會與出外郊遊等。另外，薪資也需要支付平常的基本開銷，如電話、香菸等費用（服務對象家長

C，2015/06/24）。

　　最後，在薪資使用上，受訪服務對象若有需求再向家人提出：「領的錢也都拿回去，我是拿給我爸，跟他講說大概給我多少，如果不夠的話，再跟我爸拿。」（服務對象D，2015/03/10）因此，薪資主要是由家人來管理，但有受訪服務對象與家長皆提及，若需要用錢，基本上家人會同意且不會限制他們（服務對象家長A，2015/06/24）。再者，受訪服務對象亦提及薪資對她而言，代表她可以買自己想要的東西（服務對象E，2015/03/10），說明在薪資上，她可以自主的使用。另外，有受訪服務對象的家長表示，薪資主要是由服務對象自己處理，但卻無法妥善控管財務（服務對象家長C，2015/06/24）。由此可知，無論薪資是由家人或自己來管理，基本上服務對象在金錢使用上仍有其自主性，並不會受到限制，而對於金錢使用的態度則因人而異。

### 4. 增強能力與自信心

　　在工作技能方面，受訪服務對象的家長提及服務對象的廚藝有進步，且可以開始教導新進人員：「他有進步了，有一些人跟我說：你的兒子還不錯，還能搞幾樣菜出來。」（服務對象家長C，2015/06/24）另一家長指出：「進步很多，他剛開始時候，準備一些沙拉、記菜這些，後來自己有在掌廚。」（服務對象家長D，2015/06/24）再者，由於能力的提升，使得受訪服務對象建立自信心，而這些都是他們實質擁有的技能，也會想證明給身邊的人看（服務對象家長A，2015/06/24）；另外，也有服務對象強調：「工作就是學到也是自己的，將來學到可以親自下廚炒給家人吃、朋友吃，讓他們感覺我們真的是有學到東西。」（服務對象F，

2015/03/10）由此顯示，服務對象在工作能力上有明顯的提升，對於他們來說是種正增強。

　　喜憨兒基金會亦鼓勵服務對象能考取證照，主管C提及：「我們會協助憨兒去考門市的丙級證照，跟烘焙的丙級證照，我們會期待他們在工作能力上面可以提升。考上證照的好處是他們自信心會增加，對他們工作會有不同的認同。」（主管C，2015/03/09）此外，基金會亦會協助服務對象參與國內與國際比賽：「我們有看到一些全國性技能競賽的機會，我們會協助訓練他們去參加比賽，全國性的，第一名就可以代表國家去國外參加比賽了。」（主管C，2015/03/09）藉由這些方式除了可以增強服務對象的自信心外，亦可讓外界看到服務對象的能力，並給予最為實質的肯定。另外，有受訪服務對象的家長表示：「到目前為止，至少在思考邏輯方面比較好一點，在講話上會比較有條理，事實上是真的有進步。」（服務對象家長A，2015/06/24）顯然，因為工作關係，使得服務對象在思考邏輯方面有明顯的進步，說話也比較有條理，並開始會安排自己的生活。

### 5. 社會互動與社區參與

　　在喜憨兒經營的餐廳，服務對象有與顧客接觸的機會，而顧客亦會給予憨兒直接的鼓勵，對憨兒而言，在這裡工作很開心的是可以跟人互動（服務對象E，2015/03/10）。主管C亦提及：「消費者給憨兒直接回饋，都比我們工作人員跟他們講十句好很多，我覺得這是雙贏，就是消費者本身可以有認同或是體驗的感動，這個感動能夠直接回饋給服務的憨兒們，他們本身因而受到的鼓勵跟對自己信心的增強是非常高的。」（主管C，2015/03/09）因此，對服務

對象來說，消費者給予的肯定是相當重要的自信心來源，從中促進了社會融合，同時也帶來賦權的能量，使服務對象能跟社會大眾互動，並建立其信心。雖然由於工作的關係，並無法有過多的互動，但對服務對象來說，與人的互動是他們在工作中開心的事情，也是建立信心的來源。

喜憨兒基金會每年會固定舉行三次活動，其中一次是兩天一夜的大型活動，會邀請基金會所有的員工來參與，而活動的參與僅需要負擔部分費用即可。因此，許多服務對象都熱衷參加這些活動（工作人員F，2015/03/10）。服務對象會參與有興趣的團體，而因為工作有與同事相處，人際互動也比先前更好（工作人員B，2015/03/09）。受訪服務對象也表示自從工作後，朋友有明顯增多，且喜歡參與喜憨兒基金會所舉辦活動，像是員工旅遊或表演欣賞等（服務對象D，2015/03/10）。因此，喜憨兒基金會所舉辦的活動相當受到服務對象的歡迎，而服務對象也會視自己的喜好參與活動。在參與活動的過程之中，與其他員工互動，建立關係，也能學習到新的事物。

綜上所述，喜憨兒基金會的工作方式讓憨兒能有機會與顧客接觸，增加互動機會。在平常時，服務對象喜歡參與基金會所舉辦的活動，或者參與其他單位的活動，也時常與家人和朋友相處。但是，也有部分受訪服務對象並沒有因為到喜憨兒基金會工作後，在社會上的互動有所改變，這方面仍與個人性格與平常習慣有關係。

### （三）整體社會性與經濟性的影響

就整體的社會性與經濟性影響而言，主要可分為工作制度與環境的建立、家庭層面的影響、賦權的效果，以及社會融合的達成

等部分。

### 1. 工作制度與環境的建立

從一開始的工作環境設計，喜憨兒基金會即投入許多心力，思考如何提供服務對象與顧客舒適的環境，且亦符合憨兒的特質：「我們整個店在做裝潢的時候，就把憨兒的特質要思考設計進去，然後讓顧客也覺得是舒適的。」（主管C，2015/03/09）對基金會而言，組織需要量身訂做一個適合的工作環境，使餐廳能順利營運，並協助憨兒穩定工作且技能有所提升。目前服務對象當中，輕度與中度的智能障礙者各佔一半，而從訓練到熟悉工作內容的時間，需視憨兒的狀況而定，有部分可能訓練半年即可轉銜至外面的支持性就業，但也有部分訓練五年以上也無法進行轉銜。因此，在這過程之中，如何使憨兒學習到工作技能，並且讓工作能順利進行，工作訓練的設計成為相當重要的關鍵。

首先，新進的憨兒會先至職場試作，以評估憨兒的狀況：「先到職場去做試作，然後評估這個孩子是不是適合在這個職場，還是說他比較適合什麼樣的職場環境，由個案管理這邊再去做，這個部分是需要跟家長溝通，才會再做安排。」（工作人員C，2015/03/09）接續，工作人員會制定一套標準的工作流程，並將動作拆解，依憨兒的個人特質來分配工作：「比方說他可能比較適合做一些比較專注、較久的，我們可能就會找符合這個特質的工作給他。反之，可能有一些比較需要人際互動的憨兒，我們就會找一些比較有人際互動方面的工作給他。」（工作人員D，2015/03/09）在這部分，工作人員亦會與家長討論個人化服務計畫（Individualized Service Plan，簡稱為ISP），即針對憨兒狀況做工作訓練內容的設計：「因為每

個個案資質可能不一樣，他們的程度不太一樣、精細度也不一樣，我們會去觀察要怎樣設計一個他可以完成這個工作的流程，所以同一個工作對於不同憨兒的工作流程也有可能是不一樣的。」（工作人員D，2015/03/09）再者，在工作過程中，有時可能需要輔具的協助，而同一項工作，每位憨兒需要使用的輔具也可能有所不同，但是輔具也不見得適用，有時亦需要修正調整，或是引介其他資源，以協助憨兒能順利完成工作（工作人員D，2015/03/09）。據此，工作人員會先透過職場試作瞭解憨兒的狀況，並依其特質分配工作，以及制定個人化服務計畫，倘若有需要，則會利用輔具協助憨兒進入工作場域。

　　然而，對一個具有庇護性功能的職場而言，在工作訓練過程中會面臨到許多困境與挑戰：「因為我們畢竟是一個庇護的職場，所以營運跟服務其實是會需要一個平衡，因為畢竟要融入社區，你還是要適應市場性，所以我們還是會盡量取得平衡。」（工作人員A，2015/03/09）所以需要綜觀眾多面向來考量，並在這之間取得平衡。再者，由於每位憨兒的程度不同，需要的服務跟支持也有所差異（工作人員D，2015/03/09）。但是，在這之中，基金會除了強調工作能力外，需更加重視憨兒的就業態度：「我們現在針對孩子的訓練，比較著重的是職業能力，不會是在工作技巧，應該是說他的職能的部分，有人際或是他跟別人合作，或是情緒管控，那個才是他學會之後帶著走的能力。」（工作人員A，2015/03/09）因為工作技能可以經由反覆訓練而學會，但是如果沒有良好的就業態度，則無法穩定產生正向效果，而一旦養成後，即是憨兒往後能順利就業的重要關鍵。

　　另外，在工作人員方面，亦需要協助他們在職場中找尋工作價

值，例如對主廚而言，需要在專業技能與教導憨兒之間取得平衡：
「我們有一些主廚是從飯店來的，我們在找專業技術人力上其實是
辛苦的，因為他的重心之一是帶孩子工作，不完全是在他的產品
performance。所以，我們要花很大的氣力去讓他們在這邊重新找到
職業價值與認同。」（主管B，2015/03/09）對喜憨兒基金會而
言，事業體的經營是相當重要的一個環節，除協助憨兒就業外，亦
需要考量到整個餐廳的營運，甚至是餐點的品質。因此，在營運
上，主廚扮演極為重要的角色，要帶領憨兒工作，也需要展現自己
的專業度。然而，在實質層面大家重視的卻是憨兒的表現。因此，
基金會需要投入更多的心力協助主廚重新在工作中找到工作價值與
認同感，使主廚能繼續留下來工作。

　　總體而言，社會企業在運作的時候，需要考量到整個體系內工
作的所有人員，不僅是服務對象而已，工作人員對於工作價值與認
同感的建立，亦是需要被重視的。因為實質與服務對象接觸的往往
是第一線的工作人員，他們呈現的工作態度，也會影響到服務對象
所接收到的服務，所以此部分會牽連整個社會企業所呈現的樣貌，
甚至對社會目標的達成會有所影響。最後，由於事業體不斷擴大，
使得喜憨兒基金會備受社會大眾與政府的注視。因此，如同前面所
述，現在基金會積極朝向ISO的認證努力，而工作人員亦需要先具
備足夠的專業能力，才能協助憨兒在工作上的專業訓練。透過國際
標準認證的方式，加強整個工作流程品質的確保，降低出錯的機
率，以穩固基金會建立的品牌形象。

### 2. 家庭層面的影響

雖然在家庭經濟方面，多數家長認為沒有改變，但是主管表

示：「我們憨兒就業的穩定相對的帶出家長的就業部分；亦即，一旦原本的照顧人力不再需要做所謂的每日照顧之時，這樣子家庭人力就出來了，他可能就出去就業了。」（主管A，2015/03/09）對家長而言，當學校教育結束後，倘若沒有一個衛接管道使憨兒能進入就業市場，家中必須有人負擔照顧憨兒的責任。憨兒若能穩定就業，對家庭是具有一定影響的，即使憨兒賺取的薪資無法對家庭經濟產生太大改變，但其衍生出的效益，除增加另一個經濟來源外，亦可提供家庭照顧者喘息的機會。

另外，對家長而言，喜憨兒基金會提供一個友善的工作環境，並能學習一技之長，使家長能安心讓憨兒待在這裡（服務對象家長C，2015/06/24）。但是，主管指出，對憨兒來說，家庭的影響是相當重要的因素：「有時候因為我們的憨兒是一張白紙，所以要搞定的並不是憨兒，反而是家長的期待與跟家長的溝通。」（主管A，2015/03/09）在工作場域的問題，可以透過技術方法解決，但若是因為家庭的關係而影響憨兒的工作表現，像是出缺勤問題、未定期就醫或隨意增減憨兒的用藥等狀況，仍需要與憨兒的家庭溝通。因此，基金會設置「個管組」來處理這一部分問題，解決憨兒、家庭與工作之間的困擾因素（主管A，2015/03/09）。在這過程中，基金會的「個管組」需要陪伴家長一同看見憨兒的改變，且搭起彼此之間的橋樑。因此，基金會協助的對象不僅是憨兒，更是一整個家庭。在這過程中，工作人員需要搭建憨兒、家庭與職場之間的橋樑，使彼此能相互溝通與理解，讓整個憨兒能穩定就業。對家庭而言，基金會除提供憨兒一份就業機會外，同時亦促使家庭創造更多資源。

### 3. 賦權的效果

首先，主管提及在工作場域上，提升憨兒的自主權：「因為他在工作場域裡面會認識朋友，也有自己活動的時間跟空間，這方面的拓展，他的自主性會增強。此外，我們在工作分配上面，不斷強調他要能夠工作自主，要能夠為他自己的事情去負責。」（主管C，2015/03/09）據此，由於交友圈的建立，使得憨兒能自主安排自己的時間，且分配每位憨兒需自行負責的工作，亦能讓憨兒學會用自己的能力，將份內的事情處理好。透過這些方式培養憨兒自我解決事情與安排的能力，而不再仰賴他人。另外，憨兒比起過往，更有能力表達自己想說的話：「因為我們做的是一個服務工作，是一個面向人群的工作，所以在這邊工作的憨兒特質是，他其實是可以與人對話的，他也可能會跟你一股腦兒講他感興趣的東西。」（主管A，2015/03/09）因此，透過工作環境提供憨兒能有與人對話的機會，無論對話內容為何，至少他們願意開口說話，表達自己的想法，亦能慢慢訓練他們說話的邏輯能力。不過，主管也有談到：「心智障礙者習慣去回應你的想望，我們的話語很容易引導他去往我們想要的答案走。」（主管A，2015/03/09）所以，當工作人員在和憨兒說話時，需注意自己的言詞，以避免這樣的情形發生，進而培養憨兒表達自己想法的能力。

其次，工作人員會開始建立憨兒對金錢的觀念，譬如讓憨兒認識存摺裡的錢會因為他們認真工作而增加。在方法上，工作人員會跟家長建議：「當你在訓練金錢管理的時候，你不是一次給他一個月的零用金，他一定會全部花掉，而是你怎麼樣去訓練他從一天、三天、五天，然後他就可以慢慢知道原來我要分配我的錢。」（工作人員B，2015/03/09）然而，這部分需要先與家長取得共識。因

此，金錢管理的訓練需要花費長時間與家長溝通，而現在仍以家長代為管理薪資為主。

再者，因為有工作的關係，也改善憨兒在家中的地位，且改變社會對憨兒的觀感而能增強憨兒自我價值認同感，敢於與其他人接觸（工作人員B，2015/03/09）。對憨兒而言，工作即是自我價值認同感的來源，且在金錢上若能給予憨兒部分掌控權，可減少憨兒對於自我否定的情況產生，可提升他們的自信心，亦能讓他們學習如何分配手中所擁有的零用錢。

最後，由於憨兒逐漸開始擁有自主權的意識，對家長而言亦需要調適心態。在訪談過程中，主管提及到：「他能夠跟你表達的內容變多了，他能夠決定的事情變多了，就是一個質的改變。然而，對某些家長來說，看不到質的改變，只看到問題的衍生。」（主管A，2015/03/09）因為憨兒開始改變，能表達自己的想法、能開始自己決定事情、能進行許多社會互動等，與家長過去所認知的模樣有所差異。原因來自於，工作使得憨兒的生活圈擴大，接觸到的事物也越來越多，但家長認為：「他們出去好嗎？以前都是跟我們一起出門耶！會有些擔心。」（主管A，2015/03/09）因而，工作人員也要為家長做好心理建設：「我們在一開始晤談家長的時候，就會先跟家長打預防針說：『我覺得孩子進來職場之後，家長可能會有一些衝擊，可是這是好的，不要覺得他變壞囉！』」（工作人員B，2015/03/09）藉此減輕家長在這過程中的衝擊感，而當憨兒表達自己想法時，該給予多少自主權，亦是需要家長與工作人員相互溝通，並從中取得平衡點的地方。

### 4. 社會融合

因為過去憨兒接觸的環境多在學校或在家庭，鮮少與社會大眾有互動的機會，使得刻板印象無法消弭。喜憨兒基金會在各地所設的餐廳與麵包坊使用開放式透明玻璃，使社會大眾能直接看到憨兒工作的模樣，增加彼此親近與認識的機會，且現在工作人員和憨兒也都穿著相同的制服，去除彼此之間的區隔：「你其實有時候可能認不出誰是憨兒、誰是工作人員，因為我們都穿一樣的制服。」（主管A，2015/03/09）另外，基金會也藉由餐廳此一平臺，使憨兒能有與社會大眾互動的管道：「譬如，店裡面的一些門市的服務，或是我們有時候會有一些義賣，讓社會大眾更瞭解憨兒，更能接受憨兒。」（工作人員C，2015/03/09）再者，社會大眾在實際接觸後，也可以真正認識憨兒的樣貌，消除過往的刻板印象：「譬如，我們光復店改裝成前店、後場，而中間是透明的玻璃，你可以直接看到憨兒在那邊工作，他不是流口水的，過去有聽過我們的客人說：『你們做那個麵包，他會流口水嗎？』」（主管A，2015/03/09）主管B強調：「很多人只要到過我們餐廳，跟憨兒互動過的話，會非常驚豔說：『原來他們是這麼樣子的』！於是，他們的刻板印象會被改變。」（主管B，2015/03/09）社會大眾也會透過官網或寫信的方式給予回饋，因此，運作餐廳的重要性在於，它可以讓憨兒與社會大眾有更進一步互動的機會，透過實際接觸來建立最為真實且深刻的印象，以達到社會融合的正向效果。

再者，喜憨兒基金會會定期蒐集顧客的意見，以得知服務的成效。藉此可瞭解提供的產品是否符合顧客期待，因為顧客第一次來消費，主要是做愛心與支持，但若要長久經營，仍需要他們持續到餐廳光顧，所以必須兼顧品質，亦可檢視服務成效與社會的接納程

度。因為對基金會而言，開餐廳的目的在於讓憨兒能與社會大眾親近互動，讓憨兒能順利在職場就業。喜憨兒基金會透過這樣的方式，讓企業相信憨兒是有能力的，所以工作職場也需要回歸市場機制，才能真正的協助到憨兒。

> 我們也遇過被職場退貨的，亦即，我們轉介出去的孩子又被公司退回來。臺灣的企業雖然有法令規範，但還是寧可被罰款的比較多，這困難就是在於他沒有辦法去控制一個多變的心智障礙者。以我們基金會經營的話，至少有一個功能就是要讓企業相信這些孩子是可以做得到的，但是需兼顧專業、方法，以及需要比一般人多一些教育或關注在裡面。

> （主管B，2015/03/09）

其實社會大眾可以直接看到憨兒工作的狀況，瞭解他們的工作過程，同時也達到監督的效果：「只要是上班時間，直接可以進去做檢測的，我覺得對我們來講是很大的壓力，亦即，我們隨時可能做了一件不對的事情，服務人員或者是營運人員不小心罵了憨兒，或者是做了什麼事，馬上就會被拍下來。這就是我們要隨時引以為戒的，因為他是一個open window。」（工作人員C，2015/03/09）然而，這樣的方式也是社會性影響最明顯且有效之處：「這個社會企業對社區最大的影響就是那個show window。他們可以不用進來，從外面看也能夠瞭解，原來心智障礙者是可以工作的。」（主管C，2015/03/09）顯然，透過親眼所見與實際體驗，讓社會大眾能真正認識憨兒，並對他們的工作能力改觀，這部分也是喜憨兒基金會所欲達成的社會影響。

# 伍、結論

　　喜憨兒基金會成立迄今已邁入第二十三個年頭（1995-2018），對於喜憨兒所提供的服務也越來越多元且日趨全面。目前基金會建立了一套轉銜系統，從發掘憨兒到提供憨兒就業，乃至於老年照顧，都具有相當妥適的規劃。作為一個NPO社會企業，喜憨兒基金會致力於提供憨兒就業，對此，基金會考量到憨兒的特殊性，致力於規劃與調整一個能夠符合憨兒需求的就業職場，期望能夠讓憨兒回到勞動市場。

　　此次研究根據就業、生活品質改善、賦權與社會融合的層面，分析WISE對服務對象（憨兒）產生的社會影響。首先，基金會依憨兒的特質分配工作，並在職場上建立一套標準工作流程，亦針對憨兒提供個人化服務計畫，讓憨兒能更順利投入於工作場域。在工作訓練過程中，除工作技能指導外，也相當重視就業態度的養成。其次，由於憨兒所賺取的薪資，多用於個人的日常生活開銷與儲蓄，並非家庭主要的經濟來源。不過，基金會提供一個管道讓憨兒能穩定就業，對家長來說，可以減輕照顧負荷，且能出外工作賺取薪資，提升家庭經濟收入。第三，因為工作使得憨兒在家中的地位有所提升，且開始擁有自主權，安排自己的時間參與社會互動的活動。雖然薪資仍多是採取家長代為管理的方式，但是憨兒可以藉由零用錢的支配學習金錢管理。最後，因為工作場域在餐廳與麵包坊，使憨兒能有與社會大眾接觸的機會，經由互動的過程讓社會大眾瞭解憨兒是具有工作能力，打破過往對憨兒的刻板印象。

　　整體而言，在社會影響的各層面上皆有其一定的效果。對憨兒

來說，不僅在於提供一份就業機會，更提升他們多項能力，且大幅增加社會互動的機會。然而，在社會大眾與政府等各方監督下，使得喜憨兒基金會需要更加重視服務與產品的品質，並且為了能夠在競爭性市場環境中生存，勢必要建立品牌形象，穩固事業體的發展，以提供憨兒一個更為穩定的就業環境。

# 參考文獻

王仕圖、官有垣、林家緯、張翠予（2010），〈工作整合型社會企業的角色與功能：臺灣與香港的比較分析〉，《人文社會科學研究》，4卷，2期，頁106-130。

行政院勞工委員會（2011），《多元就業開發方案》，網址：http://www.cla.gov.tw/cgi-bin/siteMaker/SM_theme?page=4e12d9e6，檢索日期：2012/7/12。

杜承嶸、官有垣、王仕圖、陳錦棠、韓意慈（2016），〈臺灣工作整合型社會企業的治理個案〉，收錄於官有垣、陳錦棠、王仕圖（主編），《社會企業的治理：臺灣與香港的比較》，第十章，頁215-222。高雄市：巨流。

官有垣（2008），〈社會企業組織在經營管理的挑戰：以喜憨兒社會福利基金會為案例〉，《兒童及少年福利期刊》，14期，頁63-84。

官有垣、王仕圖（2013），〈臺灣社會企業的能力建構與社會影響初探〉，《社區發展季刊》，143期，頁51-67。

官有垣、王仕圖（2016），〈臺灣社會企業的治理與社會影響〉，收錄於官有垣、陳錦棠、王仕圖（主編），《社會企業的治理：臺灣與香港的比較》，第八章，頁173-194。高雄：巨流。

陳錦棠、黎家偉（2013），〈香港社會企業的社會影響初探〉，《社區發展季刊》，143期，頁151-160。

喜憨兒基金會（2017/04/21），〈董事會議紀錄〉，高雄市：喜憨兒基金會總部。

訪談資料，2015/03/09，喜憨兒基金會主管焦點座談，訪談地點：喜憨兒基金會臺北事務所。

訪談資料，2015/03/10，喜憨兒基金會員工A，訪談地點：喜憨兒基金會民生店。

訪談資料，2015/03/10，喜憨兒基金會員工B，訪談地點：喜憨兒基金會民生店。

訪談資料，2015/03/10，喜憨兒基金會員工C，訪談地點：喜憨兒基金會民生店。

訪談資料，2015/03/10，喜憨兒基金會員工D，訪談地點：喜憨兒基金會
　　民生店。

訪談資料，2015/03/10，喜憨兒基金會員工E，訪談地點：喜憨兒基金會
　　民生店。

訪談資料，2015/03/10，喜憨兒基金會員工F，訪談地點：喜憨兒基金會
　　民生店。

訪談資料，2015/03/10，喜憨兒基金會個管員，訪談地點：喜憨兒基金會
　　民生店。

訪談資料，2015/06/24，喜憨兒基金會員工家長A，訪談地點：喜憨兒基金會
　　臺北事務所。

訪談資料，2015/06/24，喜憨兒基金會員工家長B，訪談地點：喜憨兒基金會
　　臺北事務所。

訪談資料，2015/06/24，喜憨兒基金會員工家長C，訪談地點：喜憨兒基金會
　　臺北事務所。

訪談資料，2015/06/24，喜憨兒基金會員工家長D，訪談地點：喜憨兒基金會
　　臺北事務所。

Javits, C. I. (2008), REDF's current approach to SROI. The Roberts Enterprise Development Fund, Retrieved on 2013/10/22 from www.redf.org/learn-fromredf/publications/119

Kaplan, R. S., & Norton, D. P. (1995), "Putting the balanced scorecard to work", in D. G. Shaw, C. E. Schneier, R. W. Beatty, & L. S. Biard (Eds.), *The Performance Measurement, Management and Appraisal Sourcebook*. MA: Human Resource Development Press.

Kuan, Y. Y., Wang, S. T., & Duh, C. R. (2017), "The development features of work integration social enterprises in Taiwan since the mid-2000s", Paper presented at 6th EMES International Research Conference on Social Enterprise-Social enterprise for sustainable societies, July 3-6, 2017, Universite catholique de Louvain, Louvain la Neuve, Belgium.

Lin, C. Y., Laratta, R., & Hsu, Y. H. (2011), "The impacts of the MEPP on program participants and NPOs in Taiwan", *International Journal of Sociology and Social Policy*, 31(5), 302-318.

Rauscher, O., Schober, C., & Millner, R. (2012), "Social Impact Measurement and

Social Return on Investment (SROI)-Analysis: New methods of economic evaluation?", Working paper. Vienna, NPR Competence Centre, Vienna University of Economics and Business.

Zappala, G., & Lyons, M. (2009), "Addressing disadvantage: Consideration of models and approaches to measuring social impact", the Centre for Social Impact, Retrieved on 2013/10/22 from http://www.socialauditnetwork.org.hk/files/8913/2938/6375/CSI_Background_paper_No_5-Approaches_to_measuring_social_impact_-150210.pdf

# 第八章

# 臺灣家扶基金會的
# 幸福小舖個案分析

杜承嶸、官有垣、王仕圖

# 壹、前言

　　臺灣最常見與盛行的社會企業組織即是以「工作整合」（work integration）為特色，或另稱之為「積極性就業促進的社會事業」（Affirmative businesses），統稱之為「工作整合型社會企業」（WISE）。此類社會企業極為關切那些被社會排除的弱勢團體，藉由提供工作給這些人們，使之整合入勞動力市場（O'Hara, 2004; Boschee & McClurg, 2003）。這種就業促進模式強調為智障者、肢障者、女性、原住民，以及經濟或教育方面的弱勢者提供職業訓練、工作機會、提供一般市場水平的工資，以及輔導創業，已逐漸被愈來愈多的非營利組織（NPO）所仿效，而政府在舒緩失業率帶給社會衝擊上的各種因應策略中，此模式也被積極運用，其目的即在期盼對那些長期失業者與弱勢者，嘗試將他們重新整合入勞動力市場。WISE所追求實踐的組織目標聚焦於協助解決失業問題，進而舒緩失業的衝擊，例如就業創造、職業訓練、服務對象或員工增加所得，以及增強標的團體的社會適應力。換言之，WISE對於社會或社區的正向、積極影響在於協助弱勢團體獲得更多就業機會、增加所得，且透過就業與職訓，使得這些所謂被「社會排除」的群體或個人逐漸獲得社會認可，進而提升自我依賴的能力。

　　本書目的在於透過具體的研究歷程，深入瞭解WISE針對其所服務的弱勢群體在就業促進、貧窮舒緩、生活質素的提升、賦權等面向上究竟扮演了什麼樣的角色，以及實質發揮了多大的功能。故本章採用作者群所共同參與的2014-2016年科技部補助的研究計畫——「臺灣與香港工作整合型社會企業的社會企業影響研究」（MOST 103-2410-h-194-091-MY2）收集來的部分資料，以臺灣家

扶基金會的兩個家扶中心為例進行個案分析，探究臺灣工作整合型
社會企業的社會影響[1]。

# 貳、資料蒐集與分析

　　本研究採取質性研究方法蒐集實證資料，亦即選擇「個案研
究」（case study）的機構訪談（in-depth interview）與實地觀察
（field observation）的方式。首先，針對社會企業的經理人或主要
的執事幹部，採用深度訪談的方式進行資料的蒐集，以瞭解管理階
層對於WISE的經營理念、經營績效、服務對象的獲益與成長、社
區／社會影響等看法。其次，有關受僱或培訓的人員部分，受訪的
社會企業選取三到六位的人員，進行焦點團體訪談。由於焦點團體
一方面具備個人經驗分享，同時也能刺激參與成員的經驗的延伸，
因此透過焦點團體的討論，將有助於研究者更深入地瞭解此類工作
人員參與WISE的動機因素、參與的心路歷程、加入WISE之前與之
後的人口特質變化，尤其是與就業及生活質素改變、自信心與社會
資本的增強有關的狀況。表8-1所呈現乃本次個案研究受訪人員一
覽表，除了基金會總會主導的處長外，主要即是苗栗、花蓮兩地家
扶中心的地區主任、負責方案操作的資深幹部或督導，以及扶助對
象。

---

1　本章內容修改、增刪自官有垣、杜承嶸、王仕圖（2018/06），〈工作整合型社會
　企業的社會影響：臺灣家扶基金會的個案分析〉，《國家與社會》，第20期，頁
　1-52。

表8-1　受訪人員一覽表

| 代號 | 訪談時間 | 單位 | 身分 |
|---|---|---|---|
| T | 2014/12/25 | 苗栗家扶中心 | 主任 |
| A | 2015/02/14 | 苗栗家扶中心 | 扶助對象 |
| B | 2015/02/14 | 苗栗家扶中心 | 扶助對象 |
| C | 2015/02/14 | 苗栗家扶中心 | 扶助對象 |
| L | 2015/02/14 | 苗栗家扶中心 | 扶助對象（群創全家店長） |
| S | 2015/02/14 | 苗栗家扶中心 | 資深員工幹部 |
| W | 2015/05/19 | 家扶基金會（總會） | 處長 |
| H | 2014/12/26 | 花蓮家扶中心 | 資深督導 |

# 參、個案分析：臺灣家庭兒童暨扶助基金會 ——苗栗、花蓮家扶中心

【開辦社會企業緣起】

　　財團法人臺灣兒童暨家庭扶助基金會（以下簡稱家扶基金會），自設立以來，持續以關懷弱勢族群的家庭及兒童為主要服務目標，透過家庭經濟扶助方案以協助生活貧困的家庭自立（王明仁等，2009）。家扶基金會於2007年引進社會企業的概念，2008年建立了公益販售平臺——「幸福小舖」，同時也鼓勵地方中心以社會企業概念的運作方式，透過連結企業與社會的愛心資源，培力受扶助家庭與青年就業技能，並協助他們創業，提供實質的就業機會（魏季李，2014：189）。亦即，「幸福小舖」方案是家扶基金會因著貧困家庭的經濟扶助內容，引進社會企業發展工作機會，讓服

務對象能夠積極脫離貧窮。目前家扶基金會在全臺共有11處地方家扶中心執行幸福小舖社會企業方案，包括苗栗家扶和南臺南家扶的全家便利商店、花蓮家扶的希望工坊、南臺中家扶的幸福小舖、家扶彩虹工作坊，以及宜蘭家扶的幸福小舖等。

家扶基金會的各地方家扶中心經營的幸福小舖可歸納成三種型態：（1）商品生產型、（2）店舖營運型、（3）綜合型（何素秋等，2012）。第一類「商品生產型」是以服務對象生產產品後販售自家商品為主，如花蓮家扶中心的希望工坊、宜蘭家扶的幸福小舖，係服務對象生產包包、帽子等物品，再由家扶基金會與地方家扶販售；第二類「店舖營運型」則是經營全家便利商店，例如苗栗家扶中心所經營的竹南群創家扶全家便利商店。這兩類的共同點都是由家扶社工擔任媒合者角色，一方面協助與培力案家所需技能以勝任工作，另一方面，媒合政府、企業來促成幸福小舖的營運。

歸納而言，家扶的幸福小舖社會企業方案是地方家扶中心以社會企業概念的運作方式，連結企業、政府和家扶基金會及各地家扶中心的資源來為服務對象積極脫離貧窮的新型態方案。以下本個案分析將僅針對苗栗家扶中心的全家便利商店以及花蓮家扶中心的幸福小舖，從4E的社會影響架構——就業、生活質量的改善、賦權和社會融合，來探討家扶基金會兩處家扶中心的社會企業方案的社會影響。

### 案例一：苗栗家庭扶助中心——全家便利商店

### 一、創立與發展

苗栗家庭扶助中心是家扶基金會23個分支機構之一，該中心成

立於1970年，迄今已有四十八年，主要是為了協助苗栗地區因突遭變故致經濟困難的家庭及兒童，使其獲得妥善的經濟、健康醫療以及教育及心理輔導等多面向的服務，以重建家庭功能及安康的社會。

2000年中期，臺灣電子業大廠「群創光電」（INNOLUX，以下簡稱群創）於苗栗竹南科學園區投資設立群創光電竹南廠，群創欲招攬廠商進駐廠區，其設定的廠商必須符合「關懷弱勢」和「與在地公益團體合作」的招標條件，以此開啟「全家便利商店」（Family Mart，以下簡稱全家）與苗栗家扶的合作契機。苗栗家扶於2008年7月與群創以及全家洽談合作成立一家社會企業——「全家竹南群創家扶便利商店」的計畫，亦即由群創提供其在竹南科學園區的T2廠為經營場地，全家提供商品銷售的技術與通路，而苗栗家扶則透過人力派遣的方式，提供人力，直接進入廠區內的全家便利商店服務。經過半年的三方協商合作討論，以及家扶派遣有意願工作的兩位案家婦女及一名社工人員到全家的總部接受為期三週的店長與副店長研修教育，最終在2009年4月，全家竹南群創家扶便利商店開始正式營業。該便利商店最大特色是提供較為優渥的薪資條件，並提供彈性的排班時間，可兼顧婦女的照顧責任與青少年的課業。在2009年至2014年期間，總共提供就業機會達到男性23名，女性33名。

## 二、社會影響

本節討論「社會影響」，首先說明苗栗家扶經營的全家便利商店服務對象的人口特質與狀況，再者是服務對象在接觸該工作之後

的轉變，最後是針對全家便利商店帶來的整體社會性、經濟性的影響予以統整的分析。

### （一）服務對象的人口特質

苗栗家扶負責該方案的社工在招攬人員（案家）進入便利商店係考量到所有的案主群，凡是有意願者都可以加入，舉凡全臺灣地方家扶中心其在苗栗地區念書的大專青年、當地高中生、家長、希望學園安置的自立青年，或者是在社區中雖然並不是家扶個案，但為單親、家庭經濟弱勢家庭的青少年、家長等，只要經由社工認定皆可以加入便利商店的工作行列。

在苗栗家扶全家便利商店工作對象的人口特質方面，年齡主要是40至50歲接受扶助之案家婦女（簡稱案媽），以及高中與大專生。性別的部分多為單親女性家長，男性則為希望學園的自立青年居多。家庭狀況則多為單親家庭，大部分為低收入戶家庭；青年的收入則是分擔家庭的經濟開銷。在先前的工作經驗部分，T主任提及：「我接觸過來應徵工作的對象有在加油站的，也有在廠區做清潔工作的，因為都不穩定，所以她們想要去尋求比較穩定收入的這份工作。」（苗栗家扶主任T，2014/12/25）亦即，在受扶助案家的家長部分，大多從事工廠作業員與臨時工等，工作不穩定且經濟收入較低，或是因小孩的就學而搬到苗栗，所以為尋求穩定收入和工作機會而加入便利商店；青年則是無打工經驗者居多，但亦有透過建教合作方式到工廠工作，或是因科系的要求而從事相關行業者。

## （二）服務對象經歷的改變

　　本節分析服務對象在加入便利商店工作之後，其從個人、家庭乃至社區經歷過何種轉變，先從改善家庭經濟開始，再者是服務對象因著工作學習面對與解決問題，最後是與他人互動機會增加，亦提升了社區生活的品質。

### 1.改善家庭經濟

　　便利商店提供一份穩定的工作收入，依照全職、兼職員工上班時數而訂定薪資，受訪的服務對象皆表示其薪資有助於幫助改善家庭經濟。舉例來說，其中一位受訪服務對象表示：「我目前來講是沒有什麼很大的負擔，唯一就是孩子們的學費比較重，因為在這之前，我都是領低收。」（服務對象A，2015/02/14）對於家長而言，若家中孩子年紀尚幼，其經濟負擔也較吃緊，若孩子已到可以工作年齡的話，相對而言其家庭經濟負擔會減輕許多。

　　自立青年部分，他們多是為了幫助家庭有一份補充收入，讓家庭經濟可以更加穩固，如一位在全家工作的青年說道：「賺這個錢改善經濟是有的，因為我家是單親家庭，我賺這些錢，會幫家裡付一些雜費。」（服務對象B，2015/02/14）另一位青年也提及：「工作之後，自己有錢了，可以幫忙家裡付水電費，且家裡的一些基本開銷也可以幫忙支付。」（服務對象C，2015/02/14）無論是家長或是青年，其薪資主要的用途皆在於家庭的生活開銷，包含生活費、房租、家人的醫藥費、小孩的教育等；而青年則會將部分收入作為零用錢與儲蓄。因此對於服務對象而言，穩定的工作可以提升薪資水平，有助於改善家庭經濟。

### 2. 面對工作與生活上的困難

便利商店的工作雖然沒有太多學歷上的要求，基本上藉著「全家便利商店」體系的SOP流程學習，大多數人都可以駕輕就熟，但是工作過程中仍有許多小細節必須留意，譬如與客人的互動，對於在店裡工作的青年而言，仍會成為一大挑戰：「我就不知道怎麼面對客人，會覺得很麻煩，會不知道怎麼講。」（服務對象B，2015/02/14）再者，家扶的資深員工也提到：「工作上當新人進來的時候，常常會有很多錯誤，尤其是預換，東西拿錯，商品刷錯，這個時候會造成店鋪的損失。」（資深員工S，2015/02/14）由此可知儘管便利商店的工作容易上手，但是在剛開始特別是與客人互動方面，往往成為青年的一大罩門，因而也考驗著店長帶領員工的智慧。

對於青年來說遇到的困難不僅在工作上，也包括家庭生活，如上述提到的青年曾言：「上班、下班看不到媽媽！」（服務對象B，2015/02/14）工作與就學已經佔據大部分的日常生活，無法好好兼顧與家人相聚的時光亦是面對的困難之一。又如L店長必須在家庭與工作中努力尋求平衡，所以只好對孩子解釋：「我必須工作，你們才會有穩定的生活。」（L店長，2015/02/14）幸好背後還有苗栗家扶的社工員作為靠山，雖然多數青年不會主動尋求協助，但對於L店長來說，社工員的存在宛如溫暖的避風港（L店長，2015/02/14）。儘管在工作、生活上碰到大風大浪，他們知道家扶社工員能成為其最好的依靠。

### 3. 社區生活

在社區生活方面，多數受訪服務對象表示在人際關係與左鄰右

舍上一直都有不錯的互動，並無太大的改變。但是由於工作已經佔據大部分的時間，所以較少參與額外的社會活動。但亦有服務對象表示與工作夥伴和社工互動後，開始產生正面且樂觀的能量，不再有悲觀的思維，進而與左鄰右舍互動，且學會與人相處、接納別人，其強調：「在這一塊，覺得蠻驕傲的就是學會與人相處，然後也願意打開心房去接受別人，之前不敢跟別人說，我是做什麼工作，都會拒絕人家；來到家扶中心以及之後到全家工作之後，與員工之間有接觸，慢慢地這些疑慮漸漸不存在了。」（服務對象B，2015/02/14）此外，也有服務對象表示，因為長期接受苗栗家扶中心的幫助，所以若有機會願意回來當志工，他說：「如果中心這邊有辦活動，時間上OK，我可以來幫忙當志工、帶小朋友。」（服務對象C，2015/02/14）總的來說，雖然多數受訪服務對象並未因為這份工作而開拓更大的行動自由度，也未增加參與其它活動的機會，但是在店鋪內其與工作夥伴如朋友般的相處，且彼此願意相互協助，能在和睦的環境下工作亦是促進社會互動的一種方式。

## （三）整體社會性、經濟性的影響

　　服務對象接觸工作之後，在經濟上獲得改善，在人際互動方面也慢慢變好，在這節將整理與分析便利商店之於服務對象所帶來整體的社會性、經濟性影響，在社會性影響部分分為個人、家庭與社區來分析，而經濟性影響主要是針對其改善家庭經濟進一步說明。

### 1.社會性影響
### （1）個人：充權
在充權部分，可以從苗栗家扶方案社工起初設定的目標開始說

明，組織在招聘員工之時就清楚區分全職、兼職，希望提供一個接納、包容的環境，讓青年累積工作經驗後可以順利到一般市場就職，因此正職與兼職員工所欲達成的充權目標有所不同。苗栗家扶僱用員工，充權於案家媽媽使之成為便利商店店長，經過多年的努力，總算有一位案家媽媽成為店長。L店長指出：「當然在成為店長的過程，我也跟我的小孩講媽媽什麼都不懂，要花更多時間做好我自己的工作。」（L店長，2014/12/25）由此可以看到社工成功地充權於該案家媽媽，需要更努力才能解決困難，但是L店長不怕吃苦並且願意付出。

再者，輔導兼職員工，也就是自立青年，使之習得工作技術並穩定就業。但是在充權過程中，對於方案社工與L店長而言，可謂是一波未平一波又起，T主任解釋道：「因為這些孩子有很多屬於社交能力很差的，甚至工作態度不好，所以如果沒有一個包容、接納環境的話，其實離職率可能很高，失敗率可能更高。」（家扶主任，2014/12/25）店長在管理員工方面亦是獨木難撐，L店長強調：「因為全家是一個體系，家扶是一個基金會，他們希望多一些包容、多一些寬容；可是全家是一個企業單位，管理上一定有嚴格。」（L店長，2014/12/25）可知，此乃苗栗家扶經營的便利商店與外面一般的便利商店最大的不同之處，苗栗家扶強調要多一些包容、多一些寬容，希望自立青年能夠逐漸越來越好，讓他們在社交能力、與他人互動，乃至於工作態度都能夠成長。便利商店之於自立青年的存在價值就好比一道橋樑，在這裡學習並獲得足夠能力之後，再到外面自在與自信地飛翔。

（2）家庭

在家庭部分，對於L店長而言，便利商店的存在除了獲得穩定

工作與收入，最重要的是在過程中能不斷地學習與成長，從中學習如何溝通與培養自己的能力與信心，並且有勇氣走出困境的力量。更難能可貴的是，L店長一直有著回饋之心，並教育孩子將來一定要回報社會。

（3）社區：形塑凝聚力

隨著人事逐漸穩定，兩年來苗栗家扶的全家便利商店員工之間開始有互助的氛圍，成功營造出一個接納且包容的工作環境，並在互動關係當中產生凝聚力。主責社工員對於工作環境之於服務對象的影響強調：「這些人在全家店舖遇到問題，還是會去問店長，感覺他們是一個共同圈，可以看出來他們生活跟工作都沒有辦法分離。」（資深社工員，2014/12/25）舉例來說，有一次便利商店裡的員工碰到生死關卡問題，所幸藉著員工之間的社群網絡群組，大家紛紛尋找該員工並且幫助其解決困難，因而化險為夷，慶幸的是該員工也回歸團隊工作。T主任提及：「就是讓這些弱勢的孩子或是家長可以在這邊再去重建他們的信心，以及人與人的互動，這個部分就是我們一直企圖要營造的環境。」（家扶主任T，2014/12/25）此即是充權的重要概念，在這個工作環境中，可以產生凝聚力，帶動員工改變態度，因為它是一個接納且包容的環境，才能夠產生彼此互相支持與協助的氛圍。

## 2. 經濟性影響

由於服務對象在加入便利商店之前，從事的工作性質使得其經濟來源較不穩定且收入較低，在便利商店工作收入，正職員工的薪水約為23,000元，店長則加6,000元津貼，約為29,000元，依據當時（2014年）《勞基法》的規定，一個月至少休六天，並且有一個月

的年終獎金。兼職員工則是以時薪計算，工時長短會影響收入，多數兼職員工的工時長，因此薪水約有20,000元。L店長體悟道：「經濟的穩定才是他們最大的保障。」（L店長，2014/12/25）

## 三、小結

苗栗家扶經營的便利商店是一大突破與創新，其中最大特色在於結合企業的資源，且是實質上與企業共同合作，在互動過程中，雖然在合作初期遇到許多挑戰，但是誠如家扶的社工處W處長所言：「其實透過企業，培訓我們很多、省下我們很多培力的工作，合作的企業有很好的培訓制度，讓我們這些不管是大專青年或是案家媽媽很快地就能去進入它的職場。」（W處長，2015/05/19）透過企業的訓練，協助服務對象能習得一技之長，亦助於未來面對職場的機會。

第二，憑藉此服務方案，間接地翻轉了傳統社會救濟的思維，也重新反思服務方案的內容。W處長提及：「我們早期就是透過很多的服務方案給錢、辦活動、給錢。現在，這個服務模式有了改變，我們不再純粹給錢，而是給更多的教育訓練，使其認識怎麼樣對他們未來的生活有更清楚的方向與規劃。」（W處長，2015/05/19）亦即，社工的服務模式與型態不再只是社會救助，而是藉著提供穩定的工作訓練，從中充權於服務對象，使之能有一項生存技能之餘，亦懂得規劃未來的生活。

第三，W處長進一步指出：「過去我們在扶助案家的過程，基本上是經濟扶助，所以我跟案家的互動都是點狀的，單次的，或者說比較是一種片段式的；然而，目前這些案家進到我們工作場所裡

面，我們就會發現他們的一些行為，或者一些價值觀念是我們過去不知道的。」（W處長，2015/05/19）顯示社工員所提供的服務內容不斷更新，以前社工員瞭解服務對象的方式可能藉著家庭探訪、面談之類的方法，如今卻是長時間與服務對象相處於同一空間，甚至成為工作夥伴。主責的方案社工能夠對服務對象有多一點的認識，便能夠有更多的協助與幫忙，這都是社會工作不斷進步的好現象。

歸納而言，苗栗家扶的便利商店帶來兩大特色，第一該便利商店係與兩大企業合作而產生，而且合作模式不是企業給予金錢、物資而已，而是雙方的工作人員互相合作，共同為便利商店一起努力奮鬥；再者，便利商店除了帶來就業機會外，也讓社工人員重新思考服務方案內容，翻轉社會救濟的思維。以上的分析顯示，苗栗家扶的全家便利商店的經營模式可說是一種新的典範，或許將來能移植該模式到其他家扶中心，有益於更多受助的案家。

## 案例二：花蓮家庭扶助中心——家扶幸福小舖

### 一、創立與發展

「給他魚吃，不如教他釣魚！」，讓貧困弱勢家庭的單親媽媽擁有一技之長與就業機會（花蓮家扶中心網頁，2016/08/29）。2009年花蓮家扶中心（以下簡稱花蓮家扶）檢視過去執行多年的「脫貧服務方案」，發現儘管努力於增強服務對象的內在能量，累積許多無形資產與人際互動，但是服務對象進入就業市場後仍然無法適應市場而屢屢遭到挫敗。花蓮家扶的H督導分析其原因：「工作型態，使她必須離開家庭，而我們這些家庭大多是單親，所以沒

有這樣子的工作型態可以去支撐他們家庭生態的變化。」（H督導，2014/12/26）在脫貧過程中，服務對象的特質多屬單親家庭，致使其無法在工作與家庭照顧中取得平衡。花蓮家扶看到服務對象的問題癥結點，試著提升服務方案內容，H督導指出：「其實花蓮資源很少，每年度在募款和經費上面都面臨一些問題，所以我們當初發想在不增加機構的負擔之下，想要去嘗試，看能不能開創一個幫忙家庭的經濟模式，所以那時候我們就發展了『愛心小舖』。」（H督導，2014/12/26）亦即，在面臨募款與經費困窘之下，機構尋求外部資源，結合勞動部「多元就業開發方案」的資源挹注，期望在不增加機構負擔，探索出一個協助家庭經濟的模式，據此，花蓮家扶的幸福小舖方案向前邁出第一步。

花蓮家扶幸福小舖以縫紉技能學習為主，教導縫紉技能，協助家長製作各類手作品，如布包、零錢包、串珠飾品等，並透過家扶小舖平臺行銷，透過手作品的銷售，家長實際獲得經濟支持（花蓮家扶中心網站，2016/08/29）。其有別於一般職業訓練，提供免費的材料與技術指導，服務對象只要習得技藝，將材料包帶回家製作完成，再由家扶這邊來販售產品而獲得收入。該運作模式主要特色在於：（一）建立工作表單詳載服務對象所領取的材料，交貨清點也必須記錄，其不僅協助服務對象熟悉作業流程，也讓平臺運作更加流暢；（二）建置材料清單表（Bill Of Materials，簡稱為BOM），對材料進行成本管理，嚴格監控每月銷售額並進行報表分析。幸福小舖翻轉傳統社會救助的觀念，H督導重新定義：「愛心不等於要理所當然接受所有你應該要提供的，而是你要為了愛心付出足夠的努力，讓愛心超值。」（H督導，2014/12/26）亦即，破除弱勢者就應該獲得協助的迷思觀念，反之，透過充權、培力、

肯定服務對象的自我價值，發揮最大的社會影響效益。

## 二、社會影響

本節首先分析幸福小舖服務對象的人口特質與狀況，接著說明服務對象在接觸該工作之後的轉變，最後針對幸福小舖所帶來的整體社會性、經濟性的影響加以分析。

### （一）服務對象的人口特質與狀況

服務對象的人口特質與狀況部分，首先探求幸福小舖服務對象的數量，H督導解釋：「從2009年到現在（2014年），總共聘僱74位多元就業方案的人士，而74位中，有21位是我們家扶服務的家長。」（H督導，2014/12/26）這當中又分為全職、兼職、學習中的服務對象。在人口特質部分，主要以40歲至55歲的單親婦女為主，其教育程度是以國中、高中居多。在經濟方面多數屬於較弱勢者，亦是中低收入戶家庭、家扶中心的扶助對象，先前的工作多以臨時性、短期聘僱工作為主。此外，H督導還提到這群婦女最大的困難在於：「由於支持系統薄弱，所以她們發生了一些事情的時候，往往沒得商量、沒人幫忙。」（H督導，2014/12/26）因此，花蓮家扶亦針對該問題，每個月舉辦一次成長團體，讓婦女們成為彼此之間的支持夥伴。此外，H督導指出，除了提供免費縫紉技術指導外，也會鼓勵服務對象訓練第二專長。在2014年時，21位服務家庭中，有2位繼續進修，12位穩定就業，1位自行創業，此有助於提升服務對象的就業穩定性以及增加就業競爭力。

## （二）服務對象的改變

在服務對象加入幸福小舖之後，其改變可從價值觀念談起，再者，個人因為有社工員的協助，建立時間觀念、學習面對困境，而改善家庭及社會支持互動關係，長遠觀之可發現服務對象開始能夠發揮個人長處，進一步獲得內在充權與培力。以下就核心價值、學習面對困境、改善家庭關係與發揮個人長項予以分析。

### 1. 建立核心價值

本個案分析文以「給他吃魚，不如教他釣魚」為開端，這便是幸福小舖存在的最大價值。幸福小舖發展的前兩年，在培訓服務對象過程中可說是困難重重，因為尚未有商品販售，服務對象必須在工作忙完之餘才能到機構學習技藝，歷經培訓完成之後才能開始接洽訂單。亦即，起先服務對象習藝過程屬於自我投資，且未有收入，容易使人打退堂鼓。留下來努力的服務對象，在生產縫製商品亦要克服許多困難，許多服務對象共通的特點在於無法排除工作職場上的障礙，使其無法順利找到穩定的工作。H督導認為提升規劃能力，可以養成服務對象正確的工作態度，例如某些案媽接到訂單之後，不懂得規劃時間來安排工作進度，往往延誤交貨時間；或是某些案媽遇到突發狀況無法按時交貨，卻不懂得將訂單轉給其他工作夥伴。

有些服務對象會因為生產的是所謂「愛心商品」而產生鬆散心態。H督導也發現服務對象在社會福利領域中容易形成依賴慣性，造成「因為我弱勢，所以理所當然」的迷思，但是H督導堅決強調：「不能因為你弱勢，有一些跟別人相比條件上的不足，反而更要用你所有的，讓它發揮更大的作用。」（H督導，2014/12/26）正

如給他吃魚不如教他釣魚的精神所在，不能因為己身是弱勢而產生依賴心態，而是應該要肯定自我價值，相信自己所製作的商品是良好的，並讓消費者除了購買愛心商品之餘，也能夠感受到物超所值。因而，幸福小舖一直堅持著產品的品質與價值，絕對不是因為販售愛心而草草了事。

### 2. 透過社工協助，使個案學習面對困境

在幸福小舖運作過程中，除了能夠藉著己身技藝來生產產品賺取收入，亦有社工員的協助和每個月的成長團體，服務對象受到充權與培力，慢慢也生出屬於自己的力量。H督導舉例提到：「有個家長她以前對人是不信任的，因為她從家暴的歷程過來，她與人相處有很大的距離，無法和睦相處，可是透過我們協助之後，她覺得其實很多人願意支持她。」（H督導，2014/12/26）因此，這樣的轉變對於案媽而言，她不但走出曾受家暴的陰影，也透過幸福小舖的參與以及搭建起來的網絡，增進其社會融入。

### 3. 改善家庭關係

在家庭方面亦是如此，因著每個月成長團體活動的舉行，成員之間彼此相互影響也互相學習對方的優點，間接改善家庭關係與提升家庭品質，例如原本從不下廚的服務對象，因為成長團體的分享，開始學習烹飪；又或者原先是長期酗酒的服務對象亦不再依賴酒精，並且自行創業成立原住民工作室，也帶著孩子一起工作。服務對象努力於改善家庭關係，家庭成員亦開始主動關心、體諒服務對象，使得家庭互動產生變化。從家庭乃至社會互動關係方面，H督導說：「她們的社會互動系統裡面會覺得不一樣，就是變得比較

積極正向，而且為了生活會比較努力。」（H督導，2014/12/26）
再者，花蓮家扶亦提供親子活動以增進家庭互動關係。此乃環環相
扣的效應，一份工作提升個人技藝，帶動家庭經濟的改變，也連帶
影響家庭與社會互動關係。成長團體是支持服務對象重要的關鍵，
不僅是工作能力的提升，服務對象的心理困難與家庭問題也是需要
關注的議題，如情緒支持、兒童照顧，如何從中學習到與社會互動
的能力以解決心理、家庭問題。

### 4. 發揮個人長項

但是，也不是每一位服務對象都適合縫紉工作。H督導舉例提
到：「我們發現一位媽媽對縫紉不擅長，但是她很愛說話，所以我
們每次行銷都找她去。」（H督導，2014/12/26）製作產品之後還
需要行銷產品，幸福小舖的運作藉著社工員的觀察與培力服務對
象，將之擺放在正確且適合的位置上。此外，家扶中心也鼓勵服務
對象進行微型創業，在服務對象手工技術穩定之後，提供無息貸款
協助購買硬體設備，再以每個月小額付款的方式來償還貸款，而大
致上服務對象都能如期還款。H督導認為規劃社會福利，不應該完
全協助服務對象解決所有困難與障礙，有時候障礙的存在反而是一
種動力。因此，無息貸款雖然幫助服務對象排除創業上硬體設備的
障礙，但有別於傳統慈善中施捨的概念，無息貸款不僅可以激發服
務對象的潛能，更能夠使其珍惜所獲得的資源。

## （三）整體社會性、經濟性的影響

### 1. 社會性影響

在社會性影響部分，分為個人的充權與培力、家庭與社區來論

述，而家庭與社區則是因著個人的改變而帶來良善的影響。

（1）充權與培力服務對象

花蓮家扶幸福小舖的H督導運用社會工作精神不斷充權於服務對象，在就業訓練方面，重新建構就業態度與形塑職場的觀念；其次是加強技藝工作，藉由模擬演練工作狀況，要求學習評估執行工作、協調部門之間的運作以及成果報告，以提升規劃能力。H督導提及：「我常常跟她們講，如果你只會做事，你能做的事情就不多，可是如果你會規劃，你能做的事情就很多。」（H督導，2014/12/26）除了習得縫紉技術之餘，H督導亦鼓勵服務對象繼續學習第二專長，以利提升自己的工作技能，並且鼓勵考取相關證照例如縫紉技術職照、女裝丙級技術職照，此不僅能增加其於一般勞動市場中的就業穩定性，在不同領域的工作職場中亦能提升競爭力，甚而進階勝任領導管理職務。一份縫紉工作帶來無限的發揮空間，H督導強調重點在於培力：「不是只給她經濟的支持，重點是養成她的能力可以更好，所以培力在整個服務架構裡面很重要的。培力包含你的思考方式與態度、規劃的能力，或是在操作過程應變的部分。」（H督導，2014/12/26）此顯示該方案強調的價值觀念，將社會工作精神融入於培力服務對象，使之擁有一份技藝專長，過程中不斷充權於服務對象，使之長出自己的力量，不僅在經濟收入上獲得改善，亦深刻領悟自我價值的重要性。

（2）家庭與社區

生產商品之後還要販售商品，幸福小舖透過展攤方式來進行銷售，在這個販售過程中，對於服務對象亦是一種學習與成長。另外，花蓮家扶也要求服務對象參與經營團隊，透過對外展攤的方式，直接面對顧客介紹產品，因而從顧客方獲得不同形式的互動與

鼓勵，增加更多接觸社會大眾的機會（H督導，2014/12/26）。此亦能夠進一步影響與社區鄰居的互動關係，過去服務對象較為封閉，害怕鄰里得知自己是弱勢家庭而接受家扶中心協助，透過家扶小舖的參與，改變服務對象較消極的社區互動模式，轉為以一個更積極、自信和勇敢的心態來向鄰居介紹自己，並與鄰居互動。因此，這份工作之於服務對象的社會影響，從個人自我的改變乃至到社區的良善互動，在在都顯示出幸福小舖所帶來的正面影響效益。

### 2. 經濟性影響

在2009年至2014年間，幸福小舖在這五年間因著生產訂單而賺取的收入達到約216萬元，亦即，小舖提供服務家庭的經濟支援金額已達兩百多萬。當中全職工作者平均月薪可以達到25,000元（2014年花蓮地區的基本薪資為20,750元），每日工作時間約6～8小時；兼職工作者則是一個月約3,000元至6,000元之間的收入，每天工作時間2～3小時，可用以補貼房租、家庭伙食。由於服務對象加入愛心小舖工作前，大多從事臨時性或短期聘僱的工作，經濟收入較為不穩定，這份薪水明顯帶來家庭經濟的改變，不但可以補貼房租與伙食支出以照顧家庭生活，亦具有彈性工作時間與自由選擇工作地點的特性。只要穩定工作就可以賺取穩定收入，H督導強調：「在這邊工作穩定，我們的就業環境比外面友善很多，當她們有些突發狀況時候，我們會給予更多的支持。」（H督導，2014/12/26）因為工作環境友善，當面臨突發狀況時，家扶社工員總能給予更多支持與關懷。

歸納而言，花蓮家扶的幸福小舖所帶來的經濟面向影響，不僅是穩定就業、提升工作技能、改善家庭經濟，更重要的是服務對象

在家扶的協助與關懷之下，能獲得平等的工作機會，並且有尊嚴地參與於社會生活。

## 三、小結

「不要失去對人的想像力！」這是花蓮家扶中心幸福小舖所秉持的核心價值。家扶社工在執行多年的脫貧方案中看到問題，並想盡辦法解決社會問題。以經營一間幸福小舖作為開端，結合政府勞動部和家扶基金會資源，提供平臺讓服務對象可以學習縫紉技術，以該技術生產的商品作為收入來源，並在勞動過程中獲得社工員、社會大眾的充權與培力，產生自信心與提升自我價值。花蓮家扶中心秉持社工精神，將該方案融合於市場經濟之中，實屬不易，但是透過生產產品、販售商品種種過程中，服務對象的家庭經濟改善、自信心增加、與鄰里社區關係互動變得更加良善；重要的是花蓮家扶成功翻轉傳統社會救助精神，讓愛心不等於理所當然，而是我們也應該努力於改善生活品質，讓他人的愛心可以更加超值。這也是回應「給他吃魚不如教他釣魚」精神的實踐。

# 肆、家扶個案：4E架構的社會影響分析

## 一、就業

首先，歸納服務對象的社會經濟背景與加入方案之前的就業經驗。苗栗家扶經營的全家便利商店，主要為40至50歲的案家媽媽，以及高中與大專生，性別多為單親女性家長，男性則為希望學園的

自立青年居多，家庭狀況屬單親家庭，部分為低收入戶家庭。而花蓮家扶的幸福小舖主要是以40歲至55歲的單親婦女為主，教育程度以國中、高中居多，在經濟方面多屬弱勢家庭，亦是中低收入戶家庭，先前的工作多以臨時性、短期聘僱工作為主。顯示兩家地方家扶中心的服務對象的共同樣貌皆為單親家庭、經濟弱勢，家長的學歷以國、高中為多，過往的工作經驗較屬於臨時性、勞力性、短期聘僱工作。如同王明仁等（2009）的觀察，扶助家庭的家長教育程度在國中、高中，而扶助家戶以低於2萬元者佔多數。可以想見，服務對象的家庭生活經濟經常入不敷出，時常深陷於貧窮之中。

　　其次，在分析了兩個家扶中心的服務對象、主責社工和工作夥伴之間的互動情形後，我們發現花蓮家扶的「幸福小舖」和苗栗家扶的「全家便利商店」各有不同模式，也孕育出截然不同的互動情形。苗栗家扶所經營的全家便利商店之竹南群創店，可以將全家便利商店的員工與主責社工員想像為一個小團隊，二者彼此必須為了守護全家便利商店而共同努力。苗栗家扶經由多年的充權與培力，成功使一名案家媽媽成為全家便利商店的店長，家扶主任亦將全權責任交由該名店長負責，在她的有效管理下，全家便利商店的上上下下，從訂貨、盤點庫存、上架、補貨、結帳，乃至安排員工的班表等皆有條不紊。再者，由全家負責訓練員工之know how，且全家的區域擔當協助店鋪的正常運作，方案社工員則負責員工的招聘、薪資發放及員工激勵措施、每年方案的成效評估等（湯鳳琴，2014）。

　　而花蓮家扶，其運作模式有別於一般職業訓練，花蓮家扶提供免費的材料與技術指導，服務對象只要在家扶中心習得縫紉技藝之後，將材料包帶回家中製作完成，再交由花蓮家扶中心來販售產品

以此獲得收入。由於，該運作方式是服務對象將材料包帶回家獨立作業，夥伴彼此之間較少碰面，於是花蓮家扶成立一個每月舉辦一次的成長團體，讓參與該方案的婦女們彼此之間形成所謂支持夥伴，藉著成長團體述說彼此現況，互相鼓勵、成長與學習。此外，花蓮家扶也會適時出外展攤義賣服務對象所生產的商品，過程中亦鼓舞著服務對象與夥伴之間彼此的互動。

## 二、生活質量的改善

在生活質量的改善方面，服務對象的所得增加是否有助於提升其個人及其家庭的生活水準？再者，具體而言，服務對象的每月薪資所得大約有多少？與之前工作相比之下兩者差距多少？薪資所得主要用在哪些方面呢？是否還需要其他工作收入來支付個人或家庭開銷？

首先，從每月薪資所得談起，苗栗家扶的正職員工薪資為23,000元，店長另加6,000元的津貼，約為29,000元。兼職員工以時薪計算，多數兼職員工的薪水約有20,000元。花蓮家扶所提供的薪資分為全職、兼職、學習中的服務對象，全職員工即在幸福小舖工作，每月約可領取25,000元；而兼職指個人擁有主要工作，運用下班之餘的時間來進行經濟生產，每月至少可以賺取3,000元至6,000元不等的收入；至於學習中指尚在學習技藝，該服務對象有其主要工作尚在學習階段，也因此一個月至多生產一、兩個手工藝品，可以賺取收入但數額不多。整體來說，兩個家扶的社會企業專案提供薪資大約為基本工資以上，同時因應每個家庭每位服務對象的需求彈性調整上班時間，也因此或多或少都賺取一些補充家庭生活所需

的經濟收入。

　　如同先前所說，服務對象先前的工作多屬於短暫性、勞力型、短時聘僱型的工作，亦即在進入幸福小舖、全家便利商店之前，家庭經濟收入較為不穩定，因此參與家扶的方案後，這份薪水明顯地帶來家庭經濟的改變，不但可以補貼房租與家庭伙食、照顧家庭生活，亦有工作時間與地點選擇的彈性。一份穩定的薪資，對於單親家庭來說是重要的收入來源。不過也有服務對象直言家庭成員過多，雖有穩定收入但是薪資仍然不足夠支付家庭生活開銷，也無法有多餘的花費。

　　因此，無論是家長或是青年，其薪資主要的用途皆在於家庭的生活開銷，包含生活費、房租、家人的醫藥費、小孩的教育等；而青年則會將部分收入作為零用錢與儲蓄。因此對於服務對象而言，穩定工作可以提升薪資水平，有助於改善家庭經濟。無論如何，可以確定的是，家扶的工作環境相對一般外面環境較為友善，因為這裡不僅是上班場域，還有家扶的社工員可作為尋求協助的對象。

## 三、賦權

　　賦權（empowerment）又可稱為培力、充權，其主要的精神在於：「不是只給她收入、經濟的支持，重點是在養成她這個人的能力可以更好！」（H督導，2014/12/26）苗栗家扶的充權服務目標分為正職交由案家媽媽，期待能長期穩定永續經營；而兼職則是自立青年，希望提供一個接納、包容的環境，讓青年累積工作經驗後可以順利到一般市場就職。苗栗家扶最成功的案例在於培力一名案家媽媽成為全家便利商店店長，儘管未來在店鋪的經營管理上將會

面對許多挑戰，需要披荊斬棘才能解決困難，但該名店長不怕吃苦並且願意付出。亦即，因著提供工作機會，社工員藉著工作過程充權於服務對象，肯定自我價值，也提升服務對象的就業技能，更大的幫助在於穩定經濟收入、預防再次落入貧窮，積極對抗貧窮。

在花蓮家扶充權服務對象方面，就業訓練的重點是重新建構就業態度與形塑職場的觀念，如每年安排參訪全臺灣各個經濟模式、社區發展產業；其次是加強技藝工作，藉由模擬演練工作狀況，要求學習評估執行工作、協調部門之間的運作以及成果報告，以提升規劃能力。在時間規劃完善下，除了習得縫紉技術之餘，也服務對象繼續學習第二專長，以利提升自己的工作技能，並且鼓勵考取相關證照，此舉不僅能增加在一般勞動市場中的就業穩定性，在不同領域的工作職場中亦能提升競爭力，甚而進階勝任管理職務。

## 四、社會融合

最後，服務對象是否覺得加入「幸福小舖」方案工作行列一段時間後，朋友增加，且與左鄰右舍的往來更頻繁，也會開始參與志工活動，甚至加入社團？花蓮家扶表示，由於生產商品之後還要販售商品，幸福小舖透過展攤方式來進行銷售，在這個販售過程中對於服務對象亦是一種學習與成長。另外，家扶也要求服務對象參與經營團隊，透過對外展攤的方式，直接面對顧客介紹產品，因而從顧客方獲得不同形式的互動與鼓勵，增加更多接觸社會大眾的機會。

苗栗家扶的服務對象認為，雖然並未因為這份工作而開拓行動上的自由度，也未增加參與其他活動的機會，但是在店鋪內與其他

工作夥伴如朋友般的相處，且彼此願意相互協助，能在和睦的環境下工作是促進社會互動的一種方式。對於家長而言，固定的上班時間與週休二日增加陪伴孩子的時間，在物質、心靈較能平衡獲得滿足。對絕大多數的受訪者而言，除了家庭外，工作夥伴就是最常接觸的人，夥伴之間能像朋友般的互動，且願意相互協助、甚至傾吐心事，使得服務對象能在這樣的情境下學習與人互動的方式，並且亦能在過程中增強自信心，有助於增進社會互動。

# 伍、結論

家扶基金會是典型的專業社會福利服務機構，以濟貧的社會工作為開端，然隨著時代改變，新貧現象也不斷變化，家扶基金會勢必要提升其服務內容。各地方家扶所展開的幸福小舖社會企業方案，其不只帶來經濟效益，更重要的是服務對象的效益。服務目標最終期待服務對象能案主自決、自立，那麼幸福小舖社會企業方案是否真正能實際達成目標，如同花蓮家扶的精神，給他吃魚不如教他釣魚？花蓮家扶幸福小舖的經營，提升服務對象基本手工藝作技術，同時以具有彈性工時與工作處所的選擇自主性，培力他們製造產品，甚至學習規劃時間，培養自身的勞動市場競爭力，這種以增強權能的工作方式，加上服務社工的陪伴，適度翻轉了服務對象的困境，使其可從陰暗的角落走向社會的參與及融合。

苗栗家扶則是結合企業的資源，並實質與大型企業組進行組織的異業合作，透過企業的訓練與物流提供，協助服務對象能習得一技之長，此有助於未來面對職場。這種合作模式不是企業給予金

錢、物資而已，而是雙方的工作人員互相合作，共同為便利商店一起努力奮鬥；再者，便利商店除了帶來就業機會之外，也讓社工員重新反思服務方案內容，翻轉社會救濟的思維。幸福小舖社會企業方案提供服務對象一份穩定工作，帶來的不僅是經濟收入，同時帶來價值與尊嚴，證明這些參與方案的服務對象是有能力的人。

　　從家扶基金會的苗栗與花蓮家扶中心所發展的幸福小舖方案，透過工作整合型社會企業觀念的引進，發展出具體可行的操作架構，搭配家扶基金會既有的家庭經濟扶助的關懷服務，為我們提供了一個利用社會企業來解決社會新貧問題的參考模式。而這套以商業經營為手段，實際上是以社會公益關懷為宗旨，並結合既有的福利服務模式，其所創造的社會影響，確實值得吾人進行更多的觀察與研究。

# 參考文獻

王仕圖、官有垣、林家緯、張翠予（2010），〈工作整合型社會企業的角色與功能：臺灣與香港的比較分析〉，《人文社會科學研究》，4卷，2期，頁106-130。

王明仁、魏季李（2009），〈對現代貧窮家庭服務的省思——從家扶基金會的扶助經驗談起〉，《社區發展季刊》，124期，頁101-117。

行政院勞工委員會（2011），《多元就業開發方案》，網址：http://www.cla.gov.tw/cgi-bin/siteMaker/SM_theme?page=4e12d9e6，檢索日期：2012/7/12。

何素秋、林秉賢、林家緯（2013），〈社會企業在脫貧策略上的運用——以財團法人臺灣兒童暨家庭扶助基金會實務經驗為例〉，《社區發展季刊》，143期，頁161-172。

官有垣（2008），〈社會企業組織在經營管理的挑戰：以喜憨兒社會福利基金會為案例〉，《兒童及少年福利期刊》，14期，頁63-84。

官有垣、王仕圖（2013），〈臺灣社會企業的能力建構與社會影響初探〉，《社區發展季刊》，143期，頁51-67。

官有垣、陳錦棠、陸宛蘋、王仕圖（2012），《社會企業：臺灣與香港的比較》。高雄市：巨流。

官有垣、陳錦棠、王仕圖（2016），《社會企業的治理：臺灣與香港的比較》。高雄市：巨流。

賴兩陽（2004），〈全球化、在地化與社區工作〉，《社區發展季刊》，107期，頁120-133。

魏季李（2014），〈以基督之愛虛了組織樣式，做孩子最好的僕人：臺灣家扶基金會之兒童福利服務發展史〉，收錄於蕭新煌（主編），《書寫台灣第三部門史I》，頁178-205。

訪談資料，2014/12/25，苗栗家扶中心主任T，訪談地點：苗栗家扶中心。

訪談資料，2014/12/26，花蓮家扶中心資深督導H，訪談地點：花蓮家扶中心。

訪談資料，2015/02/14，苗栗家扶中心扶助對象A，訪談地點：苗栗家扶中心。

訪談資料，2015/02/14，苗栗家扶中心扶助對象B，訪談地點：苗栗家扶
中心。

訪談資料，2015/02/14，苗栗家扶中心扶助對象C，訪談地點：苗栗家扶
中心。

訪談資料，2015/02/14，苗栗家扶中心扶助對象L，訪談地點：苗栗家扶竹南
全家群創店。

訪談資料，2015/02/14，苗栗家扶中心資深員工幹部S，訪談地點：苗栗家扶
中心。

訪談資料，2015/02/14，家扶基金會處長W，訪談地點：家扶基金會總會。

Boschee, J. and McClurg, J. (2003), "Toward a Better Understanding of Social
Entrepreneurship: Some Important Distinctions". www.se-alliance.org/better_
understanding.pdf

O'Hara, P. (2004), "Ireland: social enterprises and local development", in C.
Borzaga, & J. Defourny (Eds.), *The Emergency of Social Enterprise*. London
and New York: Routledge, pp. 149-165.

# 第九章

# 臺灣大誌雜誌的社會影響——街友就業模式的個案分析

官有垣、黃健庭、杜承嶸、王仕圖

# 壹、前言

　　在琳琅滿目的社會企業類型中，臺灣以促進就業的工作整合型社會企業的討論最為廣泛。早在社會企業正式列入社會福利綱領前，許多非營利組織在政府的政策誘導與獎勵輔導措施介入下悄然轉型，其中又以勞委會（現為勞動部）所推動的「永續就業希望工程」以及「多元就業開發方案」效果最為顯著（Kuan & Wang, 2016）。然而，不同於非營利組織的發展途徑，2010年臺灣大誌雜誌（*The Big Issue Taiwan*）以營利事業組織之姿成立，迄今已邁入第八個年頭，提供超過100個就業機會，並以提供街友就業機會作為號召，期望藉由社會媒體的影響力翻轉社會大眾對於街友的刻板印象，使街友能夠重拾生活的自我控制權。由此可知，大誌雜誌充分具備工作整合型社會企業的特性。為進一步瞭解大誌雜誌所帶來的社會影響，本章欲透過就業機會、貧窮舒緩、生活質素的提升以及賦權等面向進行質性分析，藉此呈現工作整合型社會企業的具體影響範疇[1]。

# 貳、創立與發展

　　大智文創志業有限公司於2010年4月在臺灣正式發行《The Big

---

1　本章的撰寫主要是根據自官有垣、王仕圖、陳錦棠、杜承嶸（2016/11），科技部專題研究計畫成果報告──〈臺灣與香港工作整合型社會企業的社會影響研究〉的「臺灣個案五」（臺灣大誌雜誌）；以及部分內容修改、增刪自黃健庭、官有垣（2017/12），〈社會企業的社會影響：臺灣大誌雜誌的街友就業模式〉，《社區發展季刊》，第160期，頁64-77。

Issue Taiwan》（中文名：《大誌雜誌》），複製英國The Big Issue（簡稱TBI）經營社會企業的成功經驗，以社會議題、時事與藝文為主要內容，透過專屬的販售通路來提供街友一個自營謀生的就業機會。大誌雜誌以「把手舉起來，而不是把手伸出來」作為組織宗旨，期望透過就業機會的提供，協助街友重新取回生活自主權。草創初期以大臺北地區的為主要販售區域，以各大捷運系統為主要販售地點，經由街頭販售員來進行販售（社企流，2014；大智文創，2018）。顯示出大誌雜誌明確以促進街友就業作為社會目標，藉由創造就業機會協助街友獲得經濟收入、提升社會接觸並重新建立人際網絡，使街友能夠重新掌握生活的自主權，由此顯示大誌雜誌係一典型的工作整合型社會企業。

　　大誌雜誌創辦人李取中認為社會企業必須在成立之初具備明確、欲長期關注的社會議題，或是透過這樣的組織去達成協助某些族群的目的，而社會企業的運作並非所謂的「社會公益」而是「社會參與」（李取中，2015）。因此，大誌雜誌的主要目標有二，除了提供就業機會給予有工作需求的弱勢群體，並期望透過社會媒體的力量發揮社會影響力，帶給讀者更多的思考以及激發讀者對於社會議題的關注（訪談A，2016/07/29）。

　　大誌雜誌初始資本額約為50萬元（經濟部商業司，2016），其獲利模式相當透明，每本雜誌的售價為100元，其中50元為銷售員的直接收入。根據官有垣等人（2016）所進行的ICSEM國際社會企業模式問卷調查，2015年大誌雜誌總收入約為1,500萬，而近三年皆呈現淨收入，顯示大誌雜誌整體營運係處於穩定成長的階段，然而每年的淨收入不多，約為150萬元。主管A進一步表示：「考量到成本與實際的可行性，其實以市場來看，成本已經超過了，可是

我們還是會努力去把它完成，對我們而言，這就是做雜誌應該要努力的事情！」（大誌主管A訪談，2016/7/29）由此可知營利行為對於大誌雜誌來說是一種實踐組織社會目標的手段，透過賺取利潤使組織能夠達到永續發展，但要達到一定的經濟規模與利潤目標，並不容易，尤其是如何平衡社會目的與經濟目標，更是不易。

　　目前大誌雜誌以月刊的方式發行，截至2018年8月已發行了101期，平均每月發行量約3～4萬本。整體銷售員平均年齡為55歲，最年輕為20歲，最年長者為80歲。此一趨勢與鄭麗珍（2013）所發現的遊民平均年齡52.37歲（中位數54歲）一致，亦即，銷售員與現行街友的年齡分布皆以中、高齡者居多。主管A解釋，若求職者年齡較輕，通常建議他們前往社會局或勞工局，以尋求更適當的就業機會，因此大誌銷售員的年齡分布多為中、高齡者。此外，穩定的雜誌銷售員總數約為100位，主管B進一步說明所謂穩定是指銷售員能夠每個月出現，不論次數多寡，因為每位服務對象的金錢需求並不同，只要銷售員願意持續從事這份工作，都可視為是一種穩定的就業（訪談B，2015/05/19）。

　　關於雜誌的運作模式，首先大誌雜誌透過不定期舉辦說明會的方式招募銷售員，藉由說明會來讓街友瞭解如何成為銷售員以賺取收入，並提供街友一個自立營生的機會。說明會的舉辦主要由街友服務組織協助提供場地，如臺北萬華社福中心、人安基金會、恩友愛心協會與燈塔教會等。這些民間組織無償提供場地協助說明會的進行，並將銷售員招募訊息透過街友服務工作者傳達給有工作意願的街友。有工作意願的街友在通過為期三天的街頭實習販售，實習期間配發一套裝備包含：帽子、背心、實習證以及10本免費雜誌，當銷售員成功將雜誌全數售出後即可獲得1,000元。成為正式銷售

員後，便可自行斟酌銷售與財務狀況來決定雜誌批售數量並到指定
販售點進行販售賺取收入，逐漸改變自己的生活步調，重新掌握人
生的主導權。在組織運作的部分，街友或其他弱勢對象在成為大誌
雜誌銷售員前，必須同意並遵守相關的規範，例如販售時不可抽
菸、喝酒等，並且以「定點販售」的方式清楚劃分每位銷售員的固
定銷售點。

　　大誌雜誌目前面臨的經營困境有四：組織發展限制、銷售員的
管理、銷售員特色以及銷售員的高流動率。主管A認為社會企業某
種程度與傳統公司的發展具有相當的關聯性，無論是擴張組織業務
或者是拓展經營範圍，組織的治理亦需要不斷進行調整。從社會企
業的角度看待組織擴張，主管A認為：

　　我們沒有設定好要多少人，因為工作意願在對方身上，其
　　實我們很難去強迫人家要不要來賣雜誌？因為那畢竟不是
　　我們主要的目的，而是你有工作意願與需求，但現階段很
　　難去取得工作機會，所以這部分是由需求端發起。

　　　　　　　　　　　　　　　　　　　　　（訪談A，2016/07/29）

　　由此，顯示街報組織的發展有其限制性，在任何國家或地區中
的大誌雜誌銷售員數量都存在著一定的飽和上限，難以無止盡地增
加銷售員的數量，因此臺灣大誌雜誌不以拓展組織規模作為發展目
標，而是依照弱勢群體的就業需求來進行工作機會的提供；其二在
於銷售員的管理，由於銷售員的工作特性不一，加上彈性的銷售時
間，使得大誌雜誌難以進行銷售員的管理與調度；關於銷售員的個
人特色，在英國、澳洲或日本的銷售員相當具有個人特色，銷售員
擁有不同的銷售技巧、方式或個人風格，反觀臺灣銷售員普遍害羞

內向，較難以展現或發展出獨特的銷售風格以吸引更多的消費者進行購買（訪談B，2015/05/19）。

# 參、資源獲取與各方的互動

　　首先是大誌雜誌與政府的互動部分。該雜誌在籌備階段獲得臺北市政府社會局萬華社會福利中心的協助，先後舉辦多場銷售員招募說明會，最後有19位街友透過訓練成為大誌的第一批銷售員（陳明輝，2010）。顯示出政府在大誌雜誌草創時期扮演著資源協助的角色，提供免費場地並且協助傳達大誌雜誌的工作資訊。然而，大誌雜誌對於政府資源的需求並不高，該雜誌的組織運作與營利組織並無太大區別，意味著以公司型態成立的雜誌社相對於非營利組織型態而言更能保有高度的組織自主性，但此類社會企業必須自負盈虧，因此著重在銷售收益能否維持組織的永續經營。

　　與企業部門的互動方面，大誌雜誌草創初期為了提升雜誌曝光度，加上銷售員招募不易，曾一度仿效英國大誌在「美體小舖」（Body Shop）上架的模式，在臺北市以外的縣市知名超商內進行販售，並與超商協議將原歸屬街友銷售員的50元收入，在扣除上架成本後，統一透過聯合勸募捐贈給相關的街友服務團體。最後由於外界質疑聲浪不斷，加上超商販售成本過高，在試售兩個月之後便宣告終結（王婉嘉，2011）。顯示大誌雜誌不斷地嘗試以創新的商業方法試圖維持組織的營運，藉此幫助更多銷售員或是相關街友服務團體，這是與一般商業公司的營運思維較為不同之處。此外，星展銀行曾提供一筆經費協助大誌雜誌進行銷售員的職業訓練（訪談

A，2016/7/29）。整體而言，該雜誌與企業部門的互動合作並不頻繁，對於企業部門的資源依賴性不高。

在民間組織互動的部分，由於大誌雜誌拓展業務的方式是由需求端所發起，當某個縣市或地區具有工作意願的街友，儘管只有一、兩位，大誌雜誌都會前往該地舉行說明會，而說明會的場地通常是由街友服務組織免費提供，因此大誌雜誌與街友服務組織保有較為頻繁的聯繫，亦即街友服務組織為銷售員招募的主要管道，例如恩友、人安、活水泉、芒草心等（訪談A，2016/7/29）。顯示街友在服務的使用上具有雙重身分，一方面是大誌雜誌的銷售員，同時亦為街友服務組織的服務對象。因此，街友服務組織與大誌雜誌的合作關係相當微妙，在合作前必須釐清彼此的權責分工，某街友服務組織的社工員C談到：「因為我們也希望避嫌，不要讓個案認為我們是跟雜誌社合作來提供就業機會，然後我們從中收取一些佣金，我們不希望造成個案的誤解。」（訪談C，2016/04/25）簡言之，街友服務組織在過程中擔任資源轉介者的角色。

此外，個案成為販售員的初期，街友服務組織也成為了生活支持的後盾，讓個案能夠安穩地從事工作。換言之，整個就業服務的輸送過程是由兩個不同領域的團體進行協調合作，任職於某街友服務組織的社工員D認為這樣的合作模式對於雙方都是有利的，因為大誌雜誌可以專注在雜誌的編輯與行銷，而街友服務組織則可以發揮所長來提供各種社會服務，但若兩者沒有清楚劃分服務提供範圍，很容易因為專業背景的不同，對於服務提供的認知產生衝突（訪談D，2016/05/27）。因此這種合作的模式反而能為街友帶來更大的效益。

與國際組織的互動中，英國大誌雜誌（TBI）對於品牌授權的

態度相當開放，僅為單純名稱授權，故各國雜誌都採取獨立運作的方式進行，彼此並沒有所謂的交叉持有股份，僅有單純地雜誌設計與報導內容的交流。但英國TBI並非無償授權，各國發行社必須按照發行量計算一定的會費，此種作法有別於一般的商標授權或跨國企業。臺灣大誌雜誌透過國際授權的方式，除了延續該品牌的精神，更能夠迅速地提高該雜誌在臺灣的品牌知名度，有效節省公司在雜誌行銷上的費用（陳妤寧，2015；訪談A，2016/7/29）。此外，大誌雜誌在2010年加入「國際街報組織」（International Network of Street Papers，簡稱為INSP），與世界各國的街報組織共同探討街頭刊物的運作與貧窮議題的解決方案，並與其他會員進行刊物內容的分享交流，這些交流經驗成為大誌運作與組織架構的借鏡。

最後談到志工的運用，志工人力是大誌雜誌相當重要的資源，所有的批貨站幾乎都是由志工自願參與來協助運作，大誌雜誌的主管B談到：「其實志工幾乎都是朋友拉朋友的方式進來的，真的很感謝他們。」（訪談B，2016/05/19）除了補充大誌雜誌人力不足的窘境，志工同時也是大誌雜誌重要的宣傳管道，藉由網路媒體分享大誌雜誌的相關資訊，提升雜誌能見度。

# 肆、社會影響分析

為進行本個案研究，官有垣所帶領的研究團隊提出一個研究架構來分析臺灣的工作整合型社會企業（WISE）的社會影響。此研究架構概念化為三個層次與四個構面（3 levels and 4 dimensions），

三個層次分別是個人（individual）、人際互動與家庭（interpersonal/family），以及社區與社會（community/society）。個人經由WISE的聘僱所獲得的利益，譬如職業技能的增進、就業的保障、薪資與脫貧，所產生的效益勢必影響家庭的功能與人際互動網絡，進而再像漣漪般影響了社區與大社會，最終有助於社會融合。

除了影響的層次外，研究團隊另強調四個構面，亦即「4E架構」（4E Framework），以此說明WISE的計畫與方案對於改善他們所服務的標的團體之生活的貢獻，此4E分別是：（一）「提供就業」（Employment）、（二）「改善生活質量」（Enhancement of quality of life）、（三）「賦權」（Empowerment），以及（四）「社會融合」（Exclusion prevention）。在「就業」方面，可被理解為職業技能訓練、就業能力的提升、自行開業能力的增強等；而「改善生活質量」意謂著家庭生活條件的改善、人際網絡的擴大，以及逐漸脫離社會救助系統的援助等；所謂「賦權」是指標的群體或個人在社區裡感受到被信任以及社會資本的增強；而「社會融合」強調的是標的群體或個人被社區、社會接納程度的提升以及社會穩定的持續。

依據此「4E架構」，本文針對就業促進、貧窮舒緩、生活質素的提升以及賦權等面向進行質性分析，以瞭解大誌雜誌所帶來的社會影響，藉此呈現出該工作整合型社會企業的具體影響範疇。

## 一、就業促進

### （一）增加弱勢族群工作機會

近年來大誌雜誌的銷售員組成結構正逐漸轉變，從原本的街友拓展到社會各個弱勢族群（如身心障礙者、單親家庭、低收入戶、中高齡失業），顯示出大誌雜誌對於有就業意願的弱勢族群保持開放的態度。對於弱勢族群來說，大誌雜誌提供了一個友善的就業環境，社工員E談到：「很多人是因為他沒有辦法，也沒有選擇，就像那個皮膚病街友，他要進入職場是非常困難的，但是他可以在大誌裡獲得一份工作收入。」（訪談E，2016/05/18）此顯示大誌雜誌可及性的就業服務不僅提高了弱勢族群獲得工作的機會，開放性的篩選機制也使得銷售員的組成更為多元。

從進入大誌雜誌的途徑來看，主要可分為正式管道（社會局、警察局）與非正式管道（街友服務組織、教會、朋友等）。在正式管道的部分，社會局在接獲警察局的街友通報後，能夠協助更多的街友進行列冊管理，但是仍有許多未列冊管理的街友，可能是不常或是不使用街友服務，也就是說他們並非街友服務組織的服務對象，故就業資訊難以透過正式管道有效協助未列冊或未使用相關服務的街友（訪談H，2016/04/09）。另一方面，街友服務組織提供服務的過程，將大誌雜誌工作訊息傳遞給街友，同時協助具備工作意願的街友轉介至大誌雜誌。

再者，非正式管道方面，臺灣的教會組織擔任了重要的角色，其資源豐沛如救世軍、活水泉、燈塔以及恩友等教會成立的民間組織提供街友相當多資源，例如提供餐食或以工代賑的機會，多數街友在教會力量的支持與鼓勵下重拾工作意願。此外，街友彼此所形

成的非正式網絡彌補了正式管道之不足，透過街友間口耳相傳，有效進行相關就業訊息的交換與傳遞。由此可知，大誌雜誌在街友服務輸送中具備可近性，無論正式或非正式管道，街友大多能充分獲得相關的就業訊息，並透過社工員或教會的鼓勵，重新回到工作中。

## （二）提升工作穩定性

不同於傳統的現金給付，大誌雜誌以販售雜誌定價的一半作為給付，讓銷售員在付出勞力後逐漸累積一筆資金形成資產累積的效果，加上大誌雜誌銷售的資格門檻低，使得銷售員能夠重新培養工作態度。但促使銷售員願意持續待在大誌雜誌工作的主要原因是時間的自由性（訪談N，2015/05/20）。大誌雜誌的銷售時間分為早上、中午、下午以及下班等四個時段，銷售員能夠自行決定銷售的時段再回報給大誌進行彙整。亦即銷售員可以對自己的工作時間進行安排，不受到大誌雜誌的約束。銷售員H認為這樣的工作型態相當符合街友的工作期待，因為不想受到太多的管制，亦即，大誌雜誌與銷售員呈現出一種平等互惠的關係（訪談H，2016/04/09）。

雖然大誌雜誌提供了銷售員相當多的自主權，不強制規範銷售員工作的時數或天數，但大部分的銷售員為了賺取更多的收入，往往會將銷售時間安排得相當緊湊，此間接重新培養銷售員的工作態度，進一步達到工作的穩定性。顯示出大誌雜誌不僅扮演中繼角色，提供街友重新進入勞動市場的機會，同時提供機會讓街友能夠重新調整心情與適應工作環境，藉此提升街友成功或穩定就業的比例。有別於傳統的就業服務，在大誌雜誌工作必須付出相應的努力，因此銷售員必須全心投入才有辦法獲得收入，藉此引發銷售員

的工作動機並強化其工作意願，進一步提升了銷售員的工作穩定
性。

### （三）基本生活需求的滿足

　　由於許多中高齡銷售員的身體條件難以負荷體力工或臨時工，
因此會轉往體力負荷較輕的工作，換言之，工作收入必然相對下
降。因此，對於這些銷售員來說，能夠三餐溫飽以及生活穩定的基
本需求是更為迫切的，至少他們能夠重新獲得生活的經濟主導權。
社工員E認為：「既然會繼續做，表示他們獲得比較穩定的生活，
比較不會再去外面流浪了。」（訪談E，2016/05/18）此說明了銷
售員能夠透過大誌雜誌賺取的工作收入來滿足基本生活需求，或進
一步獲得感覺性的需求（如煙、酒、手機等）。換言之，當街友開
始有了經濟收入後，可以避免使用不正當的行為（如偷竊）作為滿
足自身需求的手段（訪談C，2016/04/25）。

## 二、貧窮舒緩

### （一）經濟收入的提升

　　大誌雜誌銷售員的月平均收入為新臺幣15,000元，其中又依縣
市地區或銷售點位置的不同，銷售員收入也會有所不同（訪談A，
2016/7/29）。對照鄭麗珍（2013）之研究顯示，整體街友的平均收
入為5,426元，相較之下，大誌雜誌銷售員的工作收入顯然高於多
數街友。由於大部分的銷售員之前因年齡與身體狀況而缺乏工作機
會，使得經濟收入不穩定或收入水準偏低，成為街友無法改變生活
現況的因素之一。大誌雜誌主管A談到，如果這份銷售雜誌工作無

法帶給街友任何幫助，這些銷售員也不會持續留在這裡，無論這份工作帶來的效益到達什麼程度，至少銷售員能夠獲得基本的經濟支持（訪談A，2016/07/29）。亦即，街友選擇繼續留在大誌雜誌成為銷售員，意味著大誌雜誌提供給街友銷售員一定水平的收入。

　　關於經濟收入提升所帶來的影響，銷售員I認為：「這份工作比較自由又沒有限制，賣雜誌至少可以補貼一下。」（訪談I，2016/05/04）而銷售員J表示：「如果銷售穩定的話，生活就跟一般人的一樣。」（訪談J，2016/05/04）由此可知，銷售員願意付出多少時間進行銷售，也是影響銷售員收入多寡的因素之一。然而實際上大誌雜誌本身具有銷售週期，通常銷售機會比較會集中在每月的月初到月中，因此銷售員必須在這段期間銷售一定數量的雜誌，才能獲得足以維持生活支出的收入水準。

　　此外，為了能夠養成銷售員儲蓄的習慣，大誌雜誌提供了小額存款的服務，主管B表示：「他們很多都沒有辦法把錢存到銀行，所以我們這邊有做一個小型的銀行，讓他們夠能把錢存在雜誌社裡面，當然會鼓勵他們去使用這個服務。」（訪談B，2016/05/19）小額存款的服務提供，鼓勵銷售員將賺取的部分收入進行儲蓄，透過資產累積以獲得更好的生活品質。

## （二）減少社會服務資源的使用

　　對於大誌雜誌的銷售員而言，經濟改善是脫離街頭的第一步，接著就是解決居住問題，當這兩個問題充分獲得改善後，其他問題就很容易隨之改變（訪談E，2015/05/18）。某街友組織社工員C表示：「很明顯可以感受到他們來這邊接受社會服務跟資源的次數減少了，顯示大誌雜誌帶給他們重拾自己生活的主導權。」（訪談

C，2016/04/25）而街友組織社工員E指出多數個案都能達到自給自足，減少了對於社會福利資源的使用，例如領餐、經濟補助或急難救助等（訪談E，2016/05/18）。

由上可知，街友對於社會資源的使用，特別是經濟扶助的部分，能夠獲得改善。另外在就醫需求的部分，以往大部分街友因為無法負擔健保費用，使得健保身分被迫中斷，在沒有健康保險的情況下，街友無法負擔鉅額醫療費用而不願意就醫。現行大誌雜誌主要的作法是以「第五類保險人」將街友納入健康保險的保障，再透過街友服務組織來提供列冊街友獲得足夠的醫療資源（臺北市社會局，2002）。

從實務工作者的角度來看，社工員C指出：「只要願意付出時間來販售，其實每個月的收入都能夠維持一定的生活水平……，不需要再靠慈善單位去接濟，就可以自己去購買一些東西。」（訪談C，2016/04/25）透過大誌雜誌這種創新的就業模式，使街友獲得經濟收入後就逐漸累積面對社會壓力的能力，當然並非完全不再需要社會資源，畢竟他們仍處於社會上相對弱勢，但至少在需求面上能夠降低，減少對於社會資源的依賴。

## 三、生活質素的提升

### （一）飲食

收入穩定後最顯著的生活改善是三餐能夠自理，不再需要天天到街友服務組織領取餐食，銷售員能夠自行選擇想要吃或需要的東西，銷售員街友M提及：「當初是因為沒有這份工作，如今有了這份工作就不需要再去了，不然以前我真的是每天去報到。」（訪談

M，2016/05/20）再者，銷售員L認為大誌雜誌這份工作相當自由且可以馬上領到薪水，想要吃什麼就吃什麼，沒有人會管你應該要怎麼做（訪談L，2016/05/19）。顯示大誌雜誌的工作性質較為彈性，銷售員可以立即領取工作收入，當獲取這份收入後，生活飲食的選擇權隨之提升，除了接受制式化的領餐服務外，現在銷售員擁有更多的飲食選擇。

## （二）居住

　　生活品質方面，顯然居住問題的改善是指標之一，亦即，多數的銷售員能夠脫離街頭自行租屋。原本流落街頭的銷售員，透過這份工作可以獲得穩定的居所，如同銷售員G所說：「如果我沒有來賣雜誌，我可能還是坐在公園裡面。」（訪談G，2016/04/05）顯示大誌雜誌對街友來說是一個能夠改變自己的機會，透過這份工作獲得經濟改善，進一步能夠脫離街頭。但在社會建構的刻板印象下，許多民眾對於租屋給街友抱持疑慮，使得街友在租屋過程中遭受阻礙。在缺乏相關資源以及重重阻礙下，導致他們只能繼續選擇流落街頭，因此街友服務組織也常常扮演租屋媒合的角色，但前提是銷售員必須維持穩定的經濟收入。

## 四、賦權

## （一）工作能力的提升

　　潘淑滿（2009）指出真正影響街友能否持續留在勞動市場的關鍵在於「就業動機」與「工作意願」。大誌雜誌提供一個適當的工作機會來協助他們度過暫時性的經濟困難，並且增加他們的自信來

重新培養就業動機，雖然銷售員平均收入約為15,000元（中央社，2016）。整體來說，這份收入仍高於一般街友的收入水平，且這份工作相對於其他行業來得輕鬆與穩定，街友能夠重新建立自我的肯定，這也成為大部分街友願意持續留在大誌雜誌的主要因素（訪談D，2016/05/27）。

　　多數的銷售員在先前尋找工作的過程中常常遇到阻礙，透過大誌雜誌不僅增加與社會大眾的接觸機會，在與消費者互動的過程中，銷售員找到自己的工作成就並且重新肯定自己，同時也培養工作態度與應對方式，個人的工作能力在工作的過程中也獲得了成長（訪談B，2015/05/19）。由此可知，大誌雜誌的工作本身對街友而言就是一個就業訓練與工作能力的提升，透過與社會大眾接觸的機會，改善他們的社交技巧，並且建立正確的工作態度，以及強化其工作意願與動機。

## （二）專業知識的增進

　　多數的銷售員僅具備國小、國中的學歷，為了讓消費者能夠在最短的時間內瞭解當期雜誌的內容，銷售員往往會強迫自己理解或背誦雜誌的內容，除了能夠有助於找出銷售重點外，自己也能夠獲得相關的知識。換句話說，整個銷售行為是一個互動的學習過程，大誌雜誌串連起消費者與銷售員的關係，並且兩者彼此學習（訪談J，2016/05/04）。由此可知，銷售員在銷售的過程中也提升了自我的專業知識，增加其工作的專業度。此外，銷售員也成為社會企業的最佳講解員，透過他們的簡短介紹，消費者能初步瞭解社會企業的運作以及與一般慈善團體的差異（訪談F，2016/04/05）。某種程度而言，銷售員以自身作為示範向社會大眾分享經驗，此亦達到

了社會宣傳的效果，也展現出大誌雜誌的社會影響力。

### （三）責任感的養成

　　Kidd（2003）認為街友往往因為自身地位而感到內疚與自責，加上無法負擔高強度的體力工作，使得街友喪失工作的意願與能力。然而，藉由大誌雜誌的就業模式，銷售員跟消費者之間不再只是單純的買賣關係，經過長時間的互動與關心，銷售員漸漸意識到工作不只是賺取收入，更重要的是對消費者的責任感。銷售員H表示：「有些上班族每一期都會跟我買，有固定的二十幾個人每個月都會跟我買，我也不得不服務他們。」（訪談H，2016/04/09）顯示銷售員由於與客戶建立了情感關係，進而形成工作責任感，銷售員為了回應這些客戶的關心，持續提供雜誌銷售來滿足消費者的需求。Hibbert、Hogg與Quinn（2005）指出消費者將購買大誌雜誌視為是對銷售員的鼓勵，而非單純的商業行為，也就是說在這種情感互動之下，進一步形成銷售員對於工作的責任感。透過大誌雜誌作為媒介，改變了街友與社會大眾的關係，並且協助街友重新建構對於工作的認知。銷售員F在這方面的感觸十分深刻：

> 像我第一次賣大誌雜誌時，真的受到很大的震撼，跟我買的那個人跟我說謝謝，我覺得奇怪應該是我跟他說謝謝，怎麼會是他跟我說謝謝？後來我才知道他背後的涵意，原來他們感謝因為我們有在賣，他們才能買到一本這麼好的雜誌，因此他們謝謝我。我謝謝他們，因為有他們願意購買，我們才有收入，這是一種互相的感覺。
>
> （訪談F，2016/04/05）

## （四）自信心的增加

目前在臺灣，大部分的街友往往依賴社會福利體系以及街友服務組織的資源，無形之中造成了街友在自尊心上的衝擊，如銷售員L談到：「人如果能夠靠自己，為什麼不去做呢？我可以帶你到某機構去看，為什麼還是這麼多人在排隊領餐？因為他們無法踏出那一步，一旦踏出去之後，你就會一路往前走。」（訪談L，2016/05/19）由此可知，街友在這樣的窘境下缺乏了一股往前的推動力量，加上社會賦予的刻板印象，導致街友缺乏適當的工作機會，使得他們難以扭轉或改善當前的生活方式。

然而一旦街友擔任銷售員工作，在大誌雜誌中獲得成就感，讓他們更有自信面對自己的生活，社工員D表示：「我覺得某銷售員變成是一個正向的循環，……某種程度是因為他從這裡面找到自信，因為他有了錢，他的收入相較於街友圈是不錯而且更加穩定，所以我覺得這也是他可以持續做的原因。」（訪談D，2016/05/27）由此可知，銷售員在工作過程中透過成功的銷售經驗，重新肯認自己的工作能力，相信自己有足夠的能力來改變生活，對於未來也不再茫然無助，更加有自信而重新開始新的生活。

# 伍、結論

本文透過就業促進、貧窮舒緩、生活素質提升以及賦權等四個層面分析大誌雜誌的社會影響。首先在就業促進的部分，大誌雜誌的工作內容與時間規劃給予銷售員相當多的自主權，彈性的工作型態迄今有效提供與創造了超過100個弱勢群體的就業機會，同時亦

增加弱勢群體在就業選擇上的多樣性。

　　而在貧窮舒緩的部分，主要效果為提升經濟收入以及減少福利資源的使用。大誌雜誌將獲利模式透明化，每售出一本雜誌銷售員便可直接獲得50元的現金收入，給予銷售員立即性的經濟反饋，使銷售員能夠獲得經濟上的舒緩，以解決日常生活所需，減緩了弱勢群體對社會資源的依賴，如餐食領取、經濟補助與醫療補助等。

　　在生活質素提升的部分，主要呈現在飲食與居住的兩個面向，但因各地區生活條件、銷售員的收入以及銷售員主觀認知不盡相同，故大誌雜誌所帶來的生活質素提升的效果比較有限。藉由民間社福組織的服務重新塑造街友對於生活的想像，如租屋服務、儲蓄習慣，能夠適度改善大誌雜誌在生活質素提升的限制。

　　在賦權的部分，銷售員透過銷售的過程獲得了專業知識的提升，並重拾自我肯定與工作責任感，日漸養成積極的工作態度，同時肯定自己所具備的工作能力，提升了街友日後求職的成功機率。換言之，大誌雜誌是街友重回勞動市場前的就業準備站，讓街友有充分的時間增強自身能力與調整心理狀態，並促發其工作動機與意願，可改善街友長期在勞動市場的劣勢條件，增加街友重新獲得生活選擇的機會。

　　綜上所述，藉由大誌雜誌街友就業模式的運作與其所產生的社會影響，具體描繪出臺灣工作整合型社會企業的其中一種樣態，不僅說明了WISE所帶來的社會影響力，同時清楚看到該類型社會企業在經濟與社會目的之間的運作過程。大誌雜誌以「促進弱勢群體就業」為組織宗旨，提供了弱勢族群重新進入勞動市場的機會，舒緩了一部分街友長期以來的就業困境，並且重視與其他社會服務組織的合作，結合他們的專業能力來協助社會服務的提供，使街友服

務系統更完善整備。這種跨部門組織合作以提供不同需求的服務給遊民之模式，其實在歐洲（譬如，英國）已有相當豐富的實例與經驗（Teasdale, 2009, 2010）。

　　臺灣大誌雜誌成立迄今將邁入第九年的運作，運作至今已提供許多弱勢族群就業的機會，從原本的街友到現在的肢體障礙者、高齡者、輕度精神障礙者、乃至於單親婦女都是大誌雜誌服務的對象，可以看到大誌雜誌的服務對象漸趨多元。再者，大誌雜誌有別於傳統的營利組織，其組織發展係由需求端發起，也就是說，組織並不追求業務的擴展，而是以街友需求為導向，才進一步提供工作機會。創辦人李取中先生的社會企業家精神相當鮮明，透過自籌經費成立大誌雜誌，雖然本身的專業並非社會服務相關背景，但是透過自身之所長來進行弱勢就業的提供，且不追求組織規模的擴張，而是期望能夠持續的提供就業機會，這與傳統營利組織的策略發展是相當不同的。

　　最後，值得一提的是，大誌雜誌透過與街友服務組織的合作，發展出符合弱勢群族特性的工作型態，對於提升弱勢群族就業穩定具有顯著的成效，進一步形成跨界合作的互動模式。大誌雜誌將街友服務組織視為是社會服務的補充，透過街友服務組織的資源協助，結合各自的所長共同來提供街友服務。

　　然而，由於大誌雜誌目前缺乏完善的街友社會服務措施，街友的收入經常隨著雜誌發行的週期而有變化，導致收入不是很穩定，進一步也影響到租屋、飲食，或者是需要醫療資源以及申請社會服務的需求。大誌雜誌未來在提供街友就業外，盼能夠與社會福利組織有更多緊密的合作，共同提供職業輔導、租屋協助、醫療照護等社會服務，讓街友社會服務能夠更加具有連續性與完整性。

# 參考文獻

大智文創（2018），《關於The Big Issue Taiwan》，網址：http://www.bigissue.tw/about，檢索日期：2018/04/20。

中央社（2016），《給魚也給竿，街友賣雜誌找回自信》，網址：http://www.cna.com.tw/news/aloc/201609030088-1.aspx，檢索日期：2018/07/05。

王婉嘉（2011），《愚人世代的街頭雜誌──李取中與《THE BIG ISSUE》》，網址：http://www.taiwan-panorama.com/tw/show_issue.php?id=201170007048c.txt&table1=1&cur_page=2&distype=text，檢索日期：2018/07/05。

社企流（2014），《社企力！社會企業＝翻轉世界的變革力量。用愛創業，做好事又能獲利！》。臺北市：果力文化，漫遊者文化。

官有垣、王仕圖、陳錦棠與杜承嶸（2016），《臺灣與香港工作整合型社會企業的社會影響研究》。行政院科技部專題研究計畫。

陳明輝（2010），〈The Big Issue! 社會企業的核心價值與創新商業模式〉，《創業管理研究》，5卷，2期，頁85-92。

陳好寧（2015），《The Big Issue 總編輯李取中：「如果雜誌無法吸引到讀者，就不可能幫助街賣者」》，網址：https://npost.tw/archives/2132，檢索日期：2018/07/04。

臺北市社會局（2002），《遊民無錢就醫？社會局提供服務！》，網址：http://www.dosw.gov.taipei/ct.asp?xItem=927659&ctNode=72723&mp=107001，檢索日期：2018/07/05。

鄭麗珍（2013），《遊民生活狀況調查》。內政部委託報告。

訪談資料A，2016/07/29，臺灣大誌雜誌幹部，地點：臺北。

訪談資料B，2015/05/19，臺灣大誌雜誌幹部，地點：臺北。

訪談資料C，2016/04/25，街友服務機構幹部，地點：高雄。

訪談資料D，2016/05/27，街友服務機構主任，地點：臺中。

訪談資料E，2016/05/18，街友服務機構社工員，地點：臺北。

訪談資料F，2016/04/05，銷售員，地點：高雄。

訪談資料G，2016/04/05，銷售員，地點：高雄。

訪談資料H，2016/04/09，銷售員，地點：高雄。

訪談資料I，2016/05/04，銷售員，地點：臺中。

訪談資料J，2016/05/04，銷售員，地點：臺中。

訪談資料L，2016/05/19，銷售員，地點：臺北。

訪談資料M，2016/05/20，銷售員，地點：臺北。

訪談資料N，2016/05/20，銷售員，地點：臺北。

Hibbert, S. A., Hogg, G. M., & Quinn, T. (2005), "Social entrepreneurship: understanding consumer motives for buying the Big Issue", *Journal of Consumer Behaviour*, 4(3), 159-173.

Kidd, S. A. (2003), "Young homelessness and social stigma", *Child and Adolescent Social Work Journal*, 20, 255-261.

Kuan, Y. Y., & Wang, S. T. (2016). "Public policy measures and promotion of social enterprises in Taiwan", in Y. Chandra, & L. Wong (eds.), *Social Entrepreneurship in the Greater China Region*. London and New York: Routledge.

Teasdale, S., (2009), "Innovation in the homelessness field: how does social enterprise respond to the needs of homeless people?", *Third Sector Research Centre Working Paper* 5.

Teasdale, S., (2010), "Models of social enterprise in the homelessness field", *Social Enterprise Journal*, 6 (1): 23-34.

# 第十章

# 臺灣茲摩達司社會企業公司的個案分析

王仕圖、杜承嶸、官有垣

# 壹、前言

　　臺灣社會企業的發展至今大約已有近二十年的時間，過去十年裡，本研究團隊主要聚焦在非營利組織從事社會企業的相關研究，特別是針對工作整合型社會企業。然而近幾年來，社會企業的成立型態，並非全然以就業為導向，有些社會企業的創設是以處理或解決某種社會問題為出發點，例如Anukansai（2004）在探討泰國南部地區的農業型社會企業，即指出在Maireang地區的橡膠生產農人為何是位處貧窮狀態，而多數的商人、中盤商、和工廠的老闆卻因為橡膠致富。這樣的反思促使該地區的農人領袖在1984年組成一個農業團體組織，並成為一個成功的橡膠加工貿易的社會企業。而位於臺灣南投地區的龍眼林社會福利協會，早期雖然是因為921地震成立的組織，初期也是以福利服務為主要的服務模式，然而組織的領導者看到該地區主要農產品——龍眼，在中元節過後，因為市場需求量銳減，導致農民只能任其落果。龍眼林協會基於此一現象，除了開始推展龍眼文化季活動，同時也開始成立農產行，進行整合性質的生產與銷售，除了可以為協會創造營收之外，也增加農民的收入，解決農產品過剩的問題（陸宛蘋，2012；王仕圖、官有垣、陳錦棠，2015）。

　　由於社會企業的組織型態產生，導致營利和非營利部門之間的界限更加模糊化，社會上出現以商業組織的模式，卻是以解決某一社會問題作為重要的訴求，例如TOMS Shoes公司所訴求「買一送一」，即消費者買一雙鞋子，該公司即送一雙鞋子到落後國家，該商業經營主張不仰賴捐贈的營利企業，其不但創造數億美元的營收，並且促成許多類似性質的企業（Davis, 2017）。同樣的，公平

貿易（Fair Trade）的運作模式，也以期望幫助落後國家的農民，提升他們的收益。公平貿易運動已經擴展到50個發展中國家3,000多個草根組織，參與的農業生產者也超過50萬人，這類的運動開始於1940年代美國的教會系統，協助二次大戰後自歐洲到美國的難民，販售他們製作的手工產品。為了能夠幫助更多的弱勢生產者，必須讓他的產品可以進入社會大眾可以購買的超級市場，因此發展出公平貿易認證（Griffiths & Tan, 2007）。

事實上，當前社會企業對社會確實能夠產生某種程度的貢獻，或許是將弱勢團體再度整合進入勞動市場，以降低社會排除的問題；又或者是在社區內創造就業機會；甚至提升社會資本與公民參與，因而建構永續發展的社區（Noya, 2009）。本章所要探討的個案——茲摩達司（Cemedas）社會企業有限公司，雖然是經由商業登記的有限公司，但是該公司的主要宗旨是期待能夠幫助臺灣東部偏鄉社區的農業生產者。臺東就整個臺灣而言，其地理位置相關位處劣勢，交通條件也不佳，而本個案就是為了協助南迴公路地區的社區所成立的社會企業，然而就社會企業的組織屬性，則可視為是一種「社會公益創投的模式」（官有垣，2012：81-82），或是以「社會使命實踐為主的商業組織模式」（Social Business）（Defourny & Nyssens, 2016），本章就其組織成立的背景和社會影響進行分析與討論。

# 貳、個案分析

## 一、創立與發展

　　茲摩達司（Cemedas）社會企業有限公司（以下簡稱「茲摩達司」）成立於2014年5月，是依據臺灣的公司法立案的有限公司，並採取獨資的方式經營。其主要宗旨在於「環保、公平交易、關懷偏鄉原住民」，推動以「購買取代捐款」的概念，不仰賴政府補助與民間捐款，而是透過消費行為作為公益行善的方式之一。茲摩達司公司設在新北市，而在臺東設置生產據點，並設立一間門市，專門負責農產品加工，再進行包裝與出售。

　　起初，茲摩達司創辦人以宗教團體的身分進入臺東排灣族土坂部落，捐助文具用品給當地課輔班，第二次再進入部落時，除帶物資捐助外，亦開始搜集當地的資源，進一步思考有什麼可以轉換為經濟效益。在過程中，發現當地的文化內涵相當豐富，所以創辦人開始規劃如何協助當地部落居民能夠自力更生，因而從此時將慈善轉為企業的經營模式。不過，由於部落過去未曾有佛教信仰，所以起初當地人對於創辦人頻繁出現在部落有許多懷疑，但創辦人透過長時間的互動與積極推展排灣族文化復興，藉以與部落建立關係。

　　茲摩達司開始收購部落的農產品，是由於當地農民時常有農產品滯銷與被中盤商剝削的問題而讓農民血本無歸，不願意耕作與採收。因此，創辦人提出保障價格收購作為誘因，促使農民繼續耕作，並為農產品找尋市場。但是，收購農產品僅為一個起始點，未來期望能培養在地居民發展，自給自足，並鼓勵部落青年返鄉，振興傳統文化與改善生活。

　　在經營策略上，茲摩達司共分為三面向，即為（一）對環境友善：不使用化學肥料，讓農作物自然生長；（二）對生產者友善：創造部落就業機會，並以穩定合理價格向農民保證收購農作物；（三）對消費者友善：用低於市價與消費者共享的行銷模式，擴大市場需求，以增加農民耕作面積，活化部落經濟。藉此，教導臺東原鄉部落友善耕作，使環境能永續發展，並保障農產品收購價格，讓農民能自力更生，亦使消費者平等共享臺東農產品。

　　由於創辦人為宗教寺廟住持的身分，期望能將佛教慈悲濟世的精神，運用於社會企業的利他宗旨上，推廣「佛教社會企業」的概念，採取獲利但不分紅的方式。創辦人強調，佛教的社會企業定義，簡單來說就是：

> 以公益之心，行社區之實！就是我本來就捐出，捐出就沒有回來的啊！所以投資者本身就要抱著我是捐出的用意，但是我們去支持他是一個實質的運作，就是他虧了，他會把他當成是捐出去，是心態的轉變。所以在觀念上我們要做，就是說沒穩賺的，任何人做什麼都不一定是穩賺的，但如果你今天是抱著穩賺的心態，想要分紅的立場來講的話，我們就不會、當然我們也不會請他們再增資，就是抱著這樣的態度和立場。

　　　　　　　　　　　　　　　　　　（創辦人訪談，2015/08/28）

目前規劃的作法是透過佛門教義與戒律的研議，配合現行法規，建立社會企業聯盟作為投資、創業及就業的平臺，藉以將社會企業落實於佛門之中。

## 二、創新

　　茲摩達司在經營事業層面上，有許多創新的策略，主要可從以下四個面向觀之，即交易方式、收購方式、行銷方式與人力配置和培育，詳述如下：

### （一）交易方式：採用「保障基線及應時機動」

　　首先，茲摩達司在收購農產品時，為了防止農產品滯銷與中盤商剝削，採用了保障價格方式。但維持一定價格的收購，卻成為貨源不足的主要原因，因為當中盤商提高收購價格時，許多農民會選擇將農產品轉賣給中盤商。為了不造成惡性循環，創辦人並不願意隨波逐流，而是期望教育農民誠信，所以那些仍願意將農產品賣給茲摩達司的農民，創辦人會在收購後給予回饋金，建立良好的互動。上述的情況，創辦人曾表示：

　　因為那位農民他那次答應我了，雖然別人要用比較高的價錢跟他收購，可是他覺得我在支持部落的一切，他看到了，所以他願意還是照我跟他說的150元跟他收。他銷給我之後，我發現他的品質是不錯的。然後第二次見面我就增加20元，一公斤多20塊，因為外面的行情已經170元了，我不要讓他有所吃虧，我就把他的20塊跟他的公斤數一起回饋，我說，這個是你的回饋金。他很驚訝，他說我跟人家做生意做那麼久了，第一次有回饋金可以拿，就這樣子，他很開心，所以他今年就問我，師父我要整地種紅藜，你還要不要？如果你要的話，我就種更多一點，我說好，你就種，他就有信心繼續種。因為需要長時間的培

養，這樣互動的農民越來越多之後，如果覺得有利可圖，
年輕人會願意回來，這樣就是增加一些就業的機會，所以
我必須要用長遠的時間等待跟培養。

（創辦人訪談，2015/08/28）

目前，貨源仍不足，致使銷售端主要仍是在寺廟體系內，無法
擴及至體系外的市場。為了改善與調整公司的財務，以及基於開源
節流的原則，除在人事異動外，亦使用新的交易方式，將收購價格
採取「保障基線及應時機動」的策略，藉此培養長期互動夥伴，推
廣及落實友善環境的概念。

## （二）收購方式：經由部落頭目向農民收購農產品

部落原住民的宗教信仰以基督教與天主教為主，創辦人本身是
佛教徒，對於部落文化是採取支持的態度，並無衝突，因而與部落
頭目互動良好。由於排灣族是一個重視族群倫理的原住民族，雖然
在政府官員進入部落管轄之後，使得過往為部落中心的頭目不再掌
握實權，但即使如此，部落頭目對族人仍有其影響力。因此創辦人
與部落頭目建立良好關係，並藉由部落頭目向農民收購農產品，使
茲摩達司能進入部落，協助當地的農民。

創辦人表示，初期是關懷排灣族的文化，所以對傳統原住民頭
目是相當尊重，雖然其本身是佛教徒，但在文化的支持上，和佛教
是沒有衝突的。

因為基督教在文化立場跟原住民傳統文化是有點矛盾、衝
突，包括跟天主教也有發生過矛盾，跟傳統部落文化產生
一些抵觸；佛教沒有這方面的問題，所以我在支持文化上

面是很順利的，尤其我跟幾個頭目都互動的非常好。排灣
族是非常重視族群、倫理的一個民族，所以頭目算是一個
中心，但是現在因為整個社會型態的轉變，變成說他們沒
有實權，所謂的村長、村幹事，還有政府官員取代傳統這
種頭目地位，但是我還是一直支持他們的文化，所以得到
大家一個良性的互動，相對的，我現在推動這些農產品，
我也是透過頭目來出面。

（創辦人訪談，2015/08/28）

### （三）行銷方式：在寺廟體系內部進行行銷

　　部落的農產品的銷售，過去仰賴的是中盤商，而茲摩達司作為
購買農產品的企業，也必須能夠將買到的農產品銷售出去。由於農
產品的貨源不穩定，所以在量少的情況時，創辦人可透過寺廟舉辦
法會或活動時消耗；在量多的情況時，可借助寺廟的信眾基礎而行
銷，或是轉送其他寺廟等方式。因此，茲摩達司目前仍是在寺廟體
系內行銷，無法擴及至體系的市場，而資金來源主要是仰賴信徒，
不依靠政府資源。

　　例如，創辦人表示：

我有一個是很成功的案例，2014年底有一次生薑收購，因
為農民種的生薑出了一點狀況，要趕快採收，不然它就要
爛掉了，那個時候價格也不好，就找上我，數量又很多，
我就跟他收購了五千台斤，就是三千公斤。五千斤那不光
是收，你怎麼去行銷，要銷出去，薑也不能拿來當零食
吃，但是佛寺是很需要薑的，當時我就請信徒，當時我跟

他採購是一箱一千元，一斤二十元，一箱五十斤，我收購了五千斤。我就發布訊息給所有的信徒，你要團購一箱兩千，你如果說認養捐出去給寺廟，一箱一千元，一千元就是由寺廟來支持，用這樣的方式。……有人就說師父，我要認養十箱，我要捐給其他的寺廟，他可以指定，也可以不指定由我們，我們就送十箱給圓光佛學院、送五箱給哪個學院、哪個寺廟，全臺灣各寺廟都寄過去，有的一箱、兩箱，一個禮拜就把這五十箱全部銷售掉，我們沒有虧錢，薑也沒有爛掉。

（創辦人訪談，2018/08/28）

## （四）人力配置和培育：三個單位的人力可互相調度，並視其特質培養能力

創辦人目前共成立三個相關的社會企業單位，即為「茲摩達司社會企業公司」、「茲摩達司文教基金會」與「曦望社會企業創投公司」。因此，在人力配置上，茲摩達司與文教基金會的員工可互相調度，並視其特質培養能力。若在無貨源的時期，茲摩達司聘僱的三位員工即會被調配至文教基金會，而茲摩達司僅剩創辦人一名。倘若茲摩達司有相關事務須處理時，文教基金會的員工會以志工的身分協助。在人才培育部分，創辦人會依據員工的特質，觀察員工適合做什麼樣的工作，再進行能力培養與協助。此部分亦是創辦人欲推動佛教社會企業的三大面向，期望能藉此培養臺東當地人才，並使青年願意回流，以永續部落文化與產業。

綜合以上的討論，整體而言，茲摩達司社會企業的理念是期待可以共創三贏的環境氛圍，即經由茲摩達司社會企業作為平臺，在

其公平貿易的理念、友善土地耕作和關懷偏鄉原住民的理念推動之下，在生產者端，茲摩達司社會企業鼓勵他們採用自然農法種植農作物；運用契約保障收購價格方式，保障農民的收益，避免遭受中盤商的剝削；在消費者端，茲摩達司社會企業所販售的產品重視對消費者而言是健康無毒的，且消費者的消費行為就是支持偏鄉社區的原住民。這樣的良性循環之下，茲摩達司社會企業更期待的是可以吸引原住民青年返鄉就業，同時也使原住民的傳統文化可以傳承。茲摩達司社會企業的經營理念可參照圖10-1所示。

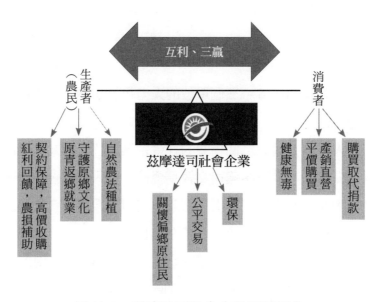

**圖10-1　茲摩達司社會企業經營理念**

資料來源：茲摩達司社會企業公司提供，2015/08/28。

## 三、社會影響

### （一）就業

　　由於臺東部落的青年外流情形嚴重，所以期望能吸引青年返鄉創業，並回饋部落。其實部落並不缺乏有才能的人，只是不見得有社會企業的心態，而是以利潤為取向，僅為壯大自己的家族與聲勢。創辦人已成立「曦望社會企業創投公司」，目的在於支持部落青年創業。目前亦有培養數位當地部落青年，協助其戒除不良習慣，訓練技能，並給予工作機會。此外，創辦人也強調，透過發掘人才，部落青年不一定會創業，但他說不定是一個好員工，我們還是會把他納入社會企業的組織架構，就是用這樣一個方式來運作。亦即，「茲摩達司」是排灣語，是一個曙光的意思，第一道光線（創辦人訪談，2018/08/28）。

### （二）改善生活質量

　　目前茲摩達司已與50位以上的部落居民進交易，經由收購農產品的方式，可改善農民家庭的經濟狀況，並且提升生活品質。對於部落居民而言，能提供他們農產品有穩定的銷路管道，即是最大的幫助。因此，茲摩達司透過保障價格收購農產品與固定收入的方式，使農民不會因滯銷與損耗的問題而血本無歸。此方式亦能成為農民持續耕作與採收的誘因，並能促進部落當地居民穩定就業，且有固定的收入來源。

### （三）賦權

　　創辦人曾帶著一位部落青年到臺北的寺廟常住，改變其身處的

環境，成功協助其戒除菸酒癮，提供學習技能的機會。當返回臺東部落時，創辦人則聘僱他為文教基金會的員工，藉此使他能在地紮根，發揮才能，回饋部落。創辦人藉由從旁協助的方式，使部落青年逐步成長，最後能返回部落發展。從離鄉學習到返鄉發展，部落居民看著這位青年的蛻變過程，衍然成為部落正面力量的代表。在過程中，創辦人也發現青年回流所產生的社會效應是相當深遠的。因為排灣族是長子繼承制，所以長子能待在部落，對於父母來說，具有安定的效果。

## （四）社會融合

創辦人期望能協助部落青年獨立，所以採取創投的方式，給予青年在部落創業與深耕的機會。在過程之中，可使青年能更融入部落生活與文化，並讓青年有創新發展的機會，更鼓勵青年發展自我長才創業。另外，農民透過耕種與採收的作業，將農產品銷售於市場，換取財貨，以維持生計。然而，在部落地區長期因市場受到限縮，甚至遭到剝削，導致農民沒有持續發展農業的動力。因此，創辦人在部落主要是扮演支持者的角色，並搭建消費者與生產者之間的橋樑，讓消費者能平價購買無毒農產品，而生產者能在保障價格的機制下繼續耕作，使彼此之間不再存有落差，提供合理價格買賣的平臺。

# 參、結語

　　臺灣社會企業的發展，雖然有政府的宣示性政策鼓勵，但是不管是從營利組織跨足社會企業或成立社會企業公司；又或是從非營利組織投入社會企業，臺灣社會企業發展已達多元化的階段。以較早投入社會企業運作的非營利組織來看，有些組織的發展已經過二十年，如同本書第七章所介紹的喜憨兒社會福利基金會，其不但推動社會企業時間長久，對身心障礙者的服務與保障，更具有重大的社會影響。而從營利組織投入社會企業或是成立社會企業公司的部分，從最早商業登記的第一家社會企業公司，其登記時間為2008年9月18日，截至目前為止共計有185家公司（經濟部商業司，2019）。雖然此類社會企業型態的發展較晚，但就數量的成長方面，仍然值得關注。

　　茲摩達司社會企業以成立商業登記的公司模式，幫助臺東原住民部落社區的農業生產，其影響可以區分兩個層面，首先，在創造經濟價值方面，由於茲摩達司社會企業以保障價格的收購方式，基本上可以增加原住民農業生產者的收入，此種商業模式，與公平貿易的作法類似。其次，在賦權方面，茲摩達司社會企業透過與原住民的合作，一方面期待青年返鄉，創造就業或創業；另一方面則是陪伴少數有酒癮問題的人，引領其回歸正常的生活。

　　茲摩達司社會企業的成立宗旨，明顯是透過商業途徑，協助原住民偏鄉社區解決農業產銷相關的問題，整個運作的過程與結果，確實影響原住民社區的農業生產，而這樣的影響效果也符合創辦人當初成立社會企業的初衷，即不希望僅是單純的慈善與救助，而是期待可以真正幫助原住民提升個人能量與改善他們的生活質量。

# 參考文獻

王仕圖、官有垣、陳錦棠（2015），〈台灣社區型社會企業之資源連結與社會影響：兼論其可持續性發展〉，《中國社會建設》，2卷，3期，頁79-87。

官有垣（2012），〈社會企業在臺灣的發展──概念、特質與類型〉，收錄於官有垣、陳錦棠、王仕圖、陸宛蘋（主編），《社會企業：臺灣與香港的比較》，第2章，頁61-94。高雄市：巨流。

陸宛蘋（2012），〈災後重建與社區型社會企業的四個個案分析〉，收錄於官有垣、陳錦棠、陸宛蘋、王仕圖（主編），《社會企業：臺灣與香港的比較》，第15章，頁331-354。高雄市：巨流。

訪談資料，2015/08/28，茲摩達司社會企業創辦人，訪談地點：新北市中和區放生寺。

經濟部商業司（2019），《商工登記公示資料查詢服務》，網址：https://findbiz.nat.gov.tw/fts/query/QueryList/queryList.do，檢索日期：2019年1月22日。

Anukansai, K. (2004). "Maireang framers' group: social enterprise in agribusiness", in M. L. M. Dacanay (Ed.), *Creating a Space in the Market: Social Enterprise Stories in Asia*. Philippine: Asia Institute of Management, Ch. 5, pp. 73-86.

Davis, B. (2017). "The Case from TOMS", Social Enterprise Institute at Northeastern University, Retrieved on 2019/1/17 from https://www.northeastern.edu/sei/2017/11/the-case-for-toms

Defourny, J., & Nyssens M. (2016), "Fundamentals for an international typology of social enterprise models", *ICSEM Working Papers*, No. 33, The International Comparative Social Enterprise Models (ICSEM) Project.

Griffiths, B., & Tan, K. (2007). *Fighting Poverty through Enterprise: The Case for Social Venture Capital*. Coventry: Transformational Business Network.

Noya, A. (2009). *The Changing Boundaries of Social Enterprises*. Paris: OECD Publishing.

# 第十一章

# 香港豐盛髮廊的個案分析

杜承嶸、陳錦棠、官有垣、王仕圖

# 壹、前言

　　香港於1986年拍攝了一部由吳宇森導演，狄龍、周潤發、張國榮等人主演的賣座電影《英雄本色》，片中狄龍所扮演的角色為曾入獄的黑道大哥，在服刑期滿出獄後，積極尋求擺脫過往腥風血雨的江湖生活，渴求過上平靜安穩的日子，但求職時卻因曾是受刑人身分而屢遭拒絕與碰壁，一句經典臺詞：「我不當大哥很久了！」道盡了諸多無奈。在香港與臺灣，皆將過去所稱具有較多負面意涵「釋囚」改稱為「更生人」，希望服刑完畢或表現良好獲假釋的受刑人可以重新融入社會生活。雖然名詞改成更具正面意向的「更生人」，但過去曾經犯罪過的標籤卻無法撕去，仍須背負著無形的枷鎖而遭受外人怪異的眼光看待，因而極易成為被社會排除的族群。對於年紀較輕的邊緣青年而言，雖曾失足過，若無法重新站起，對其往後的社會適應將有更多的阻礙。本章將以香港西灣河的豐盛髮廊作為分析個案，探討該社會企業如何透過髮型技藝的傳授，以及陪伴與關懷，促使其所服務的邊緣青年（下述簡稱為「邊青」）獲得一技之長，也藉此翻轉他們的人生。以下分析使用的資料，主要來自於2015年研究團隊至豐盛髮廊與其主管及受輔導邊青進行深度訪談之內容（受訪對象在本章一律匿名）。

# 貳、個案分析

## 一、創立與發展

　　豐盛髮廊的組織創立，乃因創辦人至監獄訪視受刑人時，發現除帶領他們重新做人外，培養一技之長亦是重要的課題，因為出獄後他們若無一技之長，在就業市場上難以生存。因此，豐盛創辦人於1987年設立「基督教豐盛職業訓練中心」，營運車房以提供更生青年職業訓練，此即為基督教豐盛社企有限公司的母機構（陳錦棠等人，2016）。2001年，基督教豐盛職業訓練中心在香港旺角創辦豐盛髮廊，2004年搬至香港西灣河「協青社」，2008年正式成立基督教豐盛社企有限公司，現今已申請SEE Mark（即香港社會企業之認證）。

　　一路走來，豐盛髮廊以協助邊緣青少年為宗旨，有三項服務重點：（一）服務香港東區居民及上班族；（二）夥伴企業推社會責任消費；（三）與政府部門及社福機構合作，協助青少年重新融入社會。在制度運作上，豐盛髮廊從生活紀律、職業技能培訓、基督教信仰和人生價值觀，以及人際關係的建立等層面，制定一套學徒計畫，使邊青能在豐盛髮廊擔任學徒一職，學習髮型設計等相關技能。在職培訓時，豐盛髮廊會支付學徒薪資，而此多為邊青首次因工作獲得的酬勞，作為他們有尊嚴生活的起點，且邊青一旦在豐盛髮廊工作超過半年後，即使未來到其他地方工作，亦較有可能維持紀律生活與工作模式（豐盛髮廊官方網站，2016）。據此，豐盛髮廊不僅指導邊青工作所需技能，亦重視生活紀律和工作態度的養成，使邊青除能培養一技之長外，更能從學習過程中教導人生價值

觀，在未來至一般市場就業時，也能持續良好的生活與工作習慣。

　　豐盛成立之初，由17位私人股東每人投資十幾萬港幣，共計兩、三百萬港幣，開設豐盛髮廊。起初，豐盛髮廊共有三間分店，有二間位於香港島西灣河，另一間則位於青衣，這三間店皆認同社會企業的理念，但真正實踐卻相當不易。在2009年時，由於財務狀況不佳，所以青衣與西灣河的其中一間店結束營業，並開始著手重整財務。近年來，豐盛每年皆可獲利約莫二十萬港幣（豐盛主管A訪談，2015/05/21）。

　　在盈餘分配方面，豐盛髮廊採取的方式是髮型師35%，學徒15%，租金占15%至20%，公用支出占10%，年終會另給予獎勵金；而一般髮廊是髮型師40%，不聘請學徒。對學徒的保障是豐盛髮廊一路堅持的原則：「我們想保持這個比例，這是很重要的，我們希望顧客在salon花費的每一元都有一定的比例可以給junior，這個百分比我們keep得比較好。」（豐盛A訪談，2015/05/21）因此，在盈餘分配的分配上，學徒的薪資收入佔有一定的比例，藉以實踐組織所設定的社會企業經營目標。

　　關於豐盛髮廊的客源，遍布香港各地，過去多仰賴教會網絡，但現今香港的社會企業已十分盛行，且民眾對社會企業有一定的認識，觀感與看法也有所不同，所以開始思索進一步拓展新市場。於是在2015年時，豐盛董事會商議是否要在銅鑼灣拓點，並考慮在沙田增設分店。然而，社會企業能經營成功，其中最重要的是「人」的組成，豐盛主管認為，找尋適合的員工為目前最大的挑戰：「要突破的瓶頸是髮型師的聘任，我們沒辦法短時間內請那麼多人，那個瓶頸仍然是能否聘請到合適的髮型師，不是錢、不是租金、不是market，是人才。」（豐盛主管A訪談，2015/05/21）此挑戰出現的

原因在於，豐盛髮廊對於社會目標的實踐十分重視，主管B強調：

> 有些師傅假設生意多了，你要專注於剪頭髮，同時又要保
> 持良好的狀態去照顧邊青，兩者之間的平衡是不容易的，
> 如果生意一直保持得很好，我們的技術提升到一個很專業
> 的水平，但我們又要想辦法讓邊青他們達到這種高水平，
> 其實又是另一個問題。相反，髮型師做得不好的話生意就
> 沒了，但是提升專業的同時又要兼顧到教導弱勢，因為邊
> 青他們的能力的確不太好，這個情況使得一些能力很高的
> 師傅不願意到這裡工作。能力不強的師傅又達不到我們的
> 要求，所以我們經常都找不到合適的人選。
>
> （豐盛主管B訪談，2015/05/22）

由此可知，在專業人才的招募上，除要求髮型師在專業技術有
一定的品質，更重視的是髮型師本身的品格端正，同時亦要能指導
且照顧學徒的技能與生活。豐盛在為實踐社會目標所設下的多重要
求，使得豐盛髮廊在過程中遭受許多挑戰，但主管認為：「我們若
只找專注做生意的師傅，一定能找到的，但這樣做就幫不到青年
了，（同時兼顧專業水平和教導青年），這就是我們一直發展的核
心取向。」（豐盛主管B訪談，2015/05/22）因此，在豐盛髮廊發
展過程中，擴大營運帶來利益的重要性，遠不及於對邊青產生的實
質效益，這也清楚說明社會目標的實踐一直是豐盛髮廊最為重視的
部分。

總體而言，豐盛髮廊營運至今，基督教信仰一直是其重要的支
持能量，而他們秉持協助邊青為宗旨使命，期望能在邊青擔任學徒
時，除扎實地教導他們專業工作技能外，亦能培養他們的生活紀律

與工作態度。無論在營業額分配或人才招募上，豐盛髮廊的決策皆以能否保障或協助邊青作為出發點，這些作為可證明其對於社會目標的重視與堅持。

## 二、資源獲取的努力及與各方的互動

在與政府方面的互動，豐盛髮廊營運至今並未申請政府的資源，但政府將他們作為社會企業的典範，並大量在刊物或報章上報導他們的成就，對豐盛髮廊來說，政府的報導增加組織的曝光度，是比資金補助更有實質助益的作法（陳錦棠等，2016）。另外，由於豐盛髮廊的服務對象為邊青，他們主要是來自於其他單位轉介而來，所以與許多單位有所接觸。在主管訪談中即提到：「三分之一是轉介自協青社，三分之一來自懲教署，另外三分之一來自社工轉介，他們通常是吸過毒或是到過協青社的，社工有協青社和其他的，其餘的有朋友和教會介紹的，其他林林總總都有。」（豐盛主管A訪談，2015/05/21）

過去在豐盛髮廊有編制聘僱專業的社工，但是請一位社工的費用相當昂貴，且未必能達到效果。豐盛的主管指出：「專業社工的會當作是來上班的，邊青們有事的話通常都是在下班以後。我們覺得用他們原有的社工和network跟青年有多一些聯絡，或是跟感化官聯絡，就可以知道青年們夜晚做什麼……。」（豐盛主管A訪談，2015/05/21）社會工作者有固定的工作時間，但是對於服務邊青而言，許多事情或問題是發生於下班過後的時間，因此，透過由邊青熟悉的原有社工網絡或感化官之非正式合作關係，反而較能達到效果，更瞭解邊青的狀況。

在正式與非正式合作關係上，豐盛髮廊選擇以非正式合作方式與協青社和懲戒署做連結，因為這樣的方式能免去行政程序，例如：「我們晚上想開一個party，跟青年他們聚餐，因此他們要晚一點才可以回去報到，我們不會在機構層面通知人家的部門首長說我們要拿一個discretion，這是不行的，於是我們可以通知一個前線的probation officer（緩刑官）或者一個前線社工說，今晚這青年要十時以後才回來，那就一定批准的。」（豐盛主管A訪談，2015/05/21）簡言之，瞭解邊青的狀況並給予實質的關懷與協助為最主要的目標，而豐盛髮廊可經由與邊青熟悉的協青社的社工與懲戒處的人員達成此目標。

綜上所述，豐盛髮廊在資源的獲取上並未與香港政府有互動，但政府單位大力宣傳豐盛髮廊對他們而言是更為實質的幫助。在與其他單位的合作上，分成兩個部分。第一，接收從各單位轉介而來的邊青。第二，經由與協青社社工與懲戒處的人員，以非正式合作的方式，瞭解與關心邊青的日常生活。此兩部分皆因邊青而與其他單位建立合作關係，且這兩者間有連結性。藉由轉介邊青來豐盛髮廊的原單位社工持續提供關心服務，此模式可以不用再重新與邊青建立信任關係，使服務得以連續不中斷，並能掌握邊青日常生活的狀況與改變，在邊青有需要之際能適時給予協助。

## 三、社會影響分析

關於豐盛髮廊的社會影響，主要分成四個層面來進行分析，即服務對象的人口特質與狀況、服務對象至豐盛髮廊工作後的變化，以及豐盛髮廊所帶來整體社會性與經濟性的影響；最後，則論述豐

盛髮廊在提供服務時，對於服務對象產生個別與整體性的社會影響為何。

### （一）服務對象的人口特質與狀況

　　由於豐盛髮廊是以服務邊青為主，所以服務對象的年齡主要分布在15至20歲之間為多，教育程度大多為中學三年級。他們多數在15歲時中輟且曾有犯罪行為，如吸毒或搶劫等，曾接受感化官的輔導與轉介。由於豐盛髮廊的主要社會目標，就是協助低學歷且有犯罪紀錄的邊青找到工作，所以接受各單位的轉介，而服務對象在豐盛髮廊多為其第一份正式工作。通常他們是自願來此工作，也有是因為喜歡髮型業而加入，主管會瞭解他們有無工作意願，才會決定是否聘任。在性別比例方面，現在是男女各半，主管表示：「性別上我們沒有特別偏好，我們覺得男女都一視同仁，但實際上有多少男與女，就要視乎政府或是社工轉介什麼個案給我們了。」（豐盛主管A訪談，2015/05/21）由此顯示，在性別方面並無設限，接受的訓練皆相同，但目前資深同事是以男性佔多數。服務對象的家庭經濟狀況主要屬於工作貧窮但尚未到赤貧的程度；而服務對象普遍與家人的互動關係不好，所以大多搬離開原有家庭與朋友同住。另外，基督教信仰是豐盛髮廊支持力量的泉源，所以員工多數信仰基督教，在上班前會先進行禱告，每週二早上十點至十一點，店裡亦會讀一小時的聖經，宗教信仰對於豐盛髮廊而言是相當重要的一個元素。

## （二）服務對象至豐盛髮廊工作後的轉變

### 1. 工作態度的養成

服務對象在進入職場後，需要遵守工作場域的規定，這亦是促成豐盛髮廊學徒在初期流動率高的原因之一。服務對象表示，豐盛髮廊的工作模式如同軍事訓練般，譬如，自己沒有工作時，並不能睡覺與玩遊戲等私人的事情。起初這樣的規定，易造成服務對象的不適應，甚至是反抗的情形產生，但後期則慢慢地改變其想法：「做了半年多以後，就適應了這種工作模式，會慢慢覺得其實是挺好的，因為在沒有工作的時候玩遊戲機或是睡覺其實都是浪費時間。工作時候就應該工作，在沒有工作的時間睡覺或是玩遊戲機的，在工作場所做這些事會讓氣氛變得很差。」（豐盛服務對象A訪談，2015/05/22）但是，無法調適的服務對象，多數會選擇離開，所以主管提及：「有一半可能一、兩個月就會離開，不願意工作，對這種情況我們是沒辦法的，也沒法強迫他們回來。」（豐盛主管A訪談，2015/05/21）主管並不會強迫他們必須留下，且在工作初期時，其實許多服務對象常會遲到一、兩個小時，甚至會直接不來工作，但當他們喜歡工作後，則會願意提早上班且延遲下班時間。若服務對象能待至少半年以上，通常會習慣此模式而持續工作一至兩年，並學習到技能。因此，主管的管理方式是堅守訂定的規則，盡可能培養服務對象正確的工作態度，時間拉長，等服務對象習慣後，自然會看見轉變。

另外，受訪服務對象提到：「開始工作以後就發覺，以前一有事情做不到就會盲目地求救，不知道該怎麼辦，現在不會了，會自己想辦法，自己解決問題。」（豐盛服務對象B訪談，2015/05/22）可見其心態上也有所轉變，不再像過往只顧抱怨與求助他人，而是

開始會自己想辦法解決。倘若無法解決，才會尋求家人或同事協助。從中可發覺，服務對象在過程中，學習到問題解決的方式不是先向人求救，而是自己先找尋答案。因為這樣的改變，也增強他們在面對困境的問題解決能力。

### 2. 與同事間的互動關係

由於豐盛髮廊的工作時間是從早上十點至晚上八點，共計十小時，星期三是固定店休時間，而在工作過程中相當繁忙，尤其是星期六和星期日，甚至忙到沒有吃飯的時間。因此，主管在受訪時即提到：「犯罪的情況已經好少了，因為他們工時很長，根本無時間做壞事。」（豐盛髮廊主管A訪談，2015/05/21）所以在工作忙碌的情況下，服務對象已經身心疲勞，沒有體力再做其他事情。然而，要瞭解服務對象是否有轉變並不容易，主管表示：「青年平時被人看到的那一面其實只是他們真面目的百分之一，真實一面要看他們跟朋友相處時候的樣子，青年在朋友面前才是真實的一面。」（豐盛主管B訪談，2015/05/22）故主管在與青年相處上需要投入時間與精力，倘若主管採用分享經驗或說教方式，多數的服務對象並不理會，或是離開視線後又故態復萌，所以在與他們相處上要採取陪伴的方式，多與他們聊天和相處，並留意他們的動態，而在他們有需要的時候給予實質協助，讓他們感受到自己是真心重視他們且會陪伴在身邊，才能打破彼此之間的隔閡，慢慢建立關係。

這樣的相處方式使服務對象能在一個舒適的環境下工作，也形塑一個良好的工作風氣，且同事間會相互支持。受訪服務對象提及過去在其他髮廊店工作的時間都無法太久，因為人際關係複雜，但在豐盛髮廊則不會有此問題：「我覺得在豐盛工作比較舒服，跟同

事像朋友一樣相處，做得比較快樂，因為做得快樂所以就想繼續做下去。」（豐盛服務對象A訪談，2015/05/22）其次，服務對象提到在工作上，同事間會主動教導技術，並不會有競爭的意識：「這裡的同事是很不一樣的，有很多東西是外面的髮廊不會教你的，外面髮廊的人可能會覺得教你技能之後，就等於多一個人跟自己搶飯碗，但豐盛的同事不會這樣想，他們會覺得教了你，以後多些人幫手，會更好。」（豐盛服務對象B訪談，2015/05/22）

再者，當同事面臨挫折時，會彼此鼓勵與支持，例如受訪服務對象在剛開始無法學好洗頭的技巧，曾想離開，但是：「因為有很多同事支持我，本來我打算放棄，但是教我洗頭的店長，還有其他同事鼓勵我，給我很多機會去嘗試，我最後還是成功了，考試都合格。」（豐盛服務對象B訪談，2015/05/22）另外，由於工作場域的氛圍感染，也使受訪服務對象提到在情緒與行為上有所轉變：「我以前是比較暴躁的，經常說髒話，工作一段時間後，被其他同事慢慢感染，之後脾氣減少了，不再亂說話，他們改變了我，現在我能夠遏制自己情緒。」（豐盛服務對象B訪談，2015/05/22）

最後，受訪服務對象亦談到同事間也會協助彼此找到目標並一同將其實踐，所以對於未來開始有規劃，不再徬徨：「這裡的同事很好，他們會當你是朋友或是兄弟那樣，他們會讓你有清晰的目標，有目標就有動力。同事幫你找到一個目標，還跟你一齊實踐，你會覺得好似有很多人關心你。另外，每天十個小時在這裡，其他時間就是睡覺，我覺得同事是很重要，幫了我很多。」（豐盛服務對象A訪談，2015/05/22）由此可見，豐盛髮廊的工作環境友善，讓服務對象能從中獲得能量，並相互促使彼此前進，成為服務對象轉變的動力來源，而同事的互助是相當重要的因素。

　　另外，服務對象會將部分薪資拿來投資自己，學習自己不會的事務或技能，而會有這樣的想法來自於：「也是我自己想的，但是都是因為我看到別的同事才有動力，……看見他們會覺得我技術不如他們，但好技術如他們都那麼努力去練習，我怎麼能停下來，這是很自然的。」（豐盛服務對象A訪談，2015/05/22）由此說明，同事之間會帶動彼此學習與轉變的動能，整個工作環境對於服務對象具有正向的影響。

### 3. 薪資分配

　　在薪資方面，學徒的月薪包含佣金（視服務顧客數抽成）有7,000至8,000元港幣，若再加上小費會有9,000港幣。成為技術師後，則會有10,000至11,000港幣，曾在外面店家工作過的受訪服務對象提及：「豐盛做junior的工錢比外面的店是少一點的，以我所知豐盛的工資是比外面少了20%至25%。」（豐盛服務對象A訪談，2015/05/22）由此顯示，豐盛髮廊在薪資待遇上並沒有外面店家優渥，但是服務對象亦表示由於家庭較無經濟壓力，所以就業環境是選擇工作的指標，這樣的薪水足以維持生活。關於薪資分配上，不同於以往向家裡拿生活費，而且開始會分配自己的薪資，除日常生活費外，亦會將部分薪資作為家用與儲蓄。

　　心態上，受訪服務對象也認為照顧家裡的人是他們應做的事情：「他們都養了我十幾年，我已經長大了，要上班，照顧他們是應該的，我自己開支不大，留一些錢在家是沒問題的。」（豐盛服務對象B訪談，2015/05/22）主管在受訪時，也強調：「現在可以有錢給家人，例如發薪以後給媽媽1,000元，不是錢的問題，他們以前會覺得父母給錢是應該的，現在就會反過來給媽媽，這是一個

生命的轉變。」（豐盛主管A訪談，2015/05/21）亦即，服務對象開始將薪資作為家用的過程，可視為一種轉捩點，意指他們開始對自己的人生負責，並同時可以擔負起照顧家庭的責任。

### 4. 家庭關係

有些服務對象與家人的關係並不和睦，在受訪過程中，服務對象提及：

> 以前跟家人關係很差，現在比以前好多了。以前我還有吸毒的時候，我記得有一次，我媽跟我姐知道我要去吸毒，半夜兩三點也要跑出去。她們有一天抱著我哭，求我不要出去，那個時候因為吸毒的關係，都不知道自己在做什麼，我推開了她們。但現在我不會這樣了，不會再發生這種事了。

（豐盛服務對象A訪談，2015/05/22）

由於生活環境的改變，使得現在受訪服務對象在想法上已經有所轉變，且與家人的關係變好，而家人也感謝豐盛髮廊對於服務對象所帶來的轉變。

另外，主管提到其實邊青的形成，多數與家庭的功能不健全有關係，並分享一位女性服務對象經驗，她與家庭關係不佳，未和家人同住，後來到豐盛髮廊工作，但她對於髮型業並無興趣。在剛來的時候，由於脾氣問題導致她難以與他人相處，每位同事花費許多時間逐漸感化她：「她在豐盛時，我們的同事罵過、說過也哄過她，她的脾氣逐漸有改善，現在她很準時上班，她今年剛剛16歲。」（豐盛主管B訪談，2015/05/22）在過程中，豐盛髮廊更重

視工作態度的養成，即使將來沒有想朝髮型業發展，但是若建立起正確的工作態度，未來就業也會較為順利，且生活環境中若其他角色能扮演關心與教導，給予正向的支持，對於邊青也是有助益的。然而，主管表示服務對象與家人之間關係的改變是難以觀察的，若服務對象不肯透露，主管亦不方便詢問，所以主管只能夠在活動參與的過程中，觀察他們的互動關係。

### 5. 社會互動的參與

　　因為邊青先前交友圈較為複雜，且多有些問題行為，所以在進入豐盛髮廊後，服務對象就與先前的朋友未有聯絡：「以前有交一些不好的朋友，來到豐盛以後都沒有找他們了。」（豐盛服務對象A訪談，2015/05/22）另外，受訪服務對象也開始會慎選自己的交友對象：「見面還是難免的，但我不會再選擇一些不肯改變的人，朋友之中有不少已經改變了，……有一些不肯改變的，我不會理會他們。」（豐盛服務對象B訪談，2015/05/22）由此得知，受訪服務對象在交友上已經有所改變，且會開始知道如何選擇對自己有幫助的朋友互動。另外，每星期三為店休日，可以與同事們從事許多活動，增進彼此的情感連結，像是打球或游泳等，而離開的同事也經常回來一起參與，平常下班也會聊天聚會。因此，同事間互動關係是密切且良好的，彼此也多成為朋友。

　　另外，由於豐盛髮廊有強烈的基督教宗教信仰，受訪服務對象提及：「我覺得幫助我的是宗教，我感覺到幫助我的人都是因為宗教而改變，我覺得宗教很重要。」（豐盛服務對象A訪談，2015/05/22）顯見宗教對於豐盛髮廊具有一定的影響性。因為多數的員工為基督教徒，每週都會去教堂做禮拜，但是也有服務對象並

非基督教徒：「其實我對宗教沒有什麼需求，我會去聆聽，就算不明白也只有聽吧！不會想去信，始終聽不明白他們說什麼。」（豐盛服務對象B訪談，2015/05/22）即使如此，同事仍會鼓勵其信仰上帝。

### （三）整體社會性的影響

在社會性影響層面上，主要可從四個面向來討論，包含學徒計畫的成效、工作環境的形塑、社會融合的達成，以及擴大社會性影響的可能性，分述如下：

#### 1. 學徒計畫的成效

由於豐盛髮廊十分重視學徒在技術層面的訓練，所以投入相當多的精力與資源。在訓練過程中，髮型業需要投資較長的時間成本，學習洗頭需要一至兩個月，而成為髮型設計師或技術師（負責電染燙），至少也需要三至四年，所以需要花長時間去鑽研。因此，每位學徒都會有一位專門帶領他們的導師，而導師是由髮型師或技術師來擔任，指導每位學徒在專業技術的技能增進。訓練的時間，有時會是下班後留下來學習，而每個月有兩天上班的時間，可以不用工作，只需要專心學習，每次五個小時，由早上十點至下午三點。對此安排，服務對象提到：「在外面的店，那些師傅不會很主動教你技術，但豐盛就反而會強迫你學習，你不學的話，豐盛的師傅他們還會強迫你去學一些工作以外的東西。」（豐盛服務對象A訪談，2015/05/22）所以，在指導專業技術上，豐盛髮廊是扮演主動方，強制服務對象學習，以充實其自身實力。另外，豐盛髮廊亦採取學習與工作分開進行的方式，所以不會像外面的店家在學習

過程中亦需要接待顧客，重視服務對象能在一個無外在干擾的環境下專心學習。

在學徒計畫上，豐盛髮廊已有一套制式標準規範的訓練階段與流程，並定期針對技術作評估。在訓練過程，最重要是品格的評分，而此部分亦與薪資有關：「extra bonus，每個月都會做的，我們覺得這些年輕人最大的問題是不知道為什麼要工作，不是學不到如何做好髮廊的工作，他們其實都很聰明，就是沒有工作動機，在training頭六個月，discipline是最重要的，願意繼續上班的話，其實可以學到更多東西。」（豐盛主管A訪談，2015/05/21）因此，除訓練技術外，培養服務對象的工作態度是豐盛髮廊最為重視的部分。經過一至兩年的訓練後，雖然時間短而無法讓一位學徒成為髮型師，但主管表示：「我們的social mission是幫他們找工作，讓每一個junior成為髮型師不是我們的重點，最重要是讓他們能夠做好junior的工作，還有能夠在外面的髮廊找到工作，有些人在外邊想繼續做髮型師工作會有自己的打算，training program就是幫他們成為一個好的junior。」（豐盛主管A訪談，2015/05/21）故學徒在豐盛髮廊成為髮型師的例子並不多見，目前只有兩至三位。儘管，將服務對象訓練成髮型師並非他們的主要宗旨，不過主管有表示現在可能會朝這方向進行規劃，但需要重新建構整個訓練計畫，延伸更多的枝節，是相當繁雜的工程。對受訪服務對象而言，在未來規劃上，除有提及到想自行開店外，亦希望能留在豐盛髮廊繼續學習並成為一名髮型師。

目前豐盛髮廊採取主動幫學徒到外面店家找工作的方式，而現在許多店家都在缺人，若僱主得知是在豐盛髮廊培訓的學徒，通常找到工作的機會成功率高：「我要不斷去物色salon聘請青年們，

問僱主我們的青年已經訓練到某個水平，你們會不會考慮？最低工資實施以後，髮型師甚至全香港很多行業都無人做，結果沒有青年願意入行，這幾年我們很努力地去找青年入行做髮型師，不過結果很慘淡，不只是我們salon，每一間都是這樣，因此有訓練過的青年變很搶手，現在的情況完全相反了，青年他們的出路是不用擔心的。」（豐盛主管B訪談，2015/05/22）

另外，外面的店家薪資也比現在更高，但工作會更加辛苦，服務對象通常也能接受，因為想獲取更多的薪資去維持生活：「他們青年離開豐盛的時候有8,000元薪金，他們到外邊找工作的話可能會有10,000元薪金，因為他們在外邊的工作環境會比較辛苦，還有工作時間會比較長，每天的工作都會讓人很累。」（豐盛主管A訪談，2015/05/21）由此顯示，豐盛髮廊培養學徒的最主要目標是技術訓練與工作態度養成，扮演服務對象與外面市場的銜接橋樑，使服務對象未來能順利就業。

### 2. 工作環境的形塑

豐盛髮廊的工作形式是由髮型師帶領學徒，因而格外重視每位髮型師的品格，以維護整個工作環境的素質，所以主管強調：「我們更加重視質方面的，一些品格不太好的師傅跟一些不太好的青年相處的話，那種不良影響會更大。放寬對師傅的要求去增加服務的對象的話，最初兩、三年會得到很漂亮數字的目標，但是青年實質上的改變效果就會完全變質。」（豐盛主管B訪談，2015/05/22）因此，即使髮型師的技術佳且顧客讚許，但若對學徒會有負面影響，豐盛髮廊仍選擇請他離開：「豐盛的social mission是清楚的black and white，如果你不能成為學徒的榜樣，我們就會請他們走，我們

制度裡，決定升遷與否不只是看髮型師他們能做多少生意與剪髮技術，而是他是否願意成為一個role model。」（豐盛主管A訪談，2015/05/21）因此，髮型師不僅扮演專業技術提供者，亦需要成為學徒的模範，而這對他們的薪資與職位也有直接的影響，所以髮型師在豐盛髮廊擔負相當重要的職責，在挑選上也會格外謹慎。

雖然豐盛髮廊的髮型師流失率並不高，有些是因為上述的原因不願意改變而被要求離開，但找尋符合需求的髮型師卻絕非易事，所以在人員招聘上，主要透過店內的髮型師介紹，亦或是教會的管道連結。採取公開招聘的方式，反而難以找尋到適合的人選：「單憑interview是不足以評核髮型師的人格，只有共事過才知道他們是不是只向錢看或是會不會教好青年們，我們不介意發薪金給這些不合要求的髮型師，但是他們會影響我們的文化。」（豐盛主管A訪談，2015/05/21）所以對於豐盛髮廊而言，髮型師的品格是聘任的重要準則。為給予服務對象一個良好的工作環境，這部分始終是豐盛髮廊的堅持。

### 3. 社會融合的達成

來消費的顧客群主要是中產階級，也有政府官員、名人或牧師常會來光顧，但豐盛髮廊並不會聲張，而顧客大多瞭解豐盛髮廊的社會目標，所以不需要解釋消費倫理，即會給予小費。受訪服務對象亦對此提出說明：「客人都知道豐盛是不一樣的，他們來的原因很多都會因為我們服務很好，我們每個人都很用心，我們的收費在香港來說不算高，是一般水平，……他們會覺得我們還更加用心一點，客人會有這種感覺，所以會願意來豐盛消費。」（豐盛服務對象A訪談，2015/05/22）因此，對於顧客而言，豐盛髮廊提供的服

務與收費是他們能認同的，且相當讚許他們的服務而願意來消費。

　　在定位上，豐盛髮廊是一間工作整合型社會企業，提供一份就業機會予服務對象。在受訪過程中，主管提及：「以前沒有人想得那麼仔細，以為有工作已經很好了，但是最近才發現，為什麼會成功地讓青年願意上班，socialization對青年是很重要的。」（豐盛主管A訪談，2015/05/21）因為在工作時，服務對象會與顧客有密切的接觸，而顧客直接給予的稱讚是最實質、正向的回饋，讓他們在工作過程中獲得自信與成就感。故此，這樣的工作形式能增加服務對象與外界的連結，並能從中累積自身的存在價值感，對於服務對象而言是相當重要的部分。

### 4. 擴大社會性影響的可能性

　　服務對象會繼續留下來，最主要的原因來自於他們感受到豐盛髮廊對自己的關心與包容，促使他們願意努力工作，而工作環境對他們來說亦是相當重要的因素：「我覺得因為他們邊青不喜歡上班，才會去犯事或是做其他壞事，所以一個寬鬆的環境讓他們願意留下來上班是很重要的。」（豐盛主管A訪談，2015/05/21）然而，誠如上述提及，要看見邊青的改變需要一段很長的時間，無法立即有收穫，但首要條件取決於他們有想要改變的動力：「如果青年他們根本無心改變，來到豐盛之後，只想得到他們要的利益，最終我們都幫不到他們；相反，肯改變的那些，我們可以看到他們會準時上班，如果明天要上班的話，他晚上不會喝酒，這些是即時很明顯可以看到的改變。」（豐盛主管B訪談，2015/05/22）

　　因此，為維護好的品質，達到的量無法太多，現在也僅成功培養6位服務對象。另外，若要擴大服務對象的人數而再開一間店的

話，需要再投入更多的資源在髮型師團隊，但要找一位適合的髮型師十分困難，而在管理上也不容易。所以受訪主管表示：「最大的煩惱就是如何管理好髮型師他們，過往兩年都是這樣，所以剛才提到要解僱一些不符要求的髮型師，以前不會思考這方面的，但我們發現，要調整好師傅團隊對青年們才會有好影響。」（豐盛主管A訪談，2015/05/21）最後，在店家管理上，由於目前店長身兼多種職務，包含管理職責、技術指導與生活照顧，負擔相當沉重，有時難以兼顧，需有更多管理人力投入，所以複製模式的可行性較低。簡言之，在增加服務量並同時兼顧品質之際，需要投入更多的資源，而找到適合的人選也不容易。故若要擴大社會性影響，目前仍有許多困境必須克服，所以就現階段的狀況而言較難達成。

### （四）整體經濟性的影響

#### 1. 員工薪資

先前髮型師的薪資低於最低工資，而當最低工資實行後，提升髮型師的整體薪資，但此轉變能否成為青年投入的誘因，並非必然：「有了最低工資以後，有了時間和人工的定義之後，青年會發現髮型師工時長、人工低工作又辛苦，其實他們不會選擇入行的，所以髮型師行業對青年的吸引力就變得很低了。」（豐盛主管B訪談，2015/05/22）然而，為經營一間髮型店必須考量人事成本，但是對於豐盛髮廊而言，培養服務對象的技能與工作態度，以利於未來到外面就業，才是他們欲達成的社會目標，所以主管A表示：「我們不只是關心能否賺到錢，我們對品格很有要求，髮型師要buy in我們的value，他們才會有想做榜樣的心態，這是我們對髮型師的要求，不是用錢就能解決的。」（豐盛主管A訪談，2015/05/21）

因此，在薪資上，豐盛髮廊為營運並無法提高薪資，僅能以市場定價為標準給付。然而，在薪資無法成為誘因的情況下，對於學徒而言，豐盛髮廊是一個可以提供他們友善的工作環境，而願意加入的髮型師也需要認同其組織宗旨。

### 2. 財務狀況

目前豐盛的財務狀況穩定，過去三年都有盈餘，累積有六十萬元港幣左右，平均一年二十萬港幣，可以分給員工獎勵。在股東分紅方面，若有三分之一的員工是邊青，股東才可以分紅，但股東並不想要，希望能留下這些錢來開新的髮廊。所以至今沒有股東分紅的事實，且分紅的金額並不多，對股東而言並沒有太大的作用：「其實股東們也不是look for financial return，他們都不太重視金錢回報的，他們是因為認同我們的理念才投資。」（豐盛主管A訪談，2015/05/21）據此，可知豐盛髮廊在財務方面呈現正成長，但股東並沒有分紅，而是希望能再投入於組織運作，以服務更多的邊青。

## 參、豐盛個案：4E架構的社會影響分析

### 一、就業

接受豐盛所輔導的邊青，透過其學徒計畫篩選進入髮廊後，在培訓期間即具有受僱者身分，可獲得學徒的薪資，這是一份具體可見的工作酬勞，也是象徵著邊青具有勞工身分的開始。透過穩定的

就業生活型態，不但可讓邊青重新定位生涯發展的規劃，也可促成
其發展專業技能的可能性。事實上，豐盛不是只有技能的教導，更
重視工作紀律與態度的培養，著重人格的陶冶，以避免重蹈覆輒又
誤觸法網。雖然豐盛礙於目前營運規模與訓練制度，尚無法將所有
邊青都培訓成為髮型師，但基本技能與工作態度，是一種可以帶得
走的資產，可讓他們可以到社會上相關的產業領域，持續發展個人
的職涯。另豐盛的就業培訓計畫，還可透過就業或培訓的長時間參
與，阻隔邊青與過去損友的接觸，形成一道隱性的防火牆，同時透
過豐盛員工間的情感互動，使邊青有機會走上正途。

## 二、生活品質的改善

透過參與培訓及就業，使邊青們有了一份酬勞，對於日常生活
支出或儲蓄就有了規劃的可能性，甚至有機會可以協助原生家庭改
善生活處境。除此之外，接受訪談的邊青亦表示因為來到豐盛擔任
學徒後，與家庭成員的互動關係漸趨改善，家人對其信任也獲得不
少提升。從機構主管的觀點來看，雖然服務對象與其家人互動關係
發生在私領域範圍內，因涉及隱私也不方便主動詢問，較難覺察其
中的改變，但透過一些生活上的觀察，多少可以獲知一些端倪。某
種程度而言，邊青獲得家人的信任，以及工作職場同事間的支持，
可增強邊青的自信心與成就感，亦可激發其更正向的思維與行動。

## 三、賦權

承上所述，邊青的自信及自我權能的增進，有時必須仰賴所處
的環境創造出適合的情境，使其自我提升。豐盛雖然沒有設置專職

的社工，但都與轉介邊青的協青社或政府的懲教署相關單位保持著
暢通的聯繫，發展出一種非正式的合作網絡關係。不過，豐盛透過
內部人員的互動去強化對培訓邊青生活的瞭解，透過職場上的關懷
與陪伴，讓其得到社會支持，引導出他們要改變自己的信念。誠如
某位受訪者所言，以前遇到問題會不知所措而需找人協助，但現在
自己會學著面對困境，想辦法解決問題，這就是一種自我權能提升
的展現，同時透過工作態度的培養，也可拉高邊青的挫折忍耐度，
更有助於適應職場生活的挑戰。

## 四、社會融合

　　受訪的豐盛主管表示，會來店鋪消費的顧客群很多元，更有不
少消費者知道豐盛是以社會企業的型態實踐其社會公益目標，因而
選擇到豐盛進行美／護髮。透過與這些顧客群的互動，亦可讓在店
鋪提供洗頭服務的邊青瞭解社會脈動，增進對現實世界的認知。除
此之外，也因為豐盛的發展已獲得香港政府的認證，社會大眾也得
知其服務宗旨，因而也會逐漸認識更生人重新融入社會的渴望，但
這需要更多社會認知的改變。而豐盛組織內會以宗教信仰及下班之
餘的休閒活動，促進邊青的社會互動參與，在凝聚情感之餘，也厚
實社會資本的串連與橋接，有助於發展他們融入社會的能力。

# 肆、結論

　　豐盛髮廊營運至今已有十五年歷史，對於邊青所提供的服務，從專業技術的訓練、工作態度的養成到日常生活的照顧，重視每一環節對他們所造成的影響。在這過程中，每位員工皆扮演重要的角色，所以在人員的挑選上亦需要格外謹慎，才能形塑一個良好的工作環境。這樣的方式，促使服務對象除能學習專業技術，在品格和工作態度上也有所轉變與成長。此為豐盛髮廊的優勢，但卻也成為無法擴大服務量的阻礙之一。雖然從起初的三間店面到現在僅剩一間，服務量呈現減少的狀態，但為維持品質是必須做出調整，而他們也選擇站在對邊青有益的角度來做決定，以堅守他們的社會目標。對於一般人而言，踏入職場獲得一份具有穩定收入的工作，不但可維持個人或家庭的經濟生活，也是具有符合社會期待的正向意義。豐盛主要的服務對象為本該為社會所期待的慘綠少年，卻因一時失足而受法律保護管束者，這群人可能因具有「古惑仔」身分，而不被社會接納，變成社會陰暗角落的被排除者。要讓被社會排除者重新融入社會，具有一定的難度，除了傳統矯治系統的觀護或是更生人保護體系外，豐盛的案例提供了另外一個協助更生人融入社會的社區處遇思考可能性。

# 參考文獻

香港豐盛髮廊官方網站（2016），《理念》，網址：http://www.fullness-salon.hk/#!portfolio/c20sc，檢索日期：2016/08/10。

陳錦棠、官有垣、王仕圖、杜承嶸（2016），〈香港工作整合型社會企業的治理個案〉，收錄於官有垣、陳錦棠、王仕圖（主編），《社會企業的治理：臺灣與香港的比較》，第11章，頁239-265。高雄市：巨流。

訪談資料，2015/05/21，香港豐盛髮廊主管A，訪談地點：香港理工大學。

訪談資料，2015/05/22，香港豐盛髮廊主管B，訪談地點：香港豐盛髮廊。

訪談資料，2015/05/22，香港豐盛髮廊服務對象A，訪談地點：香港豐盛髮廊。

訪談資料，2015/05/22，香港豐盛髮廊服務對象B，訪談地點：香港豐盛髮廊。

# 第十二章

# 香港中文大學女工同心合作社的個案分析

杜承嶸、陳錦棠、王仕圖、官有垣

# 壹、前言

　　以合作社型態發展而成的社會企業，在歐洲國家為常見之類型，但在華人社會過往並不常見，這樣的差異或許是在亞洲國家並沒有真正興起合作社運動有關。但近年來，合作社這種特別的民間且重視經濟民主的組織形式，隨著社會企業風潮的興盛，在臺灣與香港也逐漸受到重視與關注。本章主要就以香港中文大學——「女工同心合作社」（以下簡稱「女工合作社」）作為分析個案，討論社會合作社如何讓參與其內的社員透過就業歷程培力自己，除了透過實質的經濟收入來改善既有的生活品質外，也學習到民主參與精神，理解社會議題並產生行動進行倡議。臺灣這兩年對於大學社會責任有所討論，而教育部也透過實質資源的補助，希望大專院校結合在地社區，藉由合作與服務實踐大學的社會責任。這樣的發展路徑都是往外求，把所在社區當作服務對象以及實踐場域；但香港中大的女工合作社為我們找到另一個參考路徑，若大學社會責任可以在校園內踐履，何需事事皆往外求，難到我們不能讓校園變成一個可以實踐社會責任的空間？相信閱讀完本章的案例後，讀者應會有一番不同的想像。

# 貳、個案分析

## 一、創立與發展

　　香港中文大學「女工同心合作社」於2001年3月，由「香港婦

女勞工協會」協助一群失業婦女組織成立。女工同心合作社能夠成為首間開拓大學資源的合作社，是因為2000年香港中文大學學生會基層關注組，成功抗衡大財團壟斷，爭取小賣店由基層團體承辦，將校園資源回饋社會，為校園生活帶入社會關懷（香港婦女勞工協會網站，2016/10/09），並於2004年正式註冊成為一家職工合作社。女工合作社成立的概念與價值意義，如同受訪對象A提及：「它主要是在沒有任何一個老闆管理之下，一起做生意。這個不但是一個生意，也參與社會的活動，支持社會上很多基層的需要，幫助沒有工作的婦女。」（合作社員工A訪談，2016/06/29）換言之，在合作社工作的女工，人人都是老闆，所有合作社的大大小小事務都是由這一群女工以民主協商共同決定而成，此外女工合作社亦關注社會議題，積極參與社會運動並幫助其他婦女勞工。

中大女工合作社從2001年11月開始營業，提供的服務包含：（一）小店零售如供應熱食、小食、飲品、零食、服務（如：訂報）；（二）推廣校外基層團體宣傳，如介紹基層婦女處境、合作社、權益活動；（三）擺放其他團體、合作社宣傳品或寄賣品；（四）設義賣物品及捐助物品專區，將所得款項交予女工合作社基金，支援女工權益工作（香港婦女勞工協會網站，2016/10/09）。成立至今，它不僅是一間合作社、小賣店，對於中大的師生來說，它的存在就好像校內建築物外牆的介紹解說，其是校園社區的「一棵樹」，所提供的服務讓每位路過的員工學生都願意停留，也是社區內熟悉的一隅與充滿生命故事的地方。

雖然女工合作社承載著社區經濟與合作社的價值，也匯聚許多中大師生的寶貴回憶，但是在營運方面卻走得相當艱辛，受訪的香港婦女勞工協會總幹事指出：「在業務方面，它其實挺穩定，都是

一個狀態，然而就是有半年賺錢，有半年是虧本。」（總幹事訪談，2016/06/29）營運情形也如同受訪女工所言：「我們這裡運作，一年十二個月，我們只有五個月是賺錢的，七個月是虧損的，那怎樣可以扯平呢？就是你在九月、十月、十一月很忙，做到喘不過氣來。」（合作社員工A訪談，2016/06/29）雖然在業務方面穩定成長，但是一個年頭當中有一半賺錢，另外一半時間虧損，其虧本原因總結來說皆是假期因素。一個暑假就長達三個月，受訪員工表示只能減少上班時間來縮減開支。所以，面對學校的寒暑假期間，大家共體時艱，一起面對問題與解決問題，而且在排班方面亦是公平待遇，不會讓特定女工排班多些而賺多一點，受訪員工解釋道：「我們很公平的，我們八個社員平起平坐，都有主導權，每人輪流編更，每人編一個星期。」（合作社員工A訪談，2016/06/29）因此每一位女工賺取差不多的薪資，有福同享有難同當。

此外，女工合作社的營運不僅僅是女工，還有在背後默默關懷與支持的中大學生會基層關注組的學生，他們從合作社成立之初便積極參與合作社的發展，同時關心外面的勞工議題。在參與合作社發展過程中，發現合作社營運時間必須符合學生消費習慣，因此店面營運時間到凌晨一點半，但是由於夜間十一點過後沒有夜車可接送女工返家，所以基層關注組的學生便自告奮勇，願意承擔凌晨的營運。協會總幹事指出：「從一開始到現在，凌晨這段時間我們都是交給學生。這些學生他們不是我們的僱員，他們也不是合作社社員，他們是基層關注組的一份子。」（總幹事訪談，2016/06/29）學生義務協助營運，讓女工可以在夜間早些結束工作返家休息，由此可見基層關注組與女工合作社彼此之間緊密連結。有趣的是，女工合作社營運夜間十一點到凌晨一點半這段特崗時間，不僅帶來學

生與女工彼此的信賴關係，也讓基層關注組運用這段時間舉辦校內活動，讓學生互相交流、聊天，亦讓學生能夠積極關心勞工議題，譬如學校的清潔工、建築工人和保安等。這就是女工合作社經營多年以來最大的價值與意義，它不僅是校園當中最溫暖的一處角落，其用溫暖堅強且草根的力量帶來的影響遠遠超越一般市場。

## 二、資源獲取的努力與各方互動

在資源獲取的努力與互動方面，值得探討的是女工合作社之於學生、學校的互動關係。從合作社創立起初，婦女勞工協會總幹事回憶道：「我記得中大與我們interview的時候，如果根據interview的經驗，我們沒有理由可以進來，因為那個時候完全不懂做生意。」（總幹事訪談，2016/06/29）亦即說打從合作社進駐學校的計畫開始，其提倡的合作社精神便已經深深影響學校的決定，總幹事強調：「如果學校找一個會做生意的來經營，沒有理由找我們，在外判合約上面它不是改很多，它加了幾個條件，但是那時候加的就是考慮對社會的貢獻，對學校的貢獻。」（總幹事訪談，2016/06/29）亦即學校在招聘廠商的過程中，委員會願意增加對學校、社會有所貢獻的條件，而非只是單純考慮成本與利潤的高低而已。

在這個過程中，中大的基層關注組是重要的角色，他們一方面支持女工合作社，也在營運當中協助特崗時間，此外亦積極關懷其他勞工朋友，總幹事提及：「基層關注組的學生都是同時當職員以後，可能就到社會裡面去探訪清潔工，因為我們有些工人、有些行動，他們也都有參與。」（總幹事訪談，2016/06/29）由此可見基

層關注組的學生與女工合作社彼此互相影響，女工合作社在學校有他們的支持與協助，而女工合作社亦在校園當中提供一個平台，影響著這群學生學習瞭解社會議題，並且親身投入參與一些社會行動。

女工合作社在校園中能夠獲得廣大的支持與迴響，也是因為當前的社會脈絡係香港人都在積極尋找對於香港的認同意義，譬如2014年的雨傘運動，促使大家想為自己的社會多盡一份心力。因此在這個大前提之下，女工合作社更顯得超越市場的價值，其蘊含更多人與人之間溫暖情感的存在意義，也讓步調快速的香港社會反思市場經濟所失去的人際溫暖互動。而女工合作社的存在彷彿找回那份最溫柔的感動，不僅讓女工有一份穩定工作，也連結著學生、學校，讓彼此都能感受到社會上的人情溫暖。

## 三、社會影響分析

在社會影響的部分，首先說明女工合作社的人口特質與狀況，其次敘述女工在接觸該工作之後的轉變，最後就女工合作社所帶來的整體社會性、經濟性的影響加以統整與分析。

### （一）女工的人口特質與狀況

女工合作社設立至今，其員工社員來來去去將近有40位女工，婦女勞工協會總幹事指出：「有些是三年、六年、八年、十年，有些是從一開始到現在。不過，超過三年已經算是很穩定的。」（總幹事訪談，2016/06/29）這群女工的年紀目前最年輕的是57歲，最資深的則有72歲。她們的家庭經濟情況並不好，總幹事提及：「到

現在還有兩個有兼職，所以你可以想像她的家庭背景、經濟能力，她們不是那些有錢來這邊談理想、來玩玩這種的。」（總幹事訪談，2016/06/29）亦即除了女工合作社的工作之餘，還有幾位女工必須兼職其他工作來維持家庭經濟收入。女工雖然有這份工作，但是合作社必須面對寒暑假的空窗期，所以家庭經濟負擔較重的女工們就必須到外面再兼職另一份工作。

除了家庭經濟負擔重之外，女工的年紀亦是一大考量，他們通常是二度就業、失業的婦女，年紀稍長，往往找不到合適的工作，其中受訪女工提及過去的工作經驗：「很多行業我都做過，做工廠區，做工廠的塑膠、製衣、酒樓的待應和售貨員，也有做過一些文職、快遞員，都是一些低下工作，好像收銀員。」（合作社員工B訪談，2016/06/29）另一受訪女工總結道：「因為我們學歷又低、年紀又大，都沒有什麼就業市場。」（合作社員工A訪談，2016/06/29）所以在招聘女工方面，其原則是聘請那些有家庭照顧需求者，而女工合作社的工作能夠盡量配合她們的家庭照顧時間，亦是借助其婦女的所長來協助合作社食堂的運作。

## （二）女工的轉變

本小節探討女工在加入女工合作社工作之後，從個人、家庭乃至社區有如何的轉變，首先是敘述改善家庭經濟，其次是女工因著工作學習民主精神，亦即有權選擇，最後論述因著這份工作，學習參與社會議題，回饋於社會。

### 1. 改善家庭經濟

女工合作社不僅提倡合作社價值，也瞭解女工的經濟處境以及

家庭照顧議題，因此提供高於基本工資[1]的薪資，同時亦配合家庭作息來調整上班時間。在改善家庭經濟方面，受訪員工表示工作帶來的影響很大：「幫到很多！我們基層出身，這裡的工資和在外面工作比較，高一點，現在最低工資三十二元幾角，我們這些學識不高，年紀又大，與一般工資一樣都是三十多元一小時，現在我都多十元。」（合作社員工B訪談，2016/06/29）由此可知在女工合作社的薪資其時薪高達43元，相較於外面的工作遠遠高出10元，因此對於女工來說，經濟方面能夠提供較穩定的支持。

　　不過，也有一些女工的孩子已經長大成人，因此較不需要負擔家庭經濟支出，有一受訪員工強調：「我真的有興趣，這裡工作，一來很開心，二來真的學到東西。我以前都是每天埋首工作，年輕時就捱出病來了，捱得很嚴重，天天都工作十多個小時。我三十歲開始就做十多個小時，因為我要賺很多錢來養我兩個子女，現在他們成長了，叫我不要做，我的處境就是這樣。」（合作社員工A訪談，2016/06/29）此顯示即使自己的兒女早已工作賺錢養家，不一定需要該女工出外工作賺取所得，但是其樂在女工合作社學習，在這裡獲得開心的滿足感。

　　在繁忙的季節當中，一個月的薪資可以高達一萬元，婦女勞工協會總幹事提及：「大概有八千、九千，最忙的時候可能有一萬，淡季的時候你可以想像就是五千變兩千、三千。」（總幹事訪談，2016/06/29）雖然淡季的時候薪資銳減，但是總的來說確實能夠幫助女工改善家庭經濟。不僅如此，另一方面女工合作社的工作亦是配合家庭作息，所以該工作不僅可確實改善家庭經濟，也因為瞭解

---

1　訪談當時香港的基本工資為一小時32.5元港幣。

女工的家庭照顧需求，在排班制方面也照顧女工的需求，使得雙方都能夠互益。

### 2. 民主精神：有權選擇

女工合作社不僅是為失業婦女提供就業機會，更重要的是培力女工認知到人人都是老闆，大家一起來經營合作社，在過程中學習民主精神，學習自己有權選擇。在女工加入合作社起初，會經歷一段培訓期間，受訪女工回憶道：「我們參加的工作坊共有七堂課，七堂都教理念。然而，就是不很明白，覺得沒有老闆，怎會是我們工人管理，覺得很新鮮。」（合作社員工B訪談，2016/06/29）而且合作社非常重視每一個人的意見，亦即，每個人都擁有決定權。婦女勞工協會總幹事提及：「你一定要開會，你一定要講意見，她會說我沒有意見，無所謂，慢慢就會有，只要你過來，我一定會有方法讓你講出來。」（總幹事訪談，2016/06/29）總幹事非常強調每個人都要表達意見，即使會有爭吵，仍然要勇於表達自己的聲音。

逐漸地，女工皆習慣藉由民主溝通來解決營運合作社的大小事務，受訪女工表示：「我們每個月都開一次到二次會議，聚在一齊開兩個小時左右，分享有什麼問題……。」（合作社員工A訪談，2016/06/29）開會過程中大家坦白說出自己的意見，共同解決問題。因此，女工合作社不僅提供就業機會，改善家庭經濟生活，更重要的是提升民主參與價值。如同婦女勞工協會總幹事所說：「這幾年我們講比較多民主，因為香港常常在講政治、民主，我們就說合作社是一種經濟民主，就是說在你的經濟生活裡，在賺錢的生活裡面實踐民主。」（總幹事訪談，2016/06/29）可見民主不再只是

口號，而是真實地實踐在女工的生活當中。

### 3. 參與社會議題

　　創立女工合作社的香港婦女勞工協會，該團體本身關注於勞工議題，所以婦女勞工協會總幹事期盼女工可以因著這份穩定的工作，瞭解婦女勞工協會過去積極爭取的社會政策，進而鼓勵女工參與社會議題，關心自身所處的社會。總幹事期許：「妳在這邊因為團體的關係，可以有一份穩定的工資，然後妳怎麼回報這個社會、怎麼回饋這個團體，妳不一定要給我錢，但是妳要幫我去爭取改善外面女工的就業處境，這就是回報。」（總幹事訪談，2016/06/29）總幹事希望女工能夠思考自己擁有一份穩定收入，乃來自於婦女勞工協會過去的努力與堅持，所以女工應當也要瞭解其他在外面職場就業的勞工，其就業處境為何，如此的理念堅持亦是一種社會責任的概念，也就是當自己有能力之時，理所當然回饋於社會。

　　而女工也感動於婦女勞工協會的付出，受訪女工表示：「總幹事為基層做很多事情，爭取我們這些婦女權益，有時透過他們帶領，因為我們沒有那個本領，要有人推動我們。」（合作社員工B訪談，2016/06/29）另一受訪女工也感受到自己因參與合作社而在心靈方面有所成長：「直到入了這裡，才瞭解原來這個世界不簡單，還有很多人妳要去幫，妳不是最慘的一群，妳現在還有能力去幫人。以這樣的心態和學到東西，還有自主、自立、民主、公平。」（合作社員工A訪談，2016/06/29）所以女工也願意回應社會議題，關心社會問題。

　　由於開始積極參與社會議題，譬如有團體舉辦遊行之時，女工會親自煲涼茶來為遊行的人們加油打氣：「送給人，遊行的人辛

苦，要爭取民主、要和政府爭取訴求。」（合作社員工A訪談，
2016/06/29）另外，她們開始研究社會問題，甚至直接進入立法會
與議員協商社會政策（合作社員工A訪談，2016/06/29）另一名受
訪女工也提及曾進入立法會的過程：「至少我們以前不會參與、爭
取一些東西、去立法會，立法會我們也去過，都有爭取過退休保
障……。」（合作社員工B訪談，2016/06/29）相信這些經驗對於
女工來說都是非常難能可貴，沒想到自己也有能力關心社會議題，
甚至在立法會當中與議員協商，積極爭取婦女勞工權益。一名女
工，由於婦女勞工協會積極倡議合作社理念，受激勵而進入女工合
作社工作，過程中不僅可以賺取穩定收入，也學習民主協商精神，
同時和校園的師生建立連結，乃至於有能力關心社會議題，甚至進
入立法會與議員協商社會政策。這些種種改變就如同受訪女工所強
調的：「我們好像一張白紙一樣，好像初生小孩一樣，完全不瞭解
香港的問題，現在慢慢虛心學習。」（合作社員工A訪談，
2016/06/29）而且帶來滿滿的成就感，亦讓女工變得更加有自信
心。

## （三）整體社會性、經濟性的影響

　　以下將分析女工合作社之於女工所帶來整體的社會性、經濟性
影響，在社會性影響部分會分為個人、家庭與社區來分析，而經濟
性影響主要是針對其改善家庭經濟做說明。

### 1. 社會性影響
#### （1）個人

在個人的社會性影響方面，可以分為女工的工作以及工作之餘

參與社會議題來探討。加入女工合作社之前，都要經歷一段培訓過程，婦女勞工協會總幹事說道：「培訓很多，而且要求很高，一方面時間我們很遷就她們，但是她們要承擔責任，更要完成要求。」（總幹事訪談，2016/06/29）從中可以瞭解在工作方面雖然遷就女工的家庭照顧需求，但是她們必須為這份工作承擔責任，不可以草草了事，而且必須學習很多課程，譬如烹飪技術、管理店舖知識等，以此來完成女工合作社的要求。協會不但透過合作社達成理念與價值，還要培訓女工，讓她們能夠好好經營一家合作社，而且其販賣的食品要符合消費者的需求，如此才可以永續營運。

另一方面，總幹事會鼓勵女工參與社會議題，不過也表明，僅鼓勵而已並不是要求每個人一定都要參與，雖然並不是硬性規定，但是可以看到女工樂於參加社會議題，因此總幹事也提及自己觀察女工在參與社會事務方面的改變：「我想是對社會議題比較敏感一點，會留意或者比較多討論一些社會議題，另外就是她們之間開始有民主的概念，就是有權利、責任、決定分工這種。」（婦女勞工協會總幹事訪談，2016/06/29）與其說女工積極參與社會議題，不如說是因為她們可拓展視野，如同受訪女工所言：「除了工作以外，基本上都是學習，我們去擴闊眼界。」（合作社員工A訪談，2016/06/29）所以最重要的還是女工受到充權與培力，因而培養出自己的力量，除了幫助自己也可以幫助別人。

（2）家庭

在家庭方面或多或少因為工作因素而改變家庭氛圍，好比在校園裡面常常與大學生溝通交流，女工也從中習得和自身小孩的對話方式，在工作場域中學習到的民主精神也會慢慢運用在家庭當中，與孩子溝通時會嘗試民主一點，多多聆聽孩子的意見。受訪女工感

性地說道自己與兒子的相處過程：「起初和兒子沒有話題，慢慢地我們的知識增加了，有些字我不是懂得很多，有時透過開會、有時看報紙，當我不太明白，就問兒子那是什麼，多了話題聊天」（合作社員工B訪談，2016/06/29）除了增加話題，改善溝通之外，更實際面是因著女工有一份穩定收入，可以養活自己又能供應家庭，而且不再時常待在屋子裡，而是常常向外學習新鮮事物。因為沒有工作也沒有收入只能待在家庭，長時間下來的獨處狀況會慢慢侵蝕人類的心靈。所幸加入工作之後，獲得收入之餘，其生命亦獲得大大的翻轉。

（3）社區

在社區方面，除了女工合作社和基層關注組的緊密連結之外，也可以從營運合作社的管理制度來探討，舉例來說：「例如你知道這個是小吃，但是你怎麼做那個醬油，很多很多每一個環節都可能面對花多一點錢、花多一點時間，還是省一點錢、省一點時間，哪一個方法、材料，每一個環節都是一個利潤，一個選擇。」（總幹事訪談，2016/06/29）亦即，在營運方面也要堅持合作社的原則，把關食品安全讓消費者能夠安心享用，同時也回應當前香港社會企業的發展，使得合作社的理念讓更多人討論與關注。

### 2. 經濟性影響

總的來說在經濟性影響方面，雖然這份工作的薪資收入大起大落，旺季時可達一萬元，淡季時收入銳減一半，但是正如同婦女勞工協會總幹事所強調的，女工在外面較不容易找到工作：「因為這個年紀不容易找工作，這個可能是她願意留下來的原因之一。」（總幹事訪談，2016/06/29）所以女工合作社提供的工作確實有助

於改善家庭經濟。雖然，有些人會質疑女工合作社不過就是幫助這十幾個女工而已，好比受訪女工提及其他人看待女工合作社的反應：「你們這裡開了十五年，你都只是幫這十幾個婦女，對中大這個沒有意思，要引入一些殘疾人士、精神病、一些病患者，這樣才有意思。」（合作社員工A訪談，2016/06/29）但是女工合作社存在的價值就好比經典電影《辛德勒名單》當中，猶太人贈送辛德勒的那枚戒指所鐫刻的經文：「救人一命，等於救了一個世界！」（When you save a life, you are saving the world!）。

# 參、女工同心合作社：4E架構的社會影響分析

## 一、就業

一般而言，亞洲婦女勞動參與率普遍不高，依據香港婦女事務委員會（2017）的統計來看，香港女性的勞動人口參與率由2006年的49.3%，逐步上升至2016年的50.7%。雖有微幅上升，但與西方進步國家六成以上的婦女勞參率相較仍是有段差距。女工合作社的成員都是中年居多，她們其實都有就業上的需求，但因為同時要兼顧家庭照顧角色，無法在勞動市場上覓得較佳的工作機會。女工合作社透過社員自主討論排班輪值的機制，讓參與的社員有機會配合自己的時間安排工作班表，不但讓她們保有工作—家庭照顧間的移動彈性，也透過勞動歷程取得穩定的薪水。從上文分析，我們可得知女工合作社不只是一家單純的合作社，也是具備工作整合型社會企業的型態與基礎。

## 二、生活品質的改善

女工們因為有穩定的薪資收入，而且這份薪水在營業旺季時，平均時薪是高於香港基本工資的時薪標準，儘管在學校放寒暑假時實質收入會減少，但仍不失為一份有穩定收入的工作，因此憑藉這份薪水是可以直接讓她們改善家庭經濟。除此之外，亦可因在中大校園內接觸大學生，讓她們的想法可以跟得上年輕族群的思維，她們回家後可以跟子女有更多的互動與對話，間接促進了家庭和諧，提升生活品質。此外，因在校園內工作，有很多機會與大學內的教職員工生接觸，無形中也增長了其談吐與見識，甚至帶來觀念的革新，激發她們更多對社會議題的理解與關懷。

## 三、賦權

香港婦女勞工協會為女工合作社提供了一個堅實的後盾，協會不但是關懷者，也是陪伴者，更是積極扮演培力者的角色。女工因學經歷及成長背景之故，在思考上往往存有既定的框架，束縛著她們的眼界與行動，因而會有較多的自卑感。但經過進到合作社的工作及學習，她們彼此學會了民主參與的精神，以及對公共議題的關心，也能夠參與社會運動與外界其他團體進行婦女及勞動者權益爭取的倡導，甚而有機會進到立法會與議員代表進行意見交流討論與協商。這樣的賦權歷程，不但讓參與的女工有內在的成長，也促使女工發展出更多的社會關懷行動力，將其自身的經驗推廣且鼓勵他人投入，這或許就是最實際、也是最具體的社會影響了。

## 四、社會融合

　　女工接觸工作之後，經濟上獲得改善，個人也增加對社會議題的敏感度、培養民主生活習慣；家庭方面也因為民主習慣增進親子對話；在社區中常與學生互相交流與影響，也因推廣合作社的理念影響至社會。上述這些改變，其實都可讓女工脫離自怨自艾的環境，重新融入社會與人群中。在訪談中得知，並非所有女工一開始就能適應這樣的工作與生活，但隨著時間與經驗的累積，她們慢慢懂得與不同的對象互動，在這樣的參與過程中，她們就從原先屬於被標定為中年失業婦女的邊緣族群，轉換身分成為積極參與社會的行動者。

# 肆、結論

　　在陳錦棠（2016）等人的研究中，強調女工合作社係香港婦女勞工協會的一場社會實驗，亦即，協會藉著自己營運一間合作社來試圖瞭解資本主義社會之下的市場經濟。然而，我們可以從總幹事和受訪的女工談話內容中清楚明白，這間合作社不單單只是一間販賣店，它存在的意義遠遠大於一般市場經濟。除了提供就業機會，也翻轉女工的生命經歷，讓女工不再只是普通的婦女勞工，而是受到協會充權與培力，使之相信自己也有能力可以幫助其他人，進而參與社會議題，甚至積極爭取社會權益。再者，女工合作社也影響學生、學校，在校園中處處都是連鎖品牌商店，唯有這一間合作社充滿濃濃人情味，亦代表著中文大學多元開放的民主價值；而且合

作社秉持的原則與精神亦影響著學生欲自行成立另外一間合作社。這種情形在在顯示在利益掛帥的香港社會，仍然有許多人開始重視有別於市場經濟的社會價值，也就是人與人的情感勝過於高效率的節奏。

　　因此，儘管香港社會係以市場經濟為主的大都市，但是婦女勞工協會或是中大女工合作社的存在，都是另一種溫柔又堅強的力量，他們不斷努力與堅持，也不斷讓香港人看到還有其他價值存在，在追求效率、經濟之餘，還有人與人的情感值得珍惜；與其處處都是連鎖品牌，在社區當中還是需要一些熟絡的人事物，唯有他們的存在才能建立起人們對於地方的歸屬感和安全感，這也就是女工合作社存在於中文大學的最大價值。

# 參考文獻

香港婦女勞工協會網頁（2016），《中大同心合作社》，網址：http://www.hkwwa.org.hk/coop/cuhk-coop/，檢索日期：2016/10/09。

香港婦女事務委員會（2017），《香港女性統計數字》，網址：https://www.women.gov.hk/download/research/HK_Women2017_c.pdf，檢索日期：2018/11/18。

陳錦棠、官有垣、王仕圖、杜承嶸（2016），〈香港社會合作社的治理個案〉，收錄於官有垣、陳錦棠、王仕圖（主編），《社會企業的治理：臺灣與香港的比較》，第15章，頁346-362。高雄市：巨流。

訪談資料，2016/06/29，香港婦女勞工協會總幹事，訪談地點：中大女工合作社。

訪談資料，2016/06/29，香港中文大學女工合作社員工A，訪談地點：中大女工合作社。

訪談資料，2016/06/29，香港中文大學女工合作社員工B，訪談地點：中大女工合作社。

# 第十三章

# 香港銀杏館長者就業模式的個案分析

王仕圖、官有垣、陳錦棠、杜承嶸

# 壹、前言

邁入二十一世紀之際，東亞主要國家的人口結構已經產生巨大的轉變，人口老化的現象成為各國普遍的現象。根據日本總務省統計局（2018）之人口統計，2018年4月之日本65歲以上老年人口為3,537萬6千人，佔總人口的27.96%。另外，根據日本總務省統計局在2018年9月6日發布的統計數據，日本70歲以上的老年人口佔總人口的比例已達20.7%，日本政府已規劃在不久的將來，將老年退休年齡從65歲調高至70歲（總務省，2018/09/06）。再者，根據韓國統計廳（2018）之老化人口的統計分析，2017年韓國65歲以上老年人口為707萬6千人，佔總人口的13.8%，而其估計2020年老年人口比例將達15.6%，將邁入高齡社會。中國國家統計局（2018）之人口統計，2017年中國65歲以上老年人口為1億5847萬人，佔總人口的11.4%，已經成為高齡化社會。臺灣的老年人口，根據行政院內政部（2018）的人口統計，我國於2018年3月，65歲以上老年人口佔總人口的比例達14.03%。而香港總人口在2018年中的統計為744萬9千人，其中老年人口為127萬9千人，佔香港總人口17.1%，基本上，香港也是一個老化速度相當快的社會，2013年香港老年人口比例已經達到14.2%，成為高齡社會（香港政府統計處，2018a）。

東亞國家人口老化問題，已經成為不可逆的發展趨勢，如何建構友善老年人口的生活，才是接續各國應該關注的焦點。聯合國自1982年接受「維也納方案」（Vienna International Plan of Action）以來，主張要強化政府和公民社會的能力，以便能夠有效因應人口老化及解決老人的需求。聯合國在1991年接續提出「聯合國老人綱領」（United Nations Principles for Older People），該綱領的五項

主題為獨立、參與、照顧、自我實現與尊嚴。2001年聯合國更提出「活躍老化綱領」（Guideline on Active Aging），主要回應歐盟地區人口結構高齡化，提倡活力老化策略，聚焦於「生產性就業」（Productive on Employment），即促進高齡者就業成為歐盟經濟發展的階段核心目標。而2002年聯合國之「馬德里老化國際行動方案」（The Madrid International Plan of Action on Ageing）亦強調老年人只要願意並有能力，應一直有機會工作，從事令其滿意的生產性工作，同時繼續有機會參與教育和培訓方案（黃源協、蕭文高，2016）。

此外，隨著醫療技術的進步，人類在65歲邁入法定的老年人口，並不代表他們的身體功能不佳，其實仍然有部分老年人口從事有給職的工作，香港政府統計處（2018b）有關65歲以上的勞動人口統計指出，2015年65歲以上勞動參與率為9.4%，2017年則為11%。此一現象顯示高齡者就業的現象仍然存在，也是政府與社會關心老人議題需要關注的焦點。

Hardy（2006）指出老化帶來兩個重要的議題，一個是既有的退休給付制度不足以應付不斷成長的退休人員；另一個議題為是否有充分且適當技術工人以維持經濟生產力。勞動不足將成為未來重要的課題，所以高齡社會中的高齡者就業，可能是這些國家必須關注的議題。Smyer和Pitt-Catsouphes（2007）也指出老年學學者對於老人工作所產生的意義之探討已超過半個世紀，隨著全世界人口因勞動力老化，導致不管是僱主、決策者和老年工人等都會延伸新興關注的議題，亦即個人的老化與工作的意義。此研究也指出影響工作的意涵包含老化後的心理過程、工人世代變化、工作本身的生態、相關的推拉力量、以及老化風險的社會脈絡管理等。因此依照

當前世界對老人的界定雖然是65歲，但是老人在退休之後，不管是因為經濟的需要、支持家庭的需求、或是維持個人的社會性連結等，工作將可以帶給老人不同意義。

本章主要以個案分析的方式，探討香港一個在提供高齡者就業促進的案例（銀杏館），作為瞭解高齡者就業模式之社會企業發展歷程，同時也探討其對高齡者在就業上的意涵。

# 貳、個案分析

## 一、創立與發展

香港樂天集團發展有限公司（以下簡稱為樂天集團）創立於1998年5月1日，由資深社工們提供優質的老人服務，秉持「以人為本，全人發展」作為服務使命，而「營商創福利」之理念，較偏向企業社會責任的實踐，期望轉變香港福利單位依賴政府資助的局面，成為回應社會需要的主動者。2002年，樂天將企業盈餘投入成立樂天關懷行動，同時註冊為慈善團體，邁出回饋社會的起步。2003年，首創長者抑鬱症支援熱線服務，關心受到情緒困擾的長者，並在自籌成立的「溫情軒社會服務中心」（位於黃大先竹園村社區中心內部）中設置「銀杏館」，販售茶葉蛋與涼茶。銀杏館是由長者經營，提供長者合適的工作環境與就業機會，舒緩經濟壓力，並重拾長者的自信與自尊。這樣的營運概念具有社會意義且深受民眾支持，同時造就許多成功的個案，亦提升民眾對長者就業議題的關注，啟發銀杏館開創更多長者就業機會的契機（銀杏館官方

網站，2016）。

◎2006年6月23日，銀杏館位於香港中環歌賦街開業，以「五星級美食、五星級服務」作為宗旨，提供高級義法歐陸套餐，且由餐飲業退休菁英訓練退休長者，組成專業的餐飲團隊，於2015年轉型為素食店。

◎2008年，在長者員工的耕耘與外界支持下，於香港佐敦開設第二家餐廳，惟該餐廳於2012年初歇業，轉讓給一位長者員工繼續經營。

◎2009年，銀杏館於香港太子西洋菜北街開設分店，初次嘗試以中菜餐廳的方式營運，同時亦在上水成立大型的樂活有機農莊，確保能夠充裕供應有機瓜菜食材，推廣健康飲食。

◎2011年，由於考量長者身體功能持續退化，無法長期站立，而成立香港廚房，使更多不同類型的長者就業，致力於生產具特色的港式食品與發展食堂服務，如月餅等精美食品，讓長者能以坐姿進行手工包裝，緩解工作壓力。

◎2012年，創立薦仁館，負責長者就業中介服務的工作，將長者就業的概念推展至各行各業，並成立「溫的風樂隊」（Wonderful Band），由長者組成樂隊，讓有音樂天份與興趣的長者發揮長處，安排在各個銀杏館演唱懷舊的經典歌曲，同時也承接外界不同機構的表演節目。

◎2013年，在香港中華文化促進中心的邀請之下，進駐「饒宗頤文化館」設置餐館，提供50多位長者就業機會，但該餐館於2016年10月歇業。

◎2015年，在各家銀杏館成立「銀髮士多」，販售健康食品、日用品、有機農場作物、長者手作包裝食品等。

◎2016年，銀杏館的彩頤店於九龍灣成立，主打懷舊中餐，並於香港火炭工業區成立「華麗耆素」餐館，期望在工業區推廣有品質的素菜。

資料來源：銀杏管主管訪談（2016/06/28）；<br>銀杏館官方網站（2016）。

營運至今，銀杏館已擁有四家餐館，分別為中環店、饒館店、彩頤店與華麗耆素。在經營特色上，「銀杏到會」服務可稱之為香港首創，透過專業的長者團隊，提供一站式美食到會服務，承辦各類型活動，如婚宴酒會、公司或私人派對、燒烤聚會等活動，而「樂活有機農場」的長者農夫則負責提供有機蔬菜，此外，還創設「香港廚房」製作月餅等精美食品（銀杏館主管訪談，2016/06/28）。在工作職位上，銀杏館提供各種類就業機會，如服務生、廚務、餐廳管理人、農務員、售貨員、美味學院講師等多元化人力（銀杏館官方網站－銀杏網誌，2010）。藉此發揮長者各自的專業長才，並從各單位所需的職位來連結長者專業長才，進而活絡整個運作體系。

以上顯示，樂天集團積極拓展長者的各項就業機會，並從中發揮與開創長者的長才，像是餐飲業、樂隊、農場等，尤其是在餐飲業方面，銀杏館儼然成為樂天協助長者再次進入就業市場的基石。此作法除可增加長者晚年經濟安全外，亦能使長者從中獲得自信心，賦予其權能，真正實踐老有所用的意涵。

## 二、資源獲取的努力及與各方的互動

銀杏館在創立與經營上，並無依賴政府的資源補助，也無對外勸募活動，資金來源主要是由樂天提供種子基金。雖然在營運上餐館需自食其力，但銀杏館與樂天的董事會成員是相互重疊的（銀杏館主管訪談，2016/06/28），由此可知，樂天集團其實不僅扮演給予資金的角色，在經營管理上仍有其一定影響性，兩者之間關係是相當密切。銀杏館在與其他單位合作方面，原先與香港中華文化促進中心有合作關係，但是饒宗頤文化館店因香港中華文化促進會另有營運考量，將找其他企業的餐飲集團承接，所以如何處理在該店就業的長者與相關設備等後續問題，是目前面臨的困境。受訪者表示經營餐館有其困難度，若能重新來過則會想選擇其他事業來促進長者就業（銀杏館主管訪談，2016/06/28）。其實從永續發展的角度觀之，採取此種合作方式對於營運可能會產生許多不確定性因素，即使可增加長者的就業機會，同時亦為拓展營運據點的良好途徑，但對於提供長者能否穩定就業機會仍存有挑戰性。

在資源獲取上，樂天集團給予一開始的資金協助，後續則視餐館自行營運狀況而訂，但樂天集團在經營管理層面依舊有影響性。在合作的方面，透過由其他單位所提供的資源與機會拓點的作法有其優劣，銀杏館勢必需要再衡量此作法的利弊之處，並著墨如何提供更為妥當的就業機會給長者，首要之務在於處理歇業的後續問題。

## 三、社會影響分析

關於銀杏館的社會影響部分，將從服務對象的人口特質與狀

況、服務對象至銀杏館工作後的變化，以及銀杏館所帶來的整體社會性影響，三個部分進行分析。

### （一）服務對象的人口特質與狀況

　　在香港，長者就業需求是存在的，但一般常被忽視，即便香港很多企業都有提供就業機會給長者，但員額並不穩定。有鑑於長者求職不易，且有就業年齡歧視的問題存在，期望藉由餐館的成立來促進長者就業，提升經濟自主能力，而在開業展店初期，應徵人員眾多，可看出長者在退休後，仍想要再踏入就業市場（銀杏館主管訪談，2016/06/28）。

　　銀杏館的服務人員是以聘請高齡工作者為主，目前總員工數約為150人，平均年齡為68歲。在年齡分布上，約有70至80%為60歲以上的員工，其中，有兩位長者員工甚至超過80歲。在學歷上，50%以上具有中學畢業學歷，少部分則擁有大專學歷。應徵的長者主要分為三大群體，即有經濟需求者、已退休但期望保有社會參與者，與已退休但尚有工作能力者。工作時間則是從星期二至星期日，星期一為休息日。在排班方面，一天共有三個時段，管理者可依據員工希望上班的時間排班，且由於擔心長者體力無法負荷，每天至多排班六小時（銀杏館主管訪談，2016/06/28）。

　　整體而言，投入銀杏館的長者，多半擁有中學程度的學歷，且除有經濟需求者外，有許多長者仍想維持社會參與，選擇再次進入就業市場。如同Smyer和Pitt-Catsouphes（2007）對於長者就業的分類，其認為有些長者是基於健康或財務因素而尋求工作；有些長者就業則是基於連結社會網絡與運用相關知識。依此可知，長者就業仍有一定的需要性存在，而銀杏館選擇站在主動方回應社會需要，

提供長者就業機會。另外，在工作時間排班上，銀杏館採取靈活與彈性的方式，按員工需求排定工作班表，並且考量長者的狀況，縮短工時，使長者能在可負擔的狀況下，再次進入就業市場，顯示銀杏館對於長者的友善，以及在運作制度上的彈性。

### （二）服務對象至銀杏館工作後的轉變

　　銀杏館有四位受聘長者接受本研究團隊的訪談，以下為其各自的工作經驗與目前工作內容簡述，藉以瞭解受聘長者的狀況。受訪長者A表示自己先前為電器行營運經理，已經退休十餘年，兩年前經朋友介紹而到銀杏館工作，並無餐飲業經驗，目前主要擔任第一線的外場服務人員（員工A訪談，2016/06/28）。受訪長者B退休前在玩具工廠工作二十年以上，在64歲時被迫退休而失業，在偶然機會下，聽到銀杏館的廣播在招聘人員，故前來應徵，目前到銀杏館工作六年，先前也是沒有餐飲業經驗，目前主要負責訂餐、擺桌、餐具清潔等工作（員工B訪談，2016/06/28）。受訪長者C是從銀行退休，有次幫忙在銀杏館工作的朋友代班後，一直工作至今長達六年，主要工作內容為櫃檯收銀員，如外場有需支援時則隨時填補人力（員工C訪談，2016/06/28）。受訪長者D退休前為五星級酒店經理，有40年相關工作經驗，對於餐飲業相當熟悉，但因自尊心強，有陣子對求職採迴避的態度，當知道銀杏館在聘任長者時便前來應徵，目前在銀杏館有七年的工作經歷，每間分店皆待過，饒宗頤文化館餐廳即是由她開館，在籌備期相當辛苦，現階段主要的工作內容為顧客服務大使，主要與客人聊天，有時擔任輔佐經理（員工D訪談，2016/06/28）。

　　由以上的說明顯示，多數的受訪長者皆無餐飲業工作經驗，而

受訪主管亦提及在過往工作經驗方面，受聘長者僅有40%從事過餐飲業，所以有60%需重新訓練。而在安排工作時，亦會針對不同受聘長者的特性而訂，如承辦到會服務必須派遣有經驗的長者前往主導與執行，並帶領無餐飲經驗的工作者（銀杏館主管訪談，2016/06/28）。因此，經由訓練與長者們彼此學習的互助氛圍下，使得長者能再次銜接順利進入餐飲業工作，並且受訪長者們普遍在銀杏館的年資長，可看出受訪長者對於銀杏館的認同。

　　在薪資方面，受聘長者的每月平均薪資為4,000至5,000元港幣（約16,000至20,000元臺幣），時薪約為35至50元港幣（約140至200元臺幣），高於現行香港最低工資的時薪。依不同職位有薪資結構的差異，例如專業人員的廚師，每月薪資可達18,000至20,000元港幣（約72,000至80,000元臺幣），管理人員為20,000元港幣（約80,000元臺幣），行政人員則為11,000至13,000港幣（約44,000至52,000元臺幣），而此薪資結構是符合市場的層級差距（銀杏館主管訪談，2016/06/28）。

　　由於受聘長者多有退休金，即一次領的公積金，所以在老年生活上有一定的保障。受訪長者B提及雖然這份薪資對個人經濟效益少，但可以讓他購買自己想要的東西。其次，受訪長者C認為有經濟收入，即可不必再依賴孩子生活。最後，受訪長者D表示有退休金外，兒女也會固定給予奉養金，所以現在的收入主要用來支付保險費用（員工B與D訪談，2016/06/28）。由此可知，銀杏館的薪資可讓長者有消費自主權，甚至有些長者不需要孩子的協助，可自行支付生活開銷，對受聘長者而言是有幫助的經濟支持。

　　另外，來到銀杏館工作後，對長者的人際或家庭關係的促進、讓長者擁有正面且積極的想法，以及與客人接觸所帶來的社會互動

等，皆有正向的影響（銀杏館主管訪談，2016/06/28）。長者A表示能來銀杏館工作且能與同事互動是件開心的事情，因為在退休後就鮮少與過去的朋友聯繫，而同事間每月會有一次聚餐吃宵夜，聯絡彼此情感的機會，雖然現在工時偏長，但在身體狀況允許下仍希望繼續工作（員工A訪談，2016/06/28）。受訪長者B認為在銀杏館工作能看到形形色色的人，對於喜歡接觸新事物的他，非常樂於在銀杏館工作（員工B訪談，2016/06/28）。受訪長者D則提到來銀杏館工作，經濟並非他最主要的考量因素，因為工作而讓生活有重心、有朋友，以及被認同與擁有自尊等使他有賦權的感受，而想繼續投入於工作之中，即使家人不忍他如此辛苦，想要他辭職，但後來雙方仍以減少工時的方式取得平衡（員工D訪談，2016/06/28）。除此之外，銀杏館佐敦店在2012年初歇業後，將該分店轉讓給一位長者員工，讓他能在晚年實踐開創自己事業的夢想（銀杏館，2012）。

以上的說明，顯示對於受訪長者們來說，在退休後能再踏入工作場域，除了可以滿足他們工作需求之外，良好的工作氛圍、認同組織宗旨、增加與社會大眾互動的機會、工作所帶來的正能量，甚至給予他們完成夢想的機會等，都是他們想繼續留在銀杏館工作的關鍵。由此可知，銀杏館不僅是提供長者一份就業機會，同時給工作之長者賦權並促進社會互動，亦給予長者過自己想要生活的機會。

## （三）整體社會性影響

### 1. 就業

從社會性影響來看，銀杏館提供長者就業機會，並視長者的專

長安排適合的職務，且考量長者的特性調整工時，使長者能順利再次進入職場。然而，在工作過程中，每位長者都有各自的意見與情緒，所以彼此關係的磨擦會增加，造成管理層面的困擾，使得管理者常需以安撫的方式化解歧見。銀杏館為能讓長者更融入工作環境，聘請兩位社會工作人員專門關懷長者工作適應狀況與人際關係互動，但長者在提供餐飲服務過程中，仍需要他人協助，所以希望能培養年輕人一同投入這份工作，將這份理念傳承下去（銀杏館主管訪談，2016/06/28）。

### 2. 生活品質的改善

根據上述有關長者到銀杏館工作的動機來看，有些長者確實有經濟方面的需求，但是現實社會對於長者提供工作的機會相對較少，這也是銀杏館提供長者就業的重要根源之一。透過就業機會的提供，讓有經濟困境者可以利用自己的勞動力賺取所得，維持一定的生活品質。再者，到銀杏館工作後，對長者的人際或家庭關係的促進、讓長者擁有正面且積極的想法，以及與客人接觸所帶來的社會互動等，皆有正向的影響。此外，由於長者工作過程中能夠與顧客有所互動，此一過程也是一種社會參與。

### 3. 賦權

本研究受訪長者不乏有人過去是從事某些專業工作者，其退休後再進入職場，可以運用過去的能力，對銀杏館的營運提出看法，這些意見與想法，可能是因為在現在職場中的觀察並結合其專業能力。如針對銀杏館之管理模式所提出的看法為例，首先受訪長者A提及與管理者在溝通上並不順暢，因此期望能加強在層級間相互溝

通的模式（員工A訪談，2016/06/28）。其次，受訪長者B表示廚師因為經驗與專業，所以有自己的情緒，使得廚師的離職率高，但在與顧客互動時，顧客基本上皆能肯定銀杏館聘任長者的理念（員工B訪談，2016/06/28）。最後，受訪長者C認為現在銀杏館的管理模式良好（員工C訪談，2016/06/28）。綜言之，銀杏館已積極調整運作體制以回應長者的需求，而顧客亦認同銀杏館的理念，但是在招募年輕人投入、層級溝通模式調整與專業人力留任的部分，仍有需要再多加思量之處。

另一方面，在招募的工作者方面，銀杏館也會依照長者的能力與專業背景進行分工，充分發揮長者個人的能力，此亦為一種賦權的展現。例如受訪長者C過去從事的工作為金融業，故他在銀杏館中主要的工作即為櫃檯收銀員，此可發揮他的專業能力。又如受訪長者D過去的職業為飯店的經理人員，她在銀杏館的角色就如同店內的顧客大使一般，透過與顧客的互動，瞭解相關服務不足與需要改進之處，而她也表示因工作而有生活重心、有朋友，以及被認同與擁有自尊等，使她有賦權的感受。

### 4. 社會融合

傳統上，老人因為退出職場，進而造成家庭的角色弱化、過去的人際網絡淡離、形成一種自社會撤退的群體。然而，香港銀杏館的長者就業模式，除了可以增進長者實質性收入之外，長者在工作的過程中，透過與客人的互動，促使長者能夠產生一種社會參與感，同時也對長者帶來心理的滿足。此外，如受訪主管的理解，來到銀杏館消費的客人基本上也是肯定銀杏館聘任長者的理念。

# 參、結論

　　銀杏館營運的狀況在近幾年呈現微小虧損以及小有盈餘間擺動，每月約有300萬港幣（約1,200萬元臺幣）的現金流量。其實在營運上，正常餐廳為了營運能獲利，勢必會壓低各項經營成本，無法聘請過多人力。但是，銀杏館以推廣老人就業作為宗旨，所以在工時上有做調整，縮短工時至一天六小時，使得在服務人力較其他餐飲業高，而此部分則反映在人事成本。從前述可知，銀杏館在營運狀況有些許波動，尤其是需要花更多費用在人事成本，然而為實踐組織宗旨必須有所取捨，故在社會與經濟目標之間做出抉擇，即以提供長者就業為優先考量，再思考餐廳的獲利議題。

　　香港社會現今對於長者就業仍有許多發揮的空間，銀杏館選擇以餐飲業的方式提供長者就業機會。餐飲業本身具備多元職務的特性，銀杏館可視長者的專長配對適合的工作，亦設置社工人員協助長者工作適應與關懷的部分，同時也協助長者圓夢，像是讓喜愛音樂的長者成立樂隊，或是開創自己的事業。對於長者而言，這份工作可以讓他們再度投身於職場，學習新的事物或延續發揮自己的專業才能，更重要的是能增加長者與社會互動的機會。

　　然而，銀杏館在組織營運上仍有經濟層面的考量，為配合長者特性而對工時作出調整，使得人事成本提升，但是在組織宗旨與經濟考量之間勢必要做出選擇，無法兩全其美，僅能盡力取得平衡。總體而言，銀杏館已開創出一條長者就業的途徑，使長者能為老年生活增添更多的色彩。

# 參考文獻

中國國家統計（2018），《人口基本情況》，網址：http://data.stats.gov.cn/tablequery.htm?code=AD03，檢索日期：2018/10/05。

日本總務省統計局（2018），《70歲以上人口數據》，網址：http://www.stat.go.jp/data/jinsui/new.html，檢索日期：2018/09/06。

日本總務省統計局（2018），《人口推估》，網址：http://www.stat.go.jp/data/jinsui/new.html，檢索日期：2018/10/03。

行政院內政部統計處（2018），《重要參考指標》，網址：https://www.moi.gov.tw/stat/node.aspx?sn=6716，檢索日期：2018/10/05。

香港政府統計處（2018a），《主要統計指標》，網址：https://www.censtatd.gov.hk/hkstat/hkif/index_tc.jsp，檢索日期：2018/10/05。

香港政府統計處（2018b），《勞動人口》，網址：https://www.censtatd.gov.hk/hkstat/sub/sp200_tc.jsp?tableID=008&ID=0&productType=8，檢索日期：2018/10/18。

黃源協、蕭文高（2016），《社會政策與社會立法》。臺北市：雙葉書廊。

銀杏館（2012），《銀杏網誌》，網址：https://www.catering.org.hk/index.php/%E9%8A%80%E6%9D%8F%E7%B6%B2%E8%AA%8C/，檢索日期：2018/12/04。

韓國統計廳（2018），《2017老年人口統計》，網址：http://kostat.go.kr/portal/eng/pressReleases/11/3/index.board，檢索日期：2018/10/05。

訪談資料，2016/06/28，銀杏館主管，訪談地點：香港美孚饒宗頤博物館。

訪談資料，2016/06/28，銀杏館員工A，訪談地點：香港美孚饒宗頤博物館。

訪談資料，2016/06/28，銀杏館員工B，訪談地點：香港美孚饒宗頤博物館。

訪談資料，2016/06/28，銀杏館員工C，訪談地點：香港美孚饒宗頤博物館。

訪談資料，2016/06/28，銀杏館員工D，訪談地點：香港美孚饒宗頤博物館。

Hardy, M. (2006), "Older Workers", in R. H. Binstock et al. (Eds.), *Handbook of Aging and the Social Science*. Amsterdam: Elsevier Academic, pp. 201-218.

Smyer, M., & Pitt-Catsouphes, M. (2007), "The meanings of work for older workers", *Generations*, 31(1), 23-30.